Wolfgang Däubler / Peter Voigt (Hrsg.)
risor silvaticus

Mit freundlicher Unterstützung der

**Hans Böckler
Stiftung**

Wolfgang Däubler / Peter Voigt (Hrsg.)

risor silvaticus

Festschrift für Rudolf Buschmann

Bibliografische Information der Deutschen Nationalbibliothek
Die Deutsche Nationalbibliothek verzeichnet diese Publikation
in der Deutschen Nationalbibliografie;
detaillierte bibliografische Daten sind im Internet über http://dnb.d-nb.de abrufbar.

© 2014 by Bund-Verlag GmbH, Frankfurt am Main
Herstellung: Kerstin Wilke
Umschlaggestaltung: Ute Weber, Geretsried
Umschlagabbildungen: oben: Paul Biagioli_pixelio.de, unten: Jürgen Flächle_fotolia.com
Satz: Dörlemann Satz, Lemförde
Druck und Bindung: Freiburger Graphische Betriebe, Freiburg
Printed in Germany 2014
ISBN 978-3-7663-6279-7

Alle Rechte vorbehalten,
insbesondere die des öffentlichen Vortrags,
der Rundfunksendung
und der Fernsehausstrahlung,
der fotomechanischen Wiedergabe,
auch einzelner Teile.

www.bund-verlag.de

Vorwort der Herausgeber

Die vorliegende Festschrift sollte eigentlich »Arbeit und Recht« heißen. Denn *Rudolf Buschmann* hat der gleichnamigen Zeitschrift zwanzig Jahre lang (von 1991 bis 2011) seinen Stempel aufgedrückt und ihren wissenschaftlichen Ruf weiter gefestigt – und dies weit über die deutschen Grenzen hinaus. Er hat dafür gesorgt, dass die Stimme der Arbeitnehmerinnen und Arbeitnehmer nicht nur gedruckt, sondern auch gelesen und wahrgenommen wurde. Aber der Titel »Arbeit und Recht« war bereits durch die Festschrift verbraucht, die *Albert Gnade* als seinem Vorgänger gewidmet war.

Doch *Rudolf Buschmann* ist nicht nur langjähriger Redakteur einer Fachzeitschrift. Er ist auch ehrenamtlicher Richter am *BAG*, Lehrbeauftragter an der Universität Kassel und selbst Autor. Am bekanntesten sind seine Beiträge zum Arbeitszeitgesetz und zum Betriebsverfassungsrecht. Doch da gibt es auch *risor silvaticus*, der die Dinge anders angeht als wir dies normalerweise tun. Mit scharfem Blick bringt er Probleme auf den Punkt, oft auch solche, um die andere einen Bogen machen. Ironie und bisweilen Sarkasmus blitzen auf, nicht selten auch spitzbübische Freude. Menschen dieser Art sind in der schreibenden Zunft rar geworden, obwohl man sie dringend benötigt. Wenn man nie den Spiegel vorgehalten bekommt, wird man selbstgefällig und einfallslos.

Rudolf Buschmann hat den Autor *risor silvaticus* exklusiv für AuR gewonnen. Bei näherer Betrachtung fallen gewisse Gemeinsamkeiten zwischen ihm und dem Jubilar auf. Beide gehören nicht nur demselben Jahrgang an, sondern haben auch am gleichen Tag das Licht der Welt erblickt. *Risor silvaticus* wurde zu seinem 59. Geburtstag im Jahre 2007 mit einem Sonderheft von AuR geehrt; viele halten ihn für ein virtuelles *alter ego* von *Rudolf Buschmann*. Deshalb haben sich Herausgeber und viele Freunde entschlossen, die Festschrift nach *risor silvaticus* zu benennen. Dabei soll er auch selbst ausgiebig zu Wort kommen.

Bremen und Hannover im Juli 2013　　　　　　　　Wolfgang Däubler
　　　　　　　　　　　　　　　　　　　　　　　Peter Voigt

Inhaltsverzeichnis

Vorwort der Herausgeber 5

Jobst-Hubertus Bauer, Zum Laffer-Effekt des Kündigungsschutzes 9

Manfred Bobke-von Camen, Rudolf Buschmann:
risor silvaticus und Klabautermann? 18

Christiane Brors, Gleichheits- und Mehrgleichheitsgrundsatz 19

Wolfgang Däubler, Das Gärtchen der Wissenschaft vom Arbeitsrecht . . . 25

Franz-Josef Düwell, Beschäftigtenvertretungen und
betriebliches Eingliederungsmanagement (BEM) 29

Matthew Finkin, Freud, Irony, and LOI 40

Herbert Grimberg, Ein Brief 45

Günter Grotmann-Höfling, Raritäten im Arbeitsleben und
andere skurrile Rechtsfälle 47

Peter Hanau, Risor juris digitalis sowie Widmung und
Arbeit im Rentenalter – eine Skizze 55

Thomas Klebe, risor wird gefragt: Was war's? 64

Eva Kocher, Aufgespießt – Eine Collage aus gebrauchten Fundstücken
zu Ehren von Rudolf Buschmann 65

Wolfhard Kohte, Arbeitszeitrecht und das Leitbild der Zeitsparkasse . . . 71

Klaus Lörcher, Pars pro toto? Vom EU-Beamtenrecht zum EU-Recht –
Zum Überprüfungsverfahren Strack vor dem EuGH 87

Reinold Mittag, Zu den Zuständigkeiten von BR, GBR und KBR 97

Katja Nebe, Light version – kein leichtes Unterfangen 102

Reinhard Richardi, Wieviel Moral braucht das Recht? 106

Jens Schubert, Über Ketten 112

Peter Schüren, CGZP – Ein Rückblick auf sieben Jahre des Kampfes
für schöne Tarifverträge 115

Gregor Thüsing, Bären in der Keksfabrik 119

Daniel Ulber, Vom »Schrecken der deutschen Sprache«:
Das sogenannte »Vorbeschäftigungsverbot« 129

Jürgen Ulber, Das Arbeitszeitrecht nach 30 Jahren der Deregulierung . . . 136

Peter Voigt, Die Funktionen von Abkürzungen am Beispiel
der juristischen Fachzeitschrift »AuR« 143

Reinhard Vorbau, Grundsätzliche Zustimmung ist die höflichste Form
der Ablehnung oder: Auf der Suche nach dem perfekten Text 146

Rolf Wank, Der EuGH – das (un)bekannte Wesen 149

Peter Wedde, Beifang – wo Kutter und Kollektivrecht ineinanderfließen . . 156

Johanna Wenckebach, Karrierefreiheit statt Barrierefreiheit.
Oder: Frauenquote? Lieber nie als zu spät! 162

Andrej Wroblewski, Aus dem Nichts –
Kurzrezensionen fiktiver juristischer Texte 168

Reingard Zimmer, Grundrecht auf Ausbeutung? 174

Bertram Zwanziger, Vom Zwang zum Rechtsgutachten 179

risor silvaticus, Die Blankounterschrift – ein zukunftsorientiertes
Rechtsinstitut 184

risor silvaticus, Der Jackpot und seine arbeitsrechtliche Würdigung 188

risor silvaticus, Buchbesprechung: Füxe, Burschen, Alte Herren 192

risor silvaticus, Rückwirkung des Einigungsvertrages 194

risor silvaticus, Einfach, geheim und kontrolliert 198

risor silvaticus, Deregulierung des Eherechts 200

risor silvaticus, Buchbesprechung: Goethe – Zitate für Juristen 205

risor silvaticus, Beschleunigte Gerichte 206

risor silvaticus, Leitbild Bundesarbeitsgericht 207

risor silvaticus, Klassische Musik bedroht innere Sicherheit 210

risor silvaticus, Das Rechtswegeoptimierungsgesetz 211

risor silvaticus, Die Zelle als Keimzelle innovativer Tarifpolitik
und das Prinzip der Tarifeinheit 219

Risor Rusticus*

Zum *Laffer*-Effekt des Kündigungsschutzes

Der Jubilar und der Verf. kennen sich seit Jahrzehnten. Die Begegnungen bei zahlreichen arbeitsrechtlichen Tagungen, insbes. denen des DArbGV waren nicht übertrieben freundschaftlicher Art. In den Diskussionen zeigten sich oftmals sehr unterschiedliche Positionen zu Kernfragen des Arbeitsrechts. Wollte und will der eine den Kündigungsschutz und die Mitbestimmung immer weiter ausbauen, ist der andere seit langem überzeugt, zu viel des Guten sei angesichts eines ohnehin schon überregulierten Arbeitsmarktes kontraproduktiv. Diese unterschiedliche Positionierung mag ebenfalls zu einer eher negativen Wertschätzung der jeweils anderen Person beigetragen haben. Risor Rusticus konnte sich jedenfalls des Eindrucks nicht verschließen, in den Augen des Jubilars eher ein erbärmlicher Knecht des Kapitals und auch ansonsten eine fragwürdige Gestalt zu sein.

So schmerzte es den Jubilar offensichtlich, dass ausgerechnet ein erklärter Anwalt des Klassenfeindes in den 1990er Jahren die gewerkschaftliche Vermögensholding (BGAG) bzw. deren Tochterunternehmen in arbeitsrechtlichen Angelegenheiten vertrat. Vorstandsvors. der BGAG war *Hans Matthöfer*. Dieser hat den Verf. gebeten, ua. auch ein Tochterunternehmen der BGAG, den Bund-Verlag in einem einstweiligen Verfügungsverfahren beim ArbG *Köln* und beim LAG *Köln*[1] zu vertreten. Proteste der großen Gewerkschaften waren die Folge. Wie könne die BGAG als eine von der DGB-Gewerkschaft getragenen Organisation auf den Gedanken kommen, ausgerechnet einen »solchen« Arbeitgeberanwalt zu beauftragen? *Hans Matthöfer* hat sinngemäß geantwortet, Gewerkschaften und ihnen gehörende UN müssten eben gelegentlich leider auch Arbeitgeberinteressen wahrnehmen. In einer solchen Situation spreche nichts dagegen, sich eines erfahrenen Arbeitgeberanwalts zu bedienen. Das Verfahren ging für die BGAG allerdings in die Hosen. Und so versah der Jubilar sinnigerweise und mit gewisser Schadenfreude die in AuR[2] wiedergegebene Entscheidung des ArbG *Köln* mit dem Hinweis »*Berufung eingelegt von Jobst-Hubertus B.*«.

---

* Verf. veröffentlicht üblicherweise unter dem Pseudonym RA Prof. *Dr. Jobst-Hubertus Bauer*, Stuttgart.
1 LAG *Köln* 14.6.1996, 4 Sa 177/96, AuR 1996, 410.
2 ArbG *Köln* 6.2.1996, 6 Ga 15/96, AuR 1996, 158.

Beide (vermeintlichen?) »Klassenkämpfer« sind jedoch inzwischen älter und weiser geworden. Und so hat sich das Verhältnis im persönlichen Umgang doch inzwischen deutlich entkrampft.[3] Deshalb hat der Verf. auch kein Problem, dem Jubilar den folgenden Beitrag zum Kündigungsschutz zu widmen. Auch wenn zu befürchten ist, dass dessen Inhalt nicht gerade wohlwollend aufgenommen werden wird, ist zu hoffen, dass es der Jubilar trotzdem schätzt, mit – wenn auch aus seiner Sicht abwegigen Thesen – vom Verf. geehrt zu werden.

1. Kündigungsschutz als Einstellungshemmnis

Der Kündigungsschutz ist *das* »Filetstück« des Arbeitsrechts. Ca. 80% aller arbeitsgerichtlichen Verfahren sind arbeitsvertragliche Bestandsschutzstreitigkeiten, davon wiederum die deutliche Mehrzahl Kündigungsschutzverfahren. Dass es sich beim Kündigungsschutz um keine einfache, überschaubare Materie handeln kann, beweist schon der Umstand, dass der führende Kommentar[4] unter Mitzählung der römischen Ziff. sage und schreibe 3525 (!) S. umfasst und 2,194 kg wiegt. Ein Totschläger für so manchen AG!

Die arbeitsrechtliche Kündigungsrechtsprechung ist reich an satirischem Material, das hohen Unterhaltungswert hätte, würde es AG nicht eher zur Verzweiflung treiben.[5] Dazu passt die von einem inzwischen längst pensionierten Richter des *BAG* zum Besten gegebene Anekdote. Sie datiert aus der Zeit als § 23 KSchG noch bestimmte, dass der Kündigungsschutz erst in Betrieben mit mehr als 5 AN eingreift. Der weise Mann lag eines Abends mit seiner Frau, die ein kleines Geschäft betrieb, im Bett. Sie erzählte, sie dächte daran, einen 6. AN einzustellen. Da hat er ihr lakonisch erklärt: »Um Gottes Willen, dann gerätst Du in die Fänge des Kündigungsschutzes. Du weißt ja gar nicht, was wir aus dem Kündigungsschutz gemacht haben.«

Das trifft den Nagel auf den Kopf! Die Rspr. ist es, die die Maßstäbe zu Ungunsten der Arbeitgeberseite verschoben hat. Bei Einführung des KSchG 1951 ist der Gesetzgeber noch davon ausgegangen, dass es bei der Unwirksamkeit von Kündigungen nur um »solche Kündigungen [geht], die hinreichender Begründung entbehren und deshalb als willkürliche Durchschneidung des Bandes der

---

3 Inzwischen hat es der Verf. sogar geschafft, Autor von AuR zu werden (vgl. *Bauer*, AuR 2013, 124 »Seniorpartner gegen Altersdiskriminierung = *Bauer* ./. *Helm*?«). Eigentlich undenkbar, sind seine Beiträge zum Arbeitsrecht doch bis dahin kaum für würdig befunden worden, in den monatlichen Literaturübersichten von AuR erwähnt zu werden.
4 KR-Gemeinschaftskommentar zum Kündigungsschutz und zu sonstigen kündigungsschutzrechtlichen Vorschriften, 10. Aufl. (2013).
5 Vgl. *Bauer*, Recht Kurios, 2012, S. 74 ff.

Betriebszugehörigkeit erscheinen.«[6] Sinngemäße Äußerungen wie die des Bundesarbeitsrichters sind auch von dem einen oder anderen (Landes-)Arbeitsgerichtspräsidenten zu vernehmen. »Einfache« Arbeitsrichter äußern sich selten kritisch zum Kündigungsschutz. Ganz anders sieht es aus, wenn Arbeitsrichter Personalverantwortung – wie Präsidenten – übernehmen und sich mit Problemen angestellter Mitarbeiter herumschlagen müssen. Der Ausgang von Kündigungsschutzprozessen ist kaum prognostizierbar.[7] AG, aber auch AN, stöhnen über die Rechtsunsicherheit auf Grund der vielen unbestimmten Rechtsbegriffe und der bei allen Kündigungen nötigen Interessenabwägung. In den durch die Gerichte entschiedenen Fällen kommt es aus Sicht von AG überproportional häufig zu Prozessniederlagen. Das gilt vor allem, wenn es um die Kündigung sog. *low performer* geht. Eine Kündigung wegen einer Minderleistung auszusprechen, ist theoretisch möglich, stellt den AG aber vor nahezu unlösbare Aufgaben.[8] Hinzu kommt, dass eine quantitative Minderleistung auf Grund mangelnder Ausschöpfung der eigenen Leistungsfähigkeit grundsätzlich vorher abzumahnen ist.[9] Die Grenze zur personenbedingten Kündigung – dass also ein AN gar nicht in der Lage ist, eine bestimmte Leistung zu erbringen – ist überaus fließend. Wie soll der AG das Rätsel lösen, ob ein AN die Leistung nur zurückhält oder zur Leistung obj. nicht in der Lage ist? Gelegentlich wird sarkastisch angemerkt, diese Rspr. sei nicht verwunderlich, die Kammern der (Landes-)Arbeitsgerichte und der Senate des *BAG* seien ja eigentlich nicht mit einem bzw. 3, sondern mit 2 bzw. 4 AN bestückt, weil die Berufsrichter AN viel näher stünden als AG.

Jedenfalls stellt sich die Frage, ob der starke Kündigungsschutz für Arbeitslose nicht eher ein Beschäftigungshemmnis[10] darstellt. Dazu kann eine Parallele zu der nach ihrem amerikanischen Erfinder *Arthur Laffer* benannten *Laffer*-Kurve gezogen werden. Nach ihr vermehrt ein steigender Steuersatz nur bis zu einer gewissen kritischen Größe die Steuereinnahmen und wirkt danach kontraproduktiv, nämlich für den Staat einnahmenmindernd. Bei einem Steuersatz von 0% ist ersichtlich der Steuersatz zu niedrig, um Einkünfte zu generieren. Bei einem Steuersatz von 100% wird sich tendenziell die Steuergrundlage verflüchtigen, weil entweder die steuerpflichtigen Aktivitäten unterbleiben oder versteckt

---

6 BT-Drs. 2090 27.3.1951, S. 2 (11).
7 Vgl. die Studie der Wirtschaftswissenschaftler *Neugart* und *Berger*, vgl. NJW-aktuell 48/2011, S. 12.
8 Vgl. nur *BAG* 11.12.03, 2 AZR 667/02, AuR 2004, 25; *BAG* 17.1.08, 2 AZR 536/06, AuR 2008, 53.
9 *BAG* 27.11.08, 2 AZR 675/07, AuR 2009, 224; *Lingemann*, a.a.O., Teil 3, Rdnr. 512.
10 In diese Richtung gehen auch *Söllner*, in: Gedächtnisschrift für *Heinze*, 2005, 867 (876); *Löwisch*, NZA 2003, 689 (690); *Rüthers*, NJW 2002, 1601 (1602); *Buchner*, NZA 2002, 533 (536). Dass die These nicht ganz falsch sein kann, hat auch Spanien erkannt. Am 10.2.12 ist eine Arbeitsmarktreform mit einer deutlichen Lockerung des Kündigungsschutzes verkündet worden.

oder ins Steuerausland verlagert werden. Eine solche kritische Größe gibt es auch bei der Schutzdichte staatlicher Kündigungsreglementierungen, und zwar m. E. dann, wenn sie sich nicht – wie in den meisten anderen Ländern dieser Welt – auf finanzielle Ausgleichsleistungen für den Fall rechtswidriger Kündigungen beschränken, sondern Rückkehrrechte für gekündigte AN vorsehen.

2. Bürokratiemonster Sonderkündigungsschutz

Besondere »Freude« kommt auf Arbeitgeberseite auf, wenn aus bestimmten Gründen eine Trennung von einem AN beabsichtigt ist, der (mehrfachen) Sonderkündigungsschutz genießt. Müssen einem Amerikaner, Schweizer oder auch sonstigen Ausländer die Bocksprünge erläutert werden, die nötig sind, um einer schwangeren und schwerbehinderten Frau zu kündigen, die auch noch Mitglied des BR ist, könnte die Reaktion so lauten: »I think, I chose the wrong lawyer.« Der Arbeitgeberanwalt könnte daraufhin versucht sein, dem Mandanten zu empfehlen, sich gerne einen anderen Anwalt zu suchen, der ihm jedoch auch keine – erneut zu zahlende – andere Auskunft geben werde. Das steigert die »Begeisterung« des ausländischen Mandanten nur noch zu der Aussage: »I think my understanding of the German reunification was wrong. Is it the case that with reunification the eastern communists took over Western Germany?«

Insbes. der Sonderkündigungsschutz für schwerbehinderte Personen nach §§ 85 ff. SGB IX ist für AG alles andere als leicht handhabbar.[11] Denkbar ist, dass die verweigerte Zustimmung des Integrationsamts erst nach ca. 4 Jahren durch das *BVerwG* ersetzt wird. Erst dann kann die Kündigung ausgesprochen werden. Daran kann sich ein mehrjähriges Kündigungsschutzverfahren mit der Möglichkeit anschließen, dass das *BAG* aus rein arbeitsrechtlichen Gründen die Kündigung für unwirksam erklärt. Keinem AG kann die Notwendigkeit eines solchen Bürokratiemonsters überzeugend erklärt werden!

3. Tückische Betriebsratsanhörung

Eine Kündigung ohne vorherige Anhörung des BR ist nach § 102 BetrVG unwirksam. Der Teufel steckt im Detail. Die Rspr. überspannt die Anforderungen an eine wirksame Anhörung des BR.[12] Bei der von manchen Gerichten betriebenen »Förmelei« kann der Eindruck entstehen, der eine oder andere Arbeitsrich-

---

11 *Bauer/Powietzka*, NZA-RR 2004, 505 (514f.).
12 So schon *Bauer*, NZA 2002, 529 (531).

ter sehne sich geradezu danach, Fehler im Anhörungsverfahren zu entdecken, um ohne großen zusätzlichen intellektuellen Aufwand ein Urteil fabrizieren zu können, das die Kündigung kurzerhand für rechtswidrig erklärt. Das führt dazu, dass ausgerechnet der AN, der an und für sich einen Grund iSv. § 1 KSchG oder sogar einen wichtigen Grund iSv. § 626 BGB für eine Kündigung geliefert hat, mit einer relativ hohen Abfindung nach Hause gehen darf.

Dazu passt ein vom Verf. erlebter Fall aus den 1980er Jahren: Der Personalleiter eines UN auf der Schwäbischen Alb rief an und bat, ein Kündigungsschutzverfahren zu übernehmen. Die Sache sei »sehr einfach«, an und für sich bräuchte er gar keinen Anwalt, weil die Kündigung mit an Sicherheit grenzender Wahrscheinlich wirksam sei. Geschehen war Folgendes: Der zuständige Meister einer Betriebsabteilung erschien eines Morgens zur Arbeit und warf einen Blick in einen großen Produktionsraum mit vielen AN, bei denen es sich vorwiegend um Türken handelte. Über irgendetwas musste er sich maßlos geärgert haben. Jedenfalls stieg ihm die Zornesröte ins Gesicht. Und dann schrie er: »Ihr Sch...-Türken, *Adolf Hitler* hat einen Fehler gemacht: Er hätte Euch und nicht die Juden vergasen müssen!« Helles Entsetzen! 10 Mann rannten zum Inhaber-Geschäftsführer (GF) und schilderten den ungeheuerlichen Vorfall. Der BR-Vorsitzende wurde herbeizitiert. Diesem wurde erklärt, dass ein solches Verhalten unakzeptabel sei und deshalb fristlos gekündigt werden müsse. Dem stimmte der BR-Vorsitzende auf der Stelle zu. Unmittelbar danach wurde die zuvor schon unterschriebene fristlose Kündigung dem durchgeknallten Meister ausgehändigt. Dennoch war die Sache aber alles andere als einfach. Dem Personalleiter musste der Verf. sagen, dass es eine gute, aber auch eine schlechte Nachricht gebe, die den guten Teil zunichte mache. Die gute Nachricht sei, dass das Verhalten des Meisters sicherlich ein wichtiger Grund iSv. § 626 BGB für eine fristlose Kündigung darstelle, die schlechte Nachricht sei jedoch, die Kündigung verstoße mangels wirksamer Anhörung des BR gegen § 102 BetrVG. Warum? Der BR-Vorsitzende hatte zugestimmt, ohne vorher mit seinem Gremium Rücksprache gehalten zu haben. Und das war dem GF auch bekannt.

Schlimm! Auch eine Reparatur war nicht möglich. Der Meister war tariflich altersgesichert. Eine ordentliche Kündigung kam also nicht in Betracht. Außerdem war zum Zeitpunkt der anwaltlichen Einschaltung für eine erneute fristlose Kündigung längst die 2-Wochen-Frist des § 626 II BGB abgelaufen. Wie endete dieser Kündigungsschutzprozess? Notgedrungen mit einem Vergleich, der natürlich keine Fortsetzung des Arbeitsverhältnisses und auch keine »echte« Abfindung vorsah. Das Arbeitsverhältnis wurde vielmehr bei Freistellung zu einem späteren Zeitpunkt unter Fortzahlung der Bezüge bis dahin beendet. Auch ein solches Ergebnis tut weh!

4. Folgen des bisherigen Kündigungsschutzsystems

Nur wenige AN sind nach erfolgter Kündigung wirklich an einer Rückkehr in das bisherige UN interessiert. Die erste Frage, die AN Anwälten und vermutlich auch DGB-Rechtssekretären stellen lautet vielmehr: »*Welche Abfindung steht mir zu?*« Und so münden fast alle Kündigungsschutzverfahren früher oder später in Abfindungsvereinbarungen. Der Bestandsschutz, der an sich die Regel sein sollte, wird so zur Ausnahme. Der Abfindungsschutz dagegen von der Ausnahme zur Regel. Man könnte also meinen, dann sei doch alles in Ordnung. Aber dem ist nicht so. Wegen des Risikos, einen langwierigen Kündigungsschutzprozess zu verlieren und aufgrund des damit verbundenen Annahmeverzugsrisikos mit kaum kalkulierbaren Kosten konfrontiert zu werden, müssen AG immer wieder viel zu teure (außer-)gerichtliche Vergleiche akzeptieren. Andere AG weichen anstelle von vornherein unbefristeten Arbeitsverträgen in begrenztem Umfang auf flexible Beschäftigung und Überstunden aus. Ein an sich möglicher Ausbau der Stammbelegschaft unterbleibt aus Angst vor dem Kündigungsschutz.[13]

Zu den Eckpfeilern flexibler Beschäftigung gehören Leiharbeit und sachgrundlose Befristungen. Im Hinblick auf den rigiden Kündigungsschutz kann von legitimer »Ventilfunktion« gesprochen werden. Gewerkschaften und das rot-grüne Lager neigen dazu, solche Arbeitsverhältnisse zu verteufeln. Es soll sich um »prekäre« Beschäftigung handeln, ein Unwort des Arbeitsrechts! Flexible Arbeit im bisherigen Rahmen ist auch aus Arbeitnehmersicht nicht misslich. Gerade ein ausgewogener Beschäftigungsmix von Vollzeitjobs und flexibler Beschäftigung kann der Arbeitslosigkeit entgegenwirken. Hinzu kommt, dass viele dieser AN später bei Bewährung und entsprechendem Bedarf in den Genuss unbefristeter Arbeitsverhältnisse kommen (»Brückenfunktion«).[14] Möge deshalb der Gesetzgeber entgegen gewerkschaftlichen Vorstellungen nicht auf den Gedanken kommen, die sachgrundlose Befristung nach § 14 II TzBfG zu streichen! Genauso verfehlt ist der Kampf gegen Werkverträge. In einer arbeitsteiligen Wirtschaft kann nicht jeder alles machen. Das Ausnutzen von Spezialisierungsvorteilen, aber auch von niedrigeren Lohnkosten ist ein legitimes und wirtschaftlich sinnvolles Mittel, um Ressourcen und Arbeitskräfte im Interesse aller gewinnbringend einzusetzen. Wer hiergegen vorgeht und meint, das Tätigwerden von Fremdperso-

---

13 Deshalb kommt *Christopher Pissarides*, Arbeitsmarktforscher der London School of Economics und Nobelpreisträger 2010 zu der schlichten und richtigen Erkenntnis: »*Es ist sehr schwierig, jemanden zu entlassen, also sind AG vorsichtiger bei Einstellungen.*«, Interview in FAZ v. 29.8.11, Nr. 200, S. 12.
14 So auch *Bauer*, Handelsblatt 14.5.13, Nr. 91, S. 11.

nal im Rahmen von Werkverträgen unter die Kuratel des BR stellen zu müssen, gefährdet den Erfolg der deutschen Wirtschaft.[15]

Was ist die weitere Konsequenz des misslichen Kündigungsschutzes? Der bestehende Kündigungsschutz bestraft den ehrlichen AG. Deshalb muss man sich nicht wundern, dass immer wieder nach Auswegen gesucht wird. Ein AG, der mit einem aus seiner Sicht überaus faulen oder unleidlichen AN zu tun hat, kann versucht sein, ein – wenn auch nur geringfügiges – Vermögensdelikt aufzudecken. Wird er »fündig«, steigen die Chancen, das Arbeitsverhältnis kostengünstig durch fristlose Kündigung nach § 626 BGB zu beenden. Allerdings sind dem Grenzen gesetzt, wie der nicht nur in der Fachpresse intensiv diskutierte Fall *Emmely* gezeigt hat. Dort ging es um die Veruntreuung von Pfandbons im Wert v. 1,30 €. Das Arbeitsverhältnis bestand über 20 Jahre und *Emmely* war niemals formal wegen eines ähnlichen oder auch eines anderen Vergehens abgemahnt worden. Das LAG *Berlin-Brandenburg*[16] gab dem AG Recht, worauf *Wolfgang Thierse*, immerhin Vize-Präsident des Deutschen Bundestags ausrastete, indem er von einem »barbarischen Urteil von asozialer Qualität« sprach. Als sich die Präsidentin des *BAG*, *Ingrid Schmidt*, daraufhin veranlasst sah, sich schützend vor das LAG zu stellen, durfte sie ihr mit »Richterin Gnadenlos« untertiteltes Konterfei auf Bild.de bewundern.[17] Das *BAG*[18] hat dennoch das LAG »korrigiert« und angemerkt, das Gesetz kenne keine »absoluten« Kündigungsgründe. Ob eine unmittelbar gegen Vermögensinteressen des AG gerichtete – ggf. sogar strafbare – Handlung des AN die fristlose Kündigung nach § 626 BGB im Ergebnis rechtfertige, bedürfe einer »umfassenden, auf den Einzelfall – hier zu Gunsten von *Emmely* – bezogenen Interessenabwägung. Da ist sie wieder: Die Rechtsunsicherheit, die den Kündigungsschutz wie ein roter Faden durchzieht! Schon die »Gretchen-Frage«, wann von »Bagatellen« (Sachen von geringem Wert) gesprochen werden kann, ist nicht einfach zu beantworten: Wo ist die Grenze: Bei 5, 10, 100 €? Und natürlich können nicht alle wegen »Bagatellen« erfolgten Kündigungen[19] über einen Kamm geschert werden. Klaut ein Mitarbeiter aus einem auf dem Schreibtisch seines Vorgesetzten oder Kollegen liegenden Portemonnaie einen darin befindlichen, wenn auch nur »bescheidenen« Geldbetrag, so ist wegen der gezeigten kriminellen Energie das Vertrauensverhältnis so irreparabel

---

15 Ebenso *Bauer*, FAZ 4.6.13, Nr. 126, S. 10.
16 LAG *Berlin-Brandenburg* 24.2.09, 7 Sa 2017/08, AuR 2009, 218ff. mit Anm. *Buschmann*.
17 www.bild.de/politik 2009 »Keine Gnade für diebische Mitarbeiter.«
18 *BAG* 10.6.10, 2 AZR 541/09, AuR 2011, 69; vgl. auch *Klueß*, AuR 2010, 57; ders., AuR 2010, 192; *Walter*, AuR 2010, 59; *Preis* AuR 2010, 186 (Teil I) und 242 (Teil II).
19 Häufig fälschlich »Bagatell-Kündigungen« genannt.

zerstört, dass sofort zum scharfen Schwert der fristlosen Kündigung nach § 626 BGB gegriffen werden kann. Und mit Gerechtigkeit hat es auch wenig zu tun, wenn ein AN bei Vorliegen eines Kündigungsgrunds iSv. § 1 KSchG oder sogar von § 626 BGB nur wegen Verstoßes gegen § 102 BetrVG eine Abfindung erhält, nicht aber AN, in deren Betrieb kein BR existiert.

5. Was tun?

Insg. bietet es sich an, den allg. Kündigungsschutz so zu novellieren, dass das Arbeitsverhältnis auf bloßen Antrag durch Auflösungsurteil zum vorgesehenen ordentlichen Beendigungstermin gegen Zahlung einer Abfindung beendet wird. Aus Gründen der sozialen Gerechtigkeit erscheint es angebracht, nach bestimmter Betriebszugehörigkeit im Falle wirksamer betriebsbedingter Kündigung gesetzlich generell eine Abfindung vorzusehen.[20] Eine andere Alt. wäre, den Arbeitsvertragsparteien gesetzlich zu gestatten, schon zu Beginn oder auch während des Arbeitsverhältnisses Abfindungen für den Fall der einseitigen Beendigung des Arbeitsverhältnisses durch den AG zu vereinbaren. Weiter sollte die zweigleisige Gerichtszuständigkeit beim Sonderkündigungsschutz nach SGB IX, MuSchG und BEEG aufgehoben werden. Schließlich empfiehlt sich, § 102 BetrVG neu zu justieren. Verstöße sollten nur bei »grob fehlerhafter« Anhörung zur Unwirksamkeit der Kündigung führen. Außerdem müsste die Vorschrift mit § 1 I KSchG so in Einklang gebracht werden, dass eine Anhörung des BR erst bei einer Kündigung nach Ablauf von 6 Monaten nötig ist.

Eine Reform des Kündigungsschutzes ist also eigentlich überfällig.[21] Aber tröstlich für den Jubilar, DGB-Rechtssekretäre und alle Anwälte, die vom Kündigungsschutz leben, mag sein, dass *Risor Rusticus* eine Verwirklichung der skizzierten Vorschläge kaum erleben wird.

---

[20] So auch Sachverständigenrat, Verantwortung für Europa wahrnehmen, Jahresgutachten 2011/2012, Rn. 467.
[21] So schon *Bauer*, NZA 2002, 1001; *ders.*, NZA 2005, 1046.

6. Schuster bleib bei deinen Leisten

Der Jubilar[22] hat die Kompetenz des Sachverständigenrats, sich zu arbeitsrechtlichen Themen zu äußern, mit folgenden Worten in Frage gestellt: »*Man mag die Juristen und ihre ›Monopole‹ kritisieren. Aber mit dem Dilettieren auf fremden Feldern halten sie sich im Allgemeinen zurück. Vice versa!*«

Aber: Um die Frage zu beantworten, ob ein Übermaß an Kündigungsschutz eher kontraproduktiv sein kann, genügt es, den gesunden Menschenverstand – den der Verf. hofft zu haben – zu aktivieren.[23] Andererseits ist es schon so, dass auch hochkarätigen Sachverständigen, insbes. Ökonomen, die sich zugleich für rechtskundig halten, peinliche Fehler unterlaufen können. *Wolfgang Franz*, einer der sog. 5 Weisen, heute sogar ihr Vorsi., hatte 2004 in der FAZ in einem »Standpunkt« die These vertreten, der *EuGH* stelle das dt. Modell der betrieblichen Mitbestimmung auf den Prüfstand. Der *Gerichtshof* ermögliche ausländischen UN, die Rechtsform ihres Heimatlandes beizubehalten, wenn sie ihren Sitz nach Dt. verlagern.[24] Dann unterlägen sie nicht mehr der betrieblichen Mitbestimmung, sondern könnten eine Sitzverlagerung ins »mitbestimmungsfreie« Ausland vornehmen und danach ohne betriebliche Mitbestimmung nach Dt. zurückkehren. Der Verf. erinnert sich daran, wie ihn aufgrund dieser These aufgeregte Mandanten anriefen und meinten, endlich könnten sie ihren lästigen BR loswerden. Das stünde in keiner geringeren Zeitung als der FAZ. Leider mussten die Mandanten eines Besseren belehrt werden: Der bekannte Sachverständige hatte die betriebliche Mitbestimmung mit der Unternehmensmitbestimmung verwechselt. Peinlich! Deshalb gilt in der Tat auch für Ökonomen: Wer publiziert, lebt gefährlich! Und gefährlich ist es, wenn man sich auf fremdem Terrain bewegt. Das vom Jubilar sinngemäß angesprochene Motto, »Schuster, bleib bei deinen Leisten!«, hat also was für sich!

Der Verf. wünscht dem Jubilar für die Zukunft alles Gute. Möge sich die Behauptung *Victor Hugos* »es schwinden alle Leidenschaften mit dem Alter« nicht bewahrheiten. Besser wäre es, dem Jubilar blieben alle Leidenschaften erhalten – mit Ausnahme der für das Arbeitsrecht. Das hätte für den Verf. alias *Risor Rusticus* = »bäuerlicher Spötter« den angenehmen Nebeneffekt, bei Verbreitung zu arbeitgeberfreundlicher Thesen mit weniger heftigen Widerworten konfrontiert zu werden. Nichts für ungut!

---

22 Anm. von *Buschmann* zu »Inflexibler Kündigungsschutz, Unzulänglichkeiten im Tarifvertragsrecht sowie institutionell bedingte Fehlanreize für Arbeitslose«, AuR 2011, 493/495.
23 Deshalb misstraut der Verf. »Erkenntnissen« zum Kündigungsschutz, die auf gewerkschaftlichen Fragen mit erwünschten Antworten beruhen; vgl. zu den angeblichen Kündigungsschutz-Rechtstatsachen *Gensicke/Pfarr/Tschersich/Ullmann/Zeibig*, AuR 2008, 431.
24 *Franz*, FAZ 30. 3. 04, S. 16; vgl. dazu *Bauer*, Handelsblatt 5. 5. 04, Nr. 87, S. R 1; *ders.*, Recht Kurios, 2012, S. 24.

Dr. Manfred Bobke-von Camen

Rudolf Buschmann: risor silvaticus und Klabautermann?

Rudolf Buschmann ist für mich als Hanseat mit Wurzeln in der niedersächsischen Geest ein wirkliches Nordlicht, ein wirklicher Fischkopf. Er kommt von der Küste und ist Segler. Sein Künstlername lässt einen ja entweder an *Tacitus* und seine Beschreibung der Germanen in den Wäldern denken oder an Namibia, das ehemalige Deutsch-Südwest und die dortigen Buschmänner. Für mich bist Du, lieber Rudi, eher der Klabautermann. Dann warst Du noch der Mann aus der Tersteegenstraße, denn dort saß damals die Gewerkschaft HBV. Zur Mittagszeit sah man Dich in der DGB-Kantine, wie auch die anderen Mitglieder des »sozialistischen Patientenkollektivs«. Selbiges bestand aus Dir, *Wolf Mache*, *Nico Hintloglou* und *Thomas Schmidt* gehörte wohl auch dazu. Von Euch hörte man viel, wie Ihr Euch gegenseitig die Kommentare und Bücher geklaut habt und andere aberwitzige Geschichten.

Dein Kieler Zungenschlag und Deine Geschichten über das Boot an der Ostsee lassen mich eher an *Jochen Steffen* und seine Kunstfigur *Kuddl Schnööf* denken. Wirklich »achtersinnig« bist Du für mich und auf Hochdeutsch: hintergründig witzig. Großer Klamauk gefällt Dir nicht, aber eine kleine Geschichte wie ich sie Dir erzählt habe auf unserer gemeinsamen Fahrt zur Pfingstuni in Berlin. Über den BR, der vom DDR-Grenzkontrolleur angehalten wurde und daraufhin nach dem höheren Beamten verlangte und als Antwort erhielt, dass es im Arbeiter- und Bauernstaat keine Beamten gebe und daraufhin erwiderte, dann möge er eben den Bauer holen, solche »achtersinnigen« Geschichten haben Dir gefallen.

Dann bist Du nach Kassel entschwunden und später sogar noch nach Erfurt, und der regelmäßige monatliche Kontakt zu Dir bestand in Deinen Kolumnen im jeweils neuen Heft der Zeitschrift »Arbeit und Recht«. Der 1. Blick galt den Personalia. Dort erfuhr man immer, welcher Arbeitsrechtler gerade was tat und als bekennender »Job-Hopper« war ich selbst häufig erwähnt. Von Mal zu Mal schwang eine Prise Sarkasmus bei meinem jeweils neuesten Job und in der Aufzählung der alten mit. Das musste ich ertragen.

Gerne las ich aber immer auch, wie *Dieter Rogalla* gerade mit dem Fahrrad auf Fahrt war. Der EU-Parlamentarier war dafür bekannt, dass er die Binnengrenzen der EU mit dem Fahrrad abfuhr. Das brachte ihm den Namen »Euro-Galla« ein.

Lieber Rudi ich wünsche Dir für die Zeit nach der Redaktionsarbeit viel Freude an allem, was Du noch anpackst und das hoffentlich bei bester Gesundheit.

»ad multos annos«

»*For once Benjamin consented to break his rule, and he read out to her what was written on the wall. There was nothing there now exept a single Commandement. It ran:*
ALL ANIMALS ARE EQUAL.
BUT SOME ANIMALS ARE MORE EQUAL THAN OTHERS.«[1]

by Squealer[2]

Gleichheits- und Mehrgleichheitsgrundsatz

I. Der Gleichheitsgrundsatz

Nach den zwei großen Kriegen, an deren Ursache und Beginn sich viele Tiere der Farm jetzt nicht mehr genau erinnern können, waren sie wohl – unter heute nicht mehr vollständig dokumentierten Umständen – zusammengekommen, um eine bessere Gesellschaft ohne Unterdrückung zu schaffen und die Arbeit auf der Farm gerecht zu verteilen. Vor allem waren sie sich anscheinend über Folgendes einig gewesen:

»*no animal must ever tyrannise over his own kind. Weak or strong, clever or simple, we are all brothers.*«[3]

Auf diesem Prinzip der Gleichheit unter den Tieren wollten sie die neue Gesellschaft errichten und so findet sich dieser Grundsatz auch in dem wichtigsten Quellentext:

»*In all its activities, the Union shall observe the principle of the equality of its citizens, ...*«

Ziel des folgenden Kurzbeitrags ist es, die Auswirkungen dieses Grundsatzes im Wechselspiel mit dem Grundsatz der Mehrgleichheit anhand der noch vorhandenen Quellen zu erläutern. Dabei werden drei Bereiche beispielhaft herausgegriffen:

---

1 *George Orwell*, Animal Farm, chapter X, 51 msxnet.org/orwell/print/animalfarm.pdf
2 freundlich übersetzt mit Schwatzwutz, einige Veröffentlichungen unter dem Namen *Christiane Brors*.
3 FN 2 chapter I, 5.

- die Gleichheit zwischen Männchen und Weibchen bei der Farmarbeit,
- das Schlechterstellungsverbot wegen der sozialen Herkunft (Produktions- oder Aufsichtsbereich)
- und die komplizierte Regelung des sogenannten Equal-Pay-Grundsatzes bei Fremdfarmarbeit.

II. Gleichheits- und Mehrgleichheitsgrundsatz im Wechselspiel

1. Gleichbehandlung von Weibchen und Männchen

In den Quellen zur Frage der gerechten Verteilung und Entlohnung der Farmarbeit findet man viele Belege für das Prinzip der Entgeltgleichheit. Im wohl zentralen Rechtstext der neuen Gesellschaft heißt es ausdrücklich zur gerechten Behandlung von Männchen und Weibchen, dass,

> »*the principle of equal pay for male and female workers for equal work or work of equal value is applied.*«

Warum gerade die Gleichbehandlung von Weibchen und Männchen hinsichtlich der Bezahlung so problematisch gewesen ist, dass sie an dieser prominenten Stelle geregelt wurde, kann nicht mehr rekonstruiert werden. Dass gerade in diesem Bereich aber der zweite tragende Gleichheitsgrundsatz der »Mehrgleichheit« als übergeordnetes Prinzip zum Gleichheitsgrundsatz gegriffen haben muss, lässt sich anhand des noch vorhandenen Zahlenmaterials nachweisen. Dieses Primat der Mehrgleichheit muss es gerechtfertigt haben (denn wie sollte sich sonst eine derartige Abweichung über Jahrzehnte erklären?), dass trotz mehr als dreißigjähriger Geltung des Grundsatzes der Entgeltgleichheit für gleiche Arbeit, Weibchen bei Farmarbeiten auf der gesamten Farm im Durchschnitt 7 % weniger verdienten. Mit seiner übergeordneten Funktion führte das Prinzip der »Mehrgleichheit« in diesem Bereich dazu, dass Tätigkeiten von Weibchen eben weniger gleich und damit schon nicht vergleichbar waren. Die Entgeltunterschiede wurden daher von der Mehrzahl der Tiere (auch Weibchen) akzeptiert. Jedenfalls scheint es bis zur Zerstörung der Farm keine nennenswerte Veränderung gegeben zu haben.

2. Verbot der Schlechterstellung aufgrund der sozialen Herkunft

Lässt sich das Prinzip der Entgeltgleichheit (unter I.) noch gut innerhalb der Gleichheitsmethodik systemimmanent nachvollziehen, wirft ein zweiter Gleichheitssatz mehr Rätsel auf, der sich sogar in der Grundrechtordnung der neuen Gesellschaft findet:

Gleichheits- und Mehrgleichheitsgrundsatz

»*Any discrimination based on any ground such as …, property, (and) birth, … shall be prohibited.*«

Ob bei diesem Grundsatz überhaupt das Prinzip der Mehrgleichheit zur Anwendung kommen musste, ist schon deshalb fraglich, da sich in den Quellen überhaupt keine weitere Konkretisierung dieses Grundsatzes findet. Vielleicht war er schlicht bedeutungslos? Das Gegenteil scheint die Regel gewesen zu sein: Danach war es ein tragender Grundsatz der neuen Gesellschaft, den durch Geburt oder Besitz zugewiesenen Platz der Tiere möglichst über Generationen zu tradieren. Ein Wechsel zwischen den Tätigkeiten auf der Farm war nicht möglich und die denkbar höchste und niedrigste Vergütung für Farmarbeiten strebten im Laufe der Zeit nach Gründung der neuen Gesellschaft zunehmend steil auseinander. Um die angeborene Stellung abzusichern, wurden die Jungtiere aus Produktions- und Aufsichtsbereichen früh getrennt und wuchsen nur unter ihresgleichen auf, so dass sie deutlich unterschiedlich geprägt werden konnten. In einem bestimmten Farmbereich gelang es so, dass nur 2 % der Jungtiere aus einem reinen Produktionsbereich in die Prägung zum Aufsichtsbereich wechselten. Diese strikte Trennung erstaunt umso mehr, als die Prägung offiziell (wie der zuletzt unter 2. zit. Grundsatz zeigt) von den Tieren frei gewählt werden konnte.

3. Equal-Pay-Grundsatz bei Fremdfarmarbeit durch wildlebende Tiere

Welche wichtige, aber auch zum Teil komplizierte Rolle das Primat der Mehrgleichheit aber innerhalb der damaligen juristischen Dogmatik bedeutet haben muss, wird bei dem sog. Equal-Pay-Grundsatz bei Fremdfarmarbeit sichtbar. Um das komplexe – und wahrscheinlich selbst für die damaligen Beteiligten partiell unverständliche – Zusammenspiel der Regelungstexte zu verstehen, muss zunächst der Begriff der Fremdfarmarbeit kurz erläutert werden. Normalerweise erledigten die Farmtiere die anfallenden Arbeiten auf der Farm in ihren jeweiligen Bereichen entspr. ihrer sozialen Herkunft und Prägung (s. o. 2.). Es konnte aber vorkommen, dass andere Tiere, die sog. wildlebenden, zu Arbeiten herangezogen wurden. Unter den Begriff der Fremdfarmarbeit wurden alle Formen des Einsatzes von wildlebenden Tieren gefasst.

Dabei stellten sich zunächst zwei grundlegende Fragen:
– Sind wildlebende Tiere überhaupt in den Anwendungsbereich des Gleichheitsgrundsatzes unter dem Primat der Mehrgleichheit einbezogen (dazu unter a))?
– Wie sollen sie bezahlt werden (dazu unter b))?

by Squealer

a) Grundsätzliche Anwendung des Gleichheitsgrundsatzes auf wildlebende Tiere

Diese Frage lässt sich einfach anhand des damals vollständig dokumentierten Abstimmungsvorgangs belegen, so dass auf die folgenden Zitate aus den Gründungsdokumenten verwiesen werden kann:

> »›Comrades,‹ he said, ›here is a point that must be settled. The wild creatures, such as rats and rabbits are they our friends or our enemies? Let us put it to the vote. I propose this question to the meeting: Are rats comrades?‹ The vote was taken at once, and it was agreed by an overwhelming majority that rats were comrades. There were only four dissentients, the three dogs and the cat, who was afterwards discovered to have voted on both sides.[4]«

Aus dieser Quelle folgt eindeutig, dass auch die wildlebenden Tiere grundsätzlich unter den Anwendungsbereich des Gleichbehandlungsgrundsatzes mit seiner Schranke der Mehrgleichheit fallen konnten. Die Anschlussfrage ist aber viel schwieriger.

b) Equal-Pay bei Fremdfarmarbeit durch wildlebende Tiere?

Wie schon erwähnt ist das ein komplexer Problembereich, bei dem das Quellenmaterial zum Teil bei der Zerstörung der Farm verbrannt ist. Vorhanden sind aber glücklicherweise noch die Grundtexte, in denen es zu dieser Frage heißt:

»*EMPLOYMENT AND WORKING CONDITIONS*

Article 5

The principle of equal treatment

1. The basic working and employment conditions of temporary agency workers shall be, for the duration of their assignment at a user undertaking, at least those that would apply if they had been recruited directly by that undertaking to occupy the same job.

…

---

4 FN 2 chapter I, 3.

Gleichheits- und Mehrgleichheitsgrundsatz

3. Member States may, after consulting the social partners, give them, at the appropriate level and subject to the conditions laid down by the Member States, the option of upholding or concluding collective agreements which, while respecting the overall protection of temporary agency workers, may establish arrangements concerning the working and employment conditions of temporary agency workers which may differ from those referred to in paragraph 1.«

Bevor auf die feinsinnige Anwendung des Mehrgleichheitsgrundsatzes in diesen Fällen eingegangen werden kann, muss noch einmal auf den Begriff der Fremdfarmarbeit unter dem Gesichtspunkt des Anwendungsbereichs der vorstehend zit. Norm eingegangen werden. Es scheint so zu sein, dass nicht jede Form von Fremdfarmarbeit unter den Grundsatz des Equal Pay fiel. Die Quellenlage dazu ist nicht ganz eindeutig. Während zunächst in einigen Farmbereichen eine komplizierte Unterscheidung zwischen verschiedenen Arten der Fremdfarmarbeit getroffen wurde, reichte es in den letzten Jahren vor der Zerstörung der Farm wohl aus, ein selbst gefertigtes Dokument vorzulegen, aus dem sich ergab, dass es sich nicht um abhängige Tätigkeiten iSd. zit. Norm handelt. Nur diese abhängigen Tätigkeiten fielen nämlich überhaupt in den Anwendungsbereich der zit. Norm. Insbes. Waldtiere aus entfernten Farmregionen kamen mit diesem selbstgefertigten Dokument und brachten ihre eigene Vergütung mit, um auf der Farm fressen zu können. Die komplizierte Dogmatik des Gleichheits- und Mehrgleichheitsgrundsatzes scheint daher – jedenfalls tatsächlich – entbehrlich gewesen zu sein.

Praktisch kam der Grundsatz des Equal Pay nicht mehr so oft zur Anwendung. Trotzdem zeigen die wenigen dokumentierten Fälle, auf welchem hohen Niveau sich die damalige juristische Dogmatik befand. Dies betrifft insbes. die systemkonforme Anwendung des Mehrgleichheitsgrundsatzes innerhalb des Gleichheitsgrundsatzes. Obwohl sich der zit. Grundsatz des Equal Pay so liest als hätten die Fremdfarmtiere (selbstverständlich nur die ohne das selbstgefertigte Dokument) einen Anspruch auf dieselbe Vergütung wie die Farmtiere bei vergleichbaren Tätigkeiten (in Wirklichkeit waren die Tätigkeiten sogar exakt identisch!) gehabt, wurden jedoch unter dem Grundsatz der Mehrgleichheit viele Ausnahmen zugelassen. Zwar erschienen Fremdfarm- und Farmtiere zunächst gleich, insbesondere wenn sie genau identische Farmarbeiten erledigten. Bei genauer Betrachtung waren sie aber (s. schon unter 1) doch verschieden (zum Teil wurde das durch Vereinigungen der Farmtiere bestimmt) und die Farmtiere eben mehr gleich, so dass es gerechtfertigt war, ihnen – in Extremfällen – nur 1/3 der Vergütung der Farmtiere zu zahlen. In diesen Fällen mussten sie wie die Fremdfarmtiere mit den selbstgefertigten Dokumenten ihre Vergütung selbst mitbringen, um auf der Farm fressen zu können. Besonders schwierig wurde es, wenn Fremdfarmtiere ohne selbstgefertigte Dokumente aus entfernten Regionen kamen, die selbst schon einen Equal-Pay-Grundsatz hatten. Um den Mehrgleichheitsgrundsatz in diesen Fällen zur Anwendung zu bringen, muss es eine juristische Konstruktion gegeben haben, nach der die von den Vereinigungen der Farmtiere getroffenen Festlegungen allgemein tierschützend und damit auch gegenüber den Fremdfarmtieren ohne selbstgefertigte Dokumente verbindlich waren. Zwar wurde dadurch die Vergütung nur für die Fremdfarmtiere gesenkt. Da der Mehrgleichheitsgrundsatz aber zum einen nur für die Farmtiere galt und zum anderen wohl allgemein akzeptiert worden ist, handelt es sich hier um eine besonders beispielhafte und wie ich meine systemkonforme Einschränkung des Gleichheitsgrundsatzes (**Equal** Pay) unter dem Primat des Mehrgleichheitsgrundsatzes.

III. Zusammenfassung

1. Aus den noch vorhandenen Quellen folgt, dass die beschriebene Gesellschaft nach den zwei Kriegen insbes. bei der Entgeltgleichheit konsequent auf dem Gleichheitsgrundsatz unter dem Primat der Mehrgleichheit aufgebaut war.
2. Manche Gleichheitssätze schienen allerdings überhaupt keine praktischen Auswirkungen zu haben.
3. Trotz der lückenhaften Quellen zum Equal-Pay-Grundsatz handelt es sich auch in diesem Bereich um eine konsequente und anscheinend bis zur Zerstörung der Farm akzeptierte Durchführung des Gleichheitsgrundsatzes unter dem Primat der Mehrgleichheit.

Prof. Dr. Wolfgang Däubler

Das Gärtchen der Wissenschaft vom Arbeitsrecht

1. Weshalb arbeiten Menschen? Wir Deutsche haben den Ruf, ein sehr enges Verhältnis zur Arbeit zu haben. In einem franz. Schulbuch fand ich mal den Satz: »Les allemands retombent dans le travail comme d'autres dans le péché«, die Deutschen verfallen in die Arbeit wie andere in die Sünde. Unterstellt, es handelt sich nicht nur um ein Stereotyp: Was sind die Gründe für diese angeborene nationale »Tugend«?

In Vietnam hat man mit der Arbeitshaltung der Menschen eine ganz eigenartige Erfahrung gemacht. Während des Krieges gegen die USA (dort der »amerikanische Krieg« genannt) mussten die Soldaten im Süden ua. mit Nahrungsmitteln versorgt werden. Der »Ho-Chi-Minh-Pfad« mag ja gut funktioniert haben, aber man brauchte Leute, die Reis anbauen und sich um die Fleischversorgung kümmern. In Nordvietnam wurde das Land von Genossenschaften bewirtschaftet, nennen wir sie der Einfachheit halber LPG. Die Versorgung klappte gut. Die Pläne wurden regelmäßig bei weitem übererfüllt, obwohl die Menschen in der LPG davon kaum etwas hatten; vielleicht 5 % des »Mehrprodukts« verblieben bei ihnen. Als der Krieg gewonnen war, behielt man das bewährte LPG-System selbstredend bei. Aber die Produktion ging steil nach unten; von »Übererfüllung« war nirgends mehr die Rede. Im Gegenteil: Man blieb unter den Planvorgaben. Stattdessen pflanzte man in den Hausgärten mit großem Fleiß Gemüse an und verkaufte es auf dem grauen Markt. Hier war man mit Engagement bei der Sache, während Einsatz für das Kollektiveigentum dem Einzelnen ja kaum etwas brachte. Für vaterländischen Opfermut bestand kein Anlass mehr. Als Vietnam sogar Reis importieren musste, brach man zu neuen (und zugleich alten) Ufern auf: Aus der kollektiven Arbeit wurde wieder individuelle gemacht.

Was lässt sich daraus lernen? Die Grundhaltung der Akteure als Basis des Funktionierens oder Nicht-Funktionierens von Institutionen des Arbeitsrechts? Auch gute Lehrbücher werden dazu keine Auskunft geben.

2. Wie arbeiten Menschen? Als AN erfüllen sie ihre im Arbeitsvertrag übernommenen Pflichten und erhalten dafür eine Vergütung. Dürfen sie während der Arbeitszeit über Fußball reden, wenn sie einem Kollegen auf dem Korridor begegnen? Und wie steht es mit der Frage, ob der Sohn schon seinen Führerschein gemacht hat? Darf man im Büro ein Bild aufhängen, das an die letzten Ferien erinnert und immer wieder neugierige Fragen provoziert? Klar, ein vernünftiger

AG wird das alles nicht verbieten. Vielleicht vertritt er sogar die Auffassung, dass das eine oder andere private Wort die Atmosphäre verbessert und damit die Arbeitsproduktivität steigert.

Doch wie ist der rechtliche Status dieser privaten Aktivitäten beschaffen? Zum Schwur kommt es erst, wenn sie aus technischen Gründen nicht mehr möglich sind. Wer im Call Center einen Anruf nach dem andern abwickelt, hat allenfalls in den Pausen Gelegenheit zu einem privaten Gespräch. Wäre es möglich, diesen Freiheitsverlust dadurch auszugleichen, dass man private Mails versenden und in gewissem Umfang auch private Telefongespräche führen darf? Können aus den bisher praktizierten informellen Regeln formelle werden? Dies hängt mit den unterschiedlichsten Faktoren zusammen, zu denen auch aufgeschlossene Arbeitsrichter gehören mögen. Viel nachgedacht hat man bisher über diese Frage nicht.

3. Wie entstehen arbeitsrechtliche Normen? »Der Gesetzgeber« ist aktiv oder »die Tarifparteien« sind es. Aber welchen Interessen wollen sie entgegenkommen und welche wollen sie ausbremsen? Wer hat im Parlament und in den Vorständen der sozialen Gegenspieler das Sagen? Das sind »außerjuristische« Fragen, die man seit dem Abklingen der Studentenbewegung der 1970er Jahre nicht mehr stellt. Ist »der Gesetzgeber« eine Mystifikation, hinter der sich knallharte Interessen verbergen?

Wie kommt es – so kann man weiter fragen – dass bestimmte Thesen keine Resonanz finden? Dass ein AN Ansprüche nicht nur gegen seinen AG, sondern auch gegen die Konzernspitze hat, lässt sich gut begründen,[1] aber man findet nur sehr wenige Autoren, die sich mit dieser Frage befassen oder sie gar bejahen. Gibt es eine ungeschriebene Nebenpflicht des AG, für die Humanisierung der Arbeitsbedingungen zu sorgen?[2] Verlangt nicht ein richtig verstandenes Arbeitsvertragsrecht eine angemessene Abfindung bei jeder betriebsbedingten Kündigung?[3] Die Autoren, die diese Fragen bejahen, zeichnen sich allesamt nicht durch besondere Gewerkschaftsnähe aus, und niemand wird ihnen gar Linkslastigkeit unterstellen. Doch ihre Thesen passen nicht in die Landschaft und deshalb werden sie stillschweigend übergangen. Sind es vielleicht dieselben Interessen, die auch die Handlungsmöglichkeiten des Parlaments einengen?

Ein weiterer Punkt ist erklärungsbedürftig. Wie kommt es, dass die SPD als Oppositionspartei seit den 1980er Jahren die Mitbestimmung der BR stark aus-

---

[1] *Henssler*, Das Arbeitsverhältnis im Konzern, Berlin 1987.
[2] So *Zöllner* RdA 1973, 212 ff.
[3] *Lobinger* ZfA 2006, 198 ff. (der darauf abstellt, was die Arbeitsvertragsparteien bei einer paritätischen Verhandlungssituation vereinbart hätten).

dehnen wollte,[4] was besorgte Stellungnahmen in der Lit. ausgelöst hatte? Und wie ist es zu erklären, dass sie dann als Regierungspartei nach 1998 kaum ein Jota am Status quo der Mitbestimmung änderte? Die GRÜNEN haben insoweit noch viel mehr Divergenzerfahrung. Sie hatten noch etwas früher einen Entwurf für ein neues Arbeitszeitgesetz vorgelegt,[5] das die 40-Std.-Woche als verbindliche Obergrenze für alle vorsah und nur eine (bei TV: 2) Überstunde pro Woche zulassen wollte. Wer Familienangehörige pflegen musste, sollte einen Anspruch auf Arbeitsbefreiung von 20 Arbeitstagen pro Jahr haben. Weitere 20 Arbeitstage konnte man für ehrenamtliche Tätigkeiten, für Fortbildung und für einen monatlichen Hausarbeitstag verwenden. Dem »eigentlichen Leben« außerhalb der Arbeit maßen die Verfasser ersichtlich einen hohen Stellenwert bei. Das war alles verschwunden, als 1998 die grünen Bundesminister vereidigt wurden. Warum? In beiden Fällen waren es zum Teil sogar dieselben Personen, die das eine wie das andere mit der im Politikbetrieb notwendigen Überzeugungskraft bei öffentlichen Auftritten vertraten.

4. Weshalb ist das Arbeitsrecht in verschiedenen Bereichen so unterschiedlich? Nur ungefähr die Hälfte aller Beschäftigten in Dt. wird durch einen Betriebsrat vertreten und durch TV geschützt. Die anderen 50 % leben ohne kollektives Arbeitsrecht. Ihre rechtliche Situation mit der vor 1918 zu vergleichen, wäre irgendwie ungehörig, aber nicht ganz falsch. Die Wissenschaft konzentriert sich auf die glückliche Hälfte, die andere erweckt kaum Aufmerksamkeit. Insoweit besteht Übereinstimmung mit der Betriebssoziologie, die dieselbe Schwerpunktsetzung aufweist: Die Automobilindustrie samt Zulieferern wird in allen Facetten erforscht – aber der Einzelhandel oder gar die Pflegedienste?[6] Und wie steht es mit der Schwarzarbeit? Ein Arbeitsrechtler, der etwas auf sich hält, wird sich schwerlich mehr als marginal mit einer solchen elementaren Negation seines Faches befassen.

Doch die Probleme gehen weiter. Wie kommt es, dass das Fragerecht des AG gegenüber Bewerbern bei uns ein wichtiges Thema ist, nicht aber in vielen anderen Rechtsordnungen? Wieso hat sich das Antidiskriminierungsrecht in der Englisch sprechenden Welt frühzeitig herausgebildet, während wir es in seiner ganzen Breite erst vor gut zehn Jahren entdeckt haben? Manche EU-Mitgliedstaaten haben zwar die EU-RL umgesetzt, doch gibt es noch immer kaum Rspr., obwohl

---

4 S. den Gesetzentwurf BT-Drs. 11/2995.
5 BT-Drs. 11/1188.
6 Ausnahme: *I. Artus*, Betriebe ohne BR: informelle Interessenvertretung in UN, Frankfurt/M. 2006; *dies.*, Interessenhandeln jenseits der Norm: mittelständische Betriebe und prekäre Dienstleistungsarbeit, Frankfurt/M. 2008.

die Schlechterstellung der Frau dort ins Auge springt, von den Migranten ganz zu schweigen. Aber das sind nicht die einzigen Differenzen. Warum ist die Rolle des Rechts so unterschiedlich? Warum gibt es in manchen Ländern ein gut entwickeltes, ausdifferenziertes Tarifvertragsrecht, aber kaum TV? Wie kommt es, dass Gerichte so gut wie nie in Anspruch genommen werden? Der russischen Angestellten einer dt. Stiftung, die dort sehr angesehen war, stellte ich mal die Frage, was sie im Falle einer Kündigung machen würde. Ob sie zu Gericht ginge? Nein, sagte sie, das bringe nichts. Ich insistierte. Wenn sie nun unter besonders empörenden Umständen gekündigt würde, weil ihr Chef bspw. mit ihr ins Bett wollte und sie das abgelehnt habe? Nein, auch dann würde sie sich nicht der Justiz anvertrauen. Für einen solchen Fall hätte sie allerdings 3 kräftige Freunde, die mit Baseball-Schlägern bei passender Gelegenheit auf den Chef warten würden; diese Begegnung würde es dann nie mehr in seinem Leben vergessen. Welchen Sinn soll es haben, die Kündigungsschutzrechte der beiden Länder zu vergleichen, die nach dem Buchstaben des Gesetzes gar nicht so unähnlich sind? Manchmal findet man allerdings auch überraschende Entsprechungen: Auf den Philippinen ist die Auszahlung des Lohnes ua. in einem Massagesalon untersagt,[7] während § 115a der dt. GewO lange Zeit dasselbe für »Gast- und Schankwirtschaften« anordnete.[8] Die Lebensart ist ersichtlich verschieden; die Gefahr, bei der Massage oder beim Bier betrogen und über den Tisch gezogen zu werden, ist dieselbe.

5. Die Welt außerhalb des wohl bestellten Feldes ist groß und voller Fragen und Unsicherheiten. Wer dennoch einen Blick über den Zaun werfen will, dem sei die Lektüre der Beiträge von *risor silvaticus* empfohlen. Er wird dort etliche Antworten finden, zumindest aber – wie *Kuddl Schnööf* sagen würde – einige achtersinnige Gedankens.[9] An ihnen hat auch der Nicht-Schleswig-Holsteiner, selbst einer aus dem fernen Schwaben, allzeit seine klamm-heimliche und oft auch seine offene Freude.

---

7 *Geffken* NZA1997, 305 (sofern der AN nicht dort arbeitet). Vergleichbare Bsp. aus anderen Ländern bei *Thüsing* NZA 2003, 1303, 1309.
8 *Hueck/Nipperdey*, Lehrbuch des Arbeitsrechts, 7. Aufl., Band I, Berlin und Frankfurt/M. 1963, S. 288.
9 *Jochen Steffen, Kuddl Schnööfs* achtersinnige Gedankens und Meinungens von die sozeale Revolutschon und annere wichtige Sachens. Mit wat vornwech von *Siegfried Lenz*, Hamburg 1972.

Prof. Franz Josef Düwell

Beschäftigtenvertretungen und betriebliches Eingliederungsmanagement (BEM)

1. Überwachungsaufgabe

§ 84 Abs. 2 S. 7 SGB IX konkretisiert, was in allg. Weise bereits in § 93 S. 1 und § 95 Abs. 1 S. 2 Nr. 1 SGB IX geregelt ist, nämlich dass Betriebs- oder Personalrat und, soweit schwerbehinderte Kranke betroffen sind, außerdem die SBV, die Einhaltung der Arbeitgeberverpflichten zur Einleitung und Durchführung eines BEM zu überwachen haben. Gestützt auf diesen Überwachungsauftrag und den zur Erfüllung dieser Aufgabe erforderlichen Informationsanspruch aus § 80 Abs.2 BetrVG hat das *BAG* erkannt, dass der AG dem BR die Namen der vom BEM Betroffenen nach § 80 Abs. 2 BetrVG zu übermitteln hat.[1] Das *BVerwG* hat in der Sache ebenso entschieden. Es hat die Vorlage anonymisierter Listen und Anschreiben zu Recht als untauglich für eine echte Kontrolle angesehen.[2] Werde unterstellt, dass die vom Dienststellenleiter zur Verfügung gestellte Liste vollständig sei, so könne der PR nur durch Abgleich mit den Kopien der Anschreiben feststellen, ob allen betroffenen Beschäftigten das Angebot ordnungsgemäß unterbreitet wurde. Zusätzliche Gewissheit könne sich der PR dadurch verschaffen, dass er stichprobenartig bei einzelnen Beschäftigten nachfrage, ob ihnen das Unterrichtungsschreiben des Dienststellenleiters tatsächlich zugegangen ist. Zutreffend ist die Erkenntnis des BVerwG, dass diese Kontrollmöglichkeiten der PR nicht hat, wenn ihm die Unterlagen lediglich in anonymisierter Form zugeleitet werden.[3]

§ 84 Abs. 2 S. 7 SGB IX enthält keine überflüssige Doppelung der Überwachungsaufgabe. Vielmehr handelt es sich um eine auch für die Personalvertretungen in den Ländern geltende Bundesnorm, die von den Ländern nicht abgeändert werden kann.[4] Deshalb stellt die Entscheidung des *Bayerischen* VGH[5],

---

1 *BAG* 7.2.12,1 ABR 46/10, AP SGB IX § 84 Nr. 4 mit Anm. *Kort*.
2 *BVerwG* 4.9.12, 6 P 5.11 Aufhebung OVG *NRW* 26.4.11, 16 a 1950/09.PVL; *BVerwG* 4.9.12, 6 P 7.11, Aufhebung OVG *NRW* 26.4.11, 16 a 2006/09.PVL.
3 *BVerwG* 4.9.12, 6 P 5.11, Aufhebung der Entscheidung des OVG *NRW* 26.4.11, 16 a 1950/09.PVL; *BVerwG* 4.9.12, 6 P 7.11, Aufhebung der Entscheidung des OVG *NRW* 26.4.11, 16 a 2006/09.PVL.
4 *BVerwG* 22.12.1993, 6 P 15.92, PersV 1994, 523.
5 *Bayerischer* VGH, 12.6.12, 17 P 11.1140.

nach der bayerischen Personalvertretungen Namen der BEM-Betroffenen nicht übermittelt werden dürfen, eine Verletzung des Bundesrechts dar.[6]

2. Beteiligungsrechte

Die in § 84 Abs. 2 S. 1 getroffene Zuweisung eines Beteiligungsrechts (»klärt mit«) entzieht sich der traditionellen Einteilung der Mitwirkungs- und Mitbestimmungsrechte. Dieses Beteiligungsrecht ist als ein Mitklärungsrecht zu verstehen. Der AG soll, sofern Beschäftigtenvertretungen im Betrieb oder der Dienststelle bestehen, gehindert sein, einseitig ein BEM durchzuführen. Er darf den in § 84 Abs. 2 S. 1 SGB IX für Fälle der längeren Arbeitsunfähigkeit angeordneten Klärungsprozess nur zusammen mit den Beschäftigtenvertretungen betreiben. Das bedeutet: Es besteht zur Ermöglichung der Mitklärung eine umfassende Verpflichtung, über alle längeren Krankheitsfälle zu unterrichten. Nach der Informationsphase beginnt die Durchführungsphase. Solange keine generelle Verfahrensordnung durch eine Betriebsvereinbarung (BV), Dienstvereinbarung (DV) oder durch eine Integrationsvereinbarung (IV) nach § 83 Abs. 2a Nr. 5 SGB IX getroffen ist, hat der AG für jeden konkreten Einzelfall den Verfahrensablauf mit den Beschäftigtenvertretungen gemeinsam festzulegen und Schritt für Schritt den Klärungsprozess nach Art eines »Runden Tisches« zu betreiben. Problematisch ist die Abgrenzung zum Mitbeurteilungsrecht, wie es zB in § 99 Abs. 1 BetrVG für die Eingruppierung dem BR eingeräumt ist. Ob das Klärungsrecht – soweit keine andere Abmachung in einer BV, DV oder IV getroffen ist – auch das Recht einschließt, am Ende des Klärungsverfahrens mit zu beurteilen, ob die Ziele des BEM im konkreten Fall nicht erreicht oder mit bestimmten Maßnahmen verwirklicht werden können, ist noch nicht in den Fokus der Rspr. gelangt. Es spricht einiges dafür, dass die Klärung auch die Abschlussbeurteilung umfassen soll; denn nur wenn ein Ergebnis festgestellt wird, ist ein Klärungsprozess abgeschlossen. Allerdings besteht ein Unterschied zu § 99 Abs. 3 und 4 BetrVG. Während dort für den Fall der Nichteinigung die Anrufung des Gerichts zur Konfliktlösung vorgesehen ist, hat der Gesetzgeber des SGB IX von jeder Folgenregelung abgesehen. Das bedeutet: Können sich AG und Interessenvertretungen nicht über den Abschluss des Klärungsverfahrens einigen, so wird der Dissens nicht aufgelöst. Es sind die unterschiedlichen Beurteilungen darüber, ob und wie die Ziele des Abs. 2 S. 1 im Fall der betroffenen Person erreicht werden können, schriftlich niederzulegen. Dem AG ist zu empfehlen, sich um eine

---

6 Einzelheiten *Düwell*, CuA 5/2013.

Einigung zu bemühen; denn im Fall des Dissenses sind die Arbeitnehmervertretungen berechtigt, ihre abweichenden Beurteilungen dem Betroffenen mitzuteilen. Kündigt der Arbeitgeber krankheitsbedingt, so erhält die betroffene Person dann Argumente für das Obsiegen im Kündigungsschutzprozess.

Das Mitklärungsrecht beinhaltet das Recht, bei der fallübergreifenden Ausgestaltung des BEM, insbes. durch Aufstellen von Verfahrensregeln und Festlegung von Abläufen, mitzubestimmen. Ein volles, über die Einigungsstelle erzwingbares Mitbestimmungsrecht wird dazu im Schrifttum aus § 87 Abs. 1 Nr. 7 BetrVG abgeleitet.[7] § 84 Abs. 2 SGB IX habe ein Verfahren der gesundheitlichen Prävention eingeführt, das auf die Ergänzung des betrieblichen Arbeits- und Gesundheitsschutzes ziele. Von daher seien die grundlegenden Verfahrensregeln und der Ablauf des Klärungsverfahrens mitbestimmungspflichtig. Dem sind andere Stimmen mit der Begründung entgegengetreten, wenn der AG sich entscheide, das Verfahren einzuleiten, dann liege kein kollektiver Tatbestand vor.[8] Mit dem Tatbestandsmerkmal »Regelungen« in § 87 Abs. 1 Nr. 7 BetrVG seien Sachverhalte angesprochen, die gerade auf eine Mehrzahl von Adressaten ausgerichtet seien und damit an einen Kollektivtatbestand anknüpften. Daran mangele es bei individuell auf den jeweils betroffenen Mitarbeiter bezogenen Maßnahmen des BEM.[9] Ferner wird darauf verwiesen, dass BR, PR und SBV in § 84 Abs. 2 S. 1, 6 u. 7 SGB IX Beteiligungsrechte eingeräumt seien, insofern bestehe iSd. Einleitungssatzes zu § 87 Abs. 1 BetrVG eine speziellere gesetzliche Regelung, welche die Geltendmachung etwaiger Mitbestimmungsrechtsrechte sperre.[10] Richtig ist an der Kritik, dass das Klärungsverfahren über die Gesundheitsprävention hinausgehend auch der Kündigungsvermeidung und Erhaltung der Beschäftigungsfähigkeit dient. Die Kritiker verkennen jedoch das aus der Gesamtheit der Fälle entstehende Bedürfnis nach einer betriebsweit geltenden einheitlichen »kollektiven« Ablaufplanung und Verfahrensordnung.[11] Solange nämlich kein gemeinsames Regelwerk für die fallübergreifende Durchführung angewandt werden kann, bedarf es jeweils einer im Einzelfall zu treffenden Absprache über den Ablauf des Klärungsverfahrens und die einzuhaltende Verfahrensordnung. Das folgt aus dem Gebot der gemeinsamen Klärung. Dieser mittelbare Zwang macht die Aus-

---

7 *Kohte* HaKo-BetrVG 3. Aufl. § 87 Rn 92; ausführlich: *Düwell*, FS für Wolfdieter Küttner zum 70. Geburtstag; München 2006 S. 139ff; *Schils*, Das BEM im Sinne § 84 Abs. 2 SGB IX, 2009 S. 195 ff, *Gagel* NZA 2004, 1359; *Gaul/Süßbrich/Kujewski* ArbRB 2004, 308; *von Steinau-Steinbrück/ Hagemeister*, NJW-Spezial 2005, 129, *Britschgi* AiB 2005, 284; *Feldes* AiB 2005, 546.
8 *Seel*, Behindertenrecht 2006, 34; *Moderegger* ArbRB 2005, 350.
9 *Namendorf/Natzel*, DB 2005, 1794, 1795; *Balders/Lepping*, NZA 2005, 854, 856; *Leuchten*, DB 2007, 2482, 2485.
10 *Namendorf/Natzel* DB 2005, 1794, 1795.
11 vgl *Kohte*, LAGE § 87 BetrVG 2001 Gesundheitsschutz Nr. 3; *Düwell*, SuP 2010, 163.

lotung der Reichweite der Mitbestimmung über gesundheitspräventive Regeln entbehrlich. Im Übrigen greift dann, wenn mit den Betroffenen über Ursachen der Fehlzeiten und Krankmeldungen Gespräche geführt und standardisierte Fragebogen gebraucht werden sollen, das Mitbestimmungsrecht aus § 87 Abs. 1 Nr. 1 BetrVG zur Regelung des Verhaltens im Betrieb ein.[12] Die höchstrichterliche Rspr. hat bislang noch nicht zur restlosen Klärung der Rechtsfragen beitragen können. Zwar hat das LAG *Hamburg* erkannt, Maßnahmen des BEM nach § 84 Abs. 2 SGB 9 unterlägen nicht der Mitbestimmung des BR gem. § 87 Abs. 1 Nr. 7 BetrVG.[13] Das mit der Rechtsbeschwerde angerufene *BAG* hat die vom BR gestellten Sachanträge als unzulässig zurückgewiesen.[14] Das *BAG* prüft für jede einzelne zur Ausgestaltung des BEM zu treffende Regelung, ob hierzu ein Mitbestimmungsrecht besteht. Ein solches wird bejaht: bei Regelung allg. Verfahrensfragen aus § 87 Abs. 1 Nr. 1 BetrVG, in Bezug auf die Nutzung und Verarbeitung von Gesundheitsdaten aus § 87 Abs. 1 Nr. 6 BetrVG und hinsichtlich der Ausgestaltung des Gesundheitsschutzes aus § 87 Abs. 1 Nr. 7 BetrVG. § 84 Abs. 2 SGB IX wird insoweit als eine die Rahmenvorschriften zum Gesundheitsschutz konkretisierende Präventionsnorm verstanden.[15] Im Rahmen der Mitbestimmung besteht kein Spielraum zur näheren Festlegung des Begriffs der Arbeitsunfähigkeit. Mit der Verwendung des Begriffs »arbeitsunfähig« in § 84 Abs. 2 S. 1 SGB IX hat der Gesetzgeber auf die zu § 3 Abs. 1 EFZG ergangene Begriffsbestimmung Bezug genommen.[16]

Solange keine Ausgestaltung des BEM vereinbart ist, muss über alle Verfahrensfragen jeweils im Einzelfall ein Einvernehmen hergestellt werden; denn das Gesetz hat keine einseitige, sondern eine gemeinsame Klärung bestimmt. Diese ist somit möglich, soweit Einvernehmen über die der Klärung zugrunde liegenden Verfahrensregeln besteht.[17] Die Aufstellung einer derartigen Verfahrensordnung liegt auch im wohlverstandenen Eigeninteresse des AG. Ist das Verfahren transparent und wird dem AN erkennbar die Chance eingeräumt, sich aktiv an dem Klärungsprozess zu beteiligen, dann sieht dieser eher ein, welchen eigenen Beitrag er zur Wiederherstellung seiner Beschäftigungsfähigkeit zu leisten hat oder dass er ggf auch akzeptieren muss, wenn das Verfahren mit dem Ergebnis endet, dass keine Beschäftigungsmöglichkeit vorhanden ist.

---

12 *BAG* 8.11.1994, 1 ABR 22/94.
13 LAG *Hamburg* 21.5.08, H 3 TaBV 1/08, LAGE § 87 BetrVG 2001 Gesundheitsschutz Nr. 3.
14 *BAG* 18.8.09, 1 ABR 45/08.
15 *BAG* 13.3.12, 1 ABR 78/10, AuR 2012, 324.
16 *BAG* 13.3.12, 1 ABR 78/10, AuR 2012, 324.
17 *Düwell*, SuP 2010, 163, 164.

3. Unterlassung störender Maßnahmen

Die Pflichten des AG, ein BEM anzubieten und im Falle der Zustimmung des/der Betroffenen durchzuführen, werden ergänzt durch die Nebenpflicht, bis zur Verweigerung der Zustimmung des Betroffenen und im Falle der Zustimmung des Betroffenen bis zum Abschluss des Verfahrens alle die Ziele des BEM störenden einseitigen Entscheidungen oder Maßnahmen zu unterlassen. Das folgt aus dem gesetzlichen Gebot, ein kooperatives und ergebnisoffenes Suchverfahren anzubieten und bei Zustimmung auch durchzuführen. Zu den störenden Maßnahmen gehören insbes. Vorladungen des Vorgesetzten zu disziplinierenden Krankenrückkehrgesprächen. Der Betroffene hat aufgrund der Nebenpflicht des AG einen Anspruch auf Unterlassung. Gleiches gilt für die Beschäftigtenvertretungen; denn ihnen hat der Gesetzgeber ein Teilnahmerecht an der Durchführung des BEM eingeräumt. Dieses zur Erreichung des BEM-Zieles eingeräumte Beteiligungsrecht darf der AG nicht stören.

Allerdings tut sich die bisher veröffentlichte Instanzrspr. mit der Sicherung der Betriebsratsrechte schwer. So hat das ArbG *Köln* den Erlass einer einstweiligen Verfügung abgelehnt. Bei einer derartig »schwierigen und ungeklärten Rechtslage« und »in hohem Maße zweifelhaften Rechtslage« könne regelmäßig keine einstweilige Verfügung ergehen.[18] Inzwischen sind 12 Jahre seit Inkrafttreten des SGB IX und 9 Jahre nach Einführung eines BEM für alle Beschäftigten vergangen. Da kann dieses Argument nicht mehr tragen.

4. Vereinbarungen zur Ausgestaltung des BEM

Die Einzelheiten des BEM bedürfen einer Regelung in Hinblick auf eine Verfahrensordnung und auf eine zusammenfassende Darstellung der betrieblichen Unterstützungsangebote. Regelungsbedürftig sind aus Sicht der beratenden Rehabilitation insbesondere alle Fragen, die mit Umsetzungs- oder Versetzungswünschen zusammenhängen (vgl *Gagel/Schian* Diskussionsforum B Beitrag 2/2004 und Beitrag 17/2007 www.reha-recht.de). Dazu bietet der Gesetzgeber, obwohl nicht nur schwerbehinderte AN betroffen sind, ausdrücklich in § 83 Abs. 2 a Nr. 5 das Instrument der schwerbehindertenrechtlichen IV an: »Durchführung der betrieblichen Prävention (BEM)«. Da der normative Charakter einer IV zumindest zweifelhaft ist, empfiehlt das Schrifttum, die Regelung im Rahmen einer BV oder für den öD in einer DV zu treffen.[19] Ein in der Praxis gut funktionierendes Bsp. eines durch BV geregelten BEM existiert im BMW-Werk Regens-

---

18 ArbG *Köln* 10.1.08, 12 BvGa 2/08.
19 *Gagel* NZA 2004, 1359, 1360.

burg.[20] Große Erfahrungen mit dem BEM haben auch die Ford-Werke in Köln und Saarlouis. Der bei der Ford-Werke Deutschland GmbH gebildete Steuerungskreis, bestehend aus den BR-Vorsitzenden beider Betriebe und den Vertrauenspersonen der Schwerbehinderten sowie dem Arbeitsdirektor und der Integrationsmanagerin, hat ein Prozesshandbuch erstellt, das einschließlich der Musteranschreiben an die erkrankten Mitarbeiter vollständig alle Verfahrensschritte abbildet. Das Handbuch selbst stellt keine BV oder IV dar. Es weist ausdrücklich darauf hin, dass die durch BV und IV geregelten Einzelfragen unberührt bleiben.

In Ausübung des aus § 87 Abs. 1 Nr. 1 und Nr. 7 BetrVG abgeleiteten Mitbestimmungsrechts des BR können viele Fragen des BEM durch BV geregelt werden. Als regelungsbedürftig und regelungsfähig werden insbesondere Fragen angesehen: Welche Stellen sollen an der Durchführung des BEM aktiv teilnehmen? Wie erfolgt die Information des Beschäftigten zur Art und Verwendung der zu erhebenden Daten? Wer führt die weiteren Gespräche mit dem Betroffenen? Unter welchen Voraussetzungen werden externe Servicestellen eingeschaltet, wem werden von Ärzten eingeholte Auskünfte zugänglich gemacht? Welche Gesundheitsdaten werden gespeichert und inwieweit und für welche Zwecke werden sie der Personalabteilung zugänglich gemacht? Für die Untersuchung betrieblicher Ursachen der Arbeitsunfähigkeit bedarf es keiner Zustimmung des Betroffenen. Sollen jedoch Krankheitsursachen in der Person des Arbeitsunfähigen ermittelt werden, ist zur Erhebung und Verarbeitung dieser sensiblen Daten die Einwilligung des Betroffenen unabdingbar.[21] Sie kann nicht durch eine BV oder DV ersetzt werden. Fraglich ist, ob es sich um eine schriftliche Einwilligung iSv. § 4a BDSG handeln muss.[22] Zu warnen ist vor zu weitgehenden Erhebungen von med. Daten des Beschäftigten. Zur Klärung der Wiederherstellung der Arbeitsfähigkeit bedarf es regelmäßig nur der Kenntnis, wie sich das Krankheitsbild auf den Arbeitsplatz auswirkt. Diese kann durch Einholung einer ärztlichen Bescheinigung verschafft werden, die zB angibt, infolge einer Behinderung bzw. Krankheit könne nicht mehr als sechs Stunden täglich, oder nicht nachts oder nicht an einem Arbeitsplatz gearbeitet werden, an dem Gegenstände von mehr als acht Kilogramm gehoben werden müssen. Im Übrigen gilt: Ziel führend zur Wiederherstellung der Arbeitsfähigkeit ist die Feststellung der positiven Leistungsfähigkeit und deren Abgleich mit dem Anforderungsprofil der möglichen Arbeitsplätze. Dem Bemühen um die Ermittlung historischer Krankheitsdaten liegt eher die Tendenz zu Grunde, die Chancen und Risiken einer Krankheitskündigung auszuforschen.

---

20 Vgl. Vorstellung in Arbeit und Arbeitsrecht 2005, 205 ff.
21 *Gundermann/Oberberg*, AuR 2007, 19; *Schian/Faber*, Diskussionsforum B, Beitrag 7/2008 auf www.reha-recht.de; aA *Wetzling/Habel* NZA 2007, 1129.
22 So *Boecken/Gebert*, VSSR 2013, 77, 88.

5. BEM durch Spruch einer Einigungsstelle

Gehen AG und BR von einem Mitbestimmungsrecht nach § 87 Abs. 1 Nr. 1 und 7 BetrVG aus, können sie sich jedoch nicht auf den Inhalt einer Verfahrensordnung zur Durchführung des BEM einigen, so können sie nach § 76 Abs. 1 BetrVG eine Einigungsstelle bilden. Dieses ersetzt nach § 87 Abs. 2 BetrVG die fehlende Zustimmung der anderen Seite. Besteht zwischen AG und BR Streit über das Bestehen des Mitbestimmungsrechts, so können sie nach § 76 Abs. 6 BetrVG die Einigungsstelle anrufen und sich nach dem Spruch der Einigungsstelle überlegen, ob sie sich den Spruch nachträglich annehmen. Sie können sich aber auch dem Spruch im Voraus unterwerfen.

Kommt es im Streitfall nicht zu einer einvernehmlichen Anrufung, so kann das ArbG auf Antrag einer Seite die Voraussetzungen zur Errichtung der Einigungsstelle im Beschlussverfahren nach § 98 ArbGG dadurch schaffen, dass es den unparteiischen Vors. bestimmt und die Zahl der Beisitzer beider Seiten festlegt. Gem. § 98 Abs. 1 S. 2 ArbGG kann der Antrag auf Bestellung eines Einigungsstellenvorsitzenden und auf Festsetzung der Zahl der Beisitzer wegen fehlender Zuständigkeit der Einigungsstelle nur dann zurückgewiesen werden, wenn die Einigungsstelle offensichtlich unzuständig ist. Offensichtlich unzuständig ist die Einigungsstelle nur, wenn bei fachkundiger Beurteilung durch das Gericht sofort und ohne Weiteres erkennbar ist, dass ein Mitbestimmungsrecht des BR in der fraglichen Angelegenheit unter keinem rechtlichen Gesichtspunkt in Frage kommt und sich die beizulegende Streitigkeit zwischen AG und BR erkennbar nicht unter einen mitbestimmungspflichtigen Tatbestand des BetrVG subsumieren lässt.[23] § 84 Abs. 2 verpflichtet den AG nicht zu einem generellen präventiven Gesundheitsschutz, sondern nur bezogen auf den konkreten arbeitsunfähigen AN. Allerdings rechtfertigt das noch keine durchschlagenden Bedenken gegen ein Mitbestimmungsrecht aus § 87 Abs. 1 Nr. 7 BetrVG; denn § 84 Abs. 2 SGB IX schreibt keine Einzelheiten der Handhabung vor, sondern verpflichtet den AG, ein System mit strukturierten Abläufen erst noch zu entwickeln. Dh., dass die Ausfüllung eines gesetzlichen Rahmens für den Gesundheitsschutz iSv. § 87 Abs. 1 Nr. 7 BetrVG betroffen sein kann.[24] Wegen der Erhebung der Daten der betroffenen AN und wegen der Durchführung der Eingliederungsgespräche ergibt sich schon die Notwendigkeit eines formalisierten Verfahrens. Insoweit ist das Mitbestimmungsrecht aus § 87 Abs. 1 BetrVG tangiert. Jedenfalls kann, so-

---

23 LAG *Hamm* 7.7.03, 10 TaBV 85/03.
24 ArbG *Dortmund* 20.6.05, 5 BV 48/05; LAG *Schleswig-Holstein* 19.12.06, 6 TaBV 14/06, AiB 2007, 425; zustimmend: *Gagel* jurisPR-ArbR 18/2007 Anm. 1; *Hjort* AiB 2007, 427; *Faber* dbr 2007, Nr. 6, 37.

lange die strittige Mitbestimmungsfrage noch nicht höchstrichterlich entschieden ist, nicht von einer offensichtlichen Unzuständigkeit der Einigungsstelle ausgegangen werden.[25] Folglich ist davon auszugehen, dass die BR im Streitfall die Errichtung einer Einigungsstelle bis zum evtl. neg. höchstrichterlichen Ausgang der Mitbestimmungsfrage eine Einigungsstelle durchsetzen können. Gegen den für den AG neg. Ausgang des Einigungsstellenbesetzungsverfahrens ist nämlich nach § 98 Abs. 2 S. 4 ArbGG kein Rechtsmittel statthaft. Der AG kann nur mit einem neg. Feststellungsantrag die fehlende Zuständigkeit der Einigungsstelle feststellen lassen. Bis zum rechtskräftigen Abschluss dieses Verfahrens ist die Einigungsstelle befugt und verpflichtet, selbst über ihre Zuständigkeit zu beschließen.[26] Dem AG bleibt bei neg. Ausgang dieses Beschlusses nur die Möglichkeit der späteren Anfechtung des Spruchs der Einigungsstelle nach § 76 Abs. 5 S. 4 BetrVG. Das Gericht prüft in diesem Verfahren nicht nur die Einhaltung des Ermessensspielraums, sondern auch, ob die Einigungsstelle die erforderliche Regelungskompetenz besaß.[27]

6. Initiativrecht

Der Wortlaut des § 84 Abs. 2 S. 6 SGB IX lässt durch die Verwendung des Wortes »verlangen« erkennen: Die von den Belegschaften in Betrieben und Dienststellen gewählten Interessenvertretungen BR, PR und SBV haben ein eigenes Recht, den AG zur Einleitung und Durchführung des BEM in jedem Einzelfall anzuhalten. Dieses Recht wird beschränkt durch die in Abs. 2 S. 1 für jeden Einzelfall geforderte Zustimmung des erkrankten Beschäftigten. Lehnt dieser nach Aufklärung über die Ziele des BEM dennoch dessen Durchführung ab, so endet damit das Verfahren zur Klärung der Beschäftigungsfähigkeit. Im Übrigen zeigt dieses Initiativrecht deutlich, dass die datenschutzrechtlichen Bedenken gegen die Weiterleitung der Namen der Belegschaftsangehörigen, bei denen die 6-Wochen-Frist nach Abs. 2 S. 1 überschritten ist, vom Gesetzgeber nicht geteilt werden; denn ansonsten bestünde ein inhaltsleeres Initiativrecht. Uninformierte Arbeitnehmervertretungen können mangels Kenntnis der Betroffenen keine Einleitung eines BEM verlangen.

---

25 LAG *Nds.* 11.11.1993, 1 BV 59/93, LAGE § 98 ArbGG 1979 Nr. 27.
26 LAG *Nds.* 11.11.1993, 1 BV 59/93, LAGE § 98 ArbGG 1979 Nr. 27.
27 *BAG* 13.2.07, 1 ABR 18/06.

7. Akzeptanz des BEM

BR/PR haben keine einheitliche positive Einstellung zur Durchführung des BEM und zur Mitgestaltung fallübergreifender Verfahrensordnungen. Nicht selten sehen sie vor allem die Risiken und weniger die Chancen. Während einige im BEM eine Chance sehen, den Ursachen von arbeitsbedingten Erkrankungen auf den Grund zu gehen, sehen andere im BEM nur eine andere Verpackung für die Krankenrückkehrgespräche alten Stils, bei denen allzu häufig nicht die Gesundheitsprävention, sondern der Aufbau von Druck auf die »leistungsgewandelten« AN und die »Jagd auf Blaumacher« im Vordergrund stand.

Zum Abbau dieser Befürchtungen sollte das Erstgespräch nicht vom betrieblichen Vorgesetzten oder einem Mitarbeiter der personalaktenführenden Stelle, sondern vom Betroffenen und einem Gesprächpartner seines Vertrauens geführt werden. Zumindest sollte der Betroffene die Wahlmöglichkeit haben, eine Person seines Vertrauens hinzuzuziehen. Die gesetzlich erforderliche Zustimmungserklärung der Betroffenen, die der Wahrung des Freiwilligkeitsprinzips dient, kann auch nach dem Erstkontakt abgefragt werden. Die Eignungskriterien für diejenigen, die mit der Aufgabe des Erstkontakts betraut werden, sollten in der BV, DV oder IV festgelegt werden. Im Übrigen sollte die weitere Durchführung nicht in der Hand der Personalabteilung liegen. Das ist auch nicht iSd. Gesetzgebers. Ein BEM ist nicht per se Aufgabe des Managements, sondern soll sich nach §§ 84 Abs. 2 SGB IX in einem Kooperationsprozess vollziehen. Von daher ist die Einsetzung eines Integrationsteams oder eines Steuerungskreises dringend geboten, dem neben entscheidungskompetenten Mitgliedern des Managements auch sachkundige Mitglieder der Interessenvertretungen angehören.

8. Wirksamkeit des BEM

In einer Studie zur Umsetzung aus 2008[28] wurde ermittelt, dass lediglich in jedem 2. UN ein BEM durchgeführt wird. Neuere Zahlen fehlen. Das Vollzugsdefizit wird in einer sozialwissenschaftlichen Studie darauf zurückgeführt, dass es keine effektiven Sanktionsmöglichkeiten gäbe, die AG anhielten, allen Beschäftigten ein BEM anzubieten.[29] Eine Ausnahme bilde lediglich die Situation, dass eine Kündi-

---

28 Niehaus, Magin, Marfels, Vater und Werkstetter, Köln 2008.
29 *Reese, Mittag*, Wiedereingliederung und soziale Sicherung bei Erwerbsminderung – Vergleichsstudie für die EU-Länder Niederlande und Deutschland, Sozialrecht+Praxis 2013, 343, 346.

gung des AN erfolgt und dieser Kündigungsschutzklage erhebe. Lediglich in diesem Fall würde geprüft werden, ob dem Arbeitnehmer ein BEM angeboten wurde oder ob alle Optionen der Weiterbeschäftigung ausgeschöpft wurden. Im Übrigen führt die Studie aus: »Eine Einforderung des BEM von Seiten des AN oder des BR ist nicht möglich«.[30] Richtig ist demgegenüber, dass die Rspr. relativ rasch die Bedeutung des ordnungsgemäß durchzuführenden BEM für die soziale Rechtfertigung einer personenbedingten Kündigung erkannt hat. Das BEM ist zwar keine formelle Kündigungsvoraussetzung, aber entsprechend dem ultima ratio Grundsatz ein notwendiges Verfahren zur Ermittlung, ob ein milderes Mittel zur Verfügung steht.[31] Daraus folgt für den AG eine Obliegenheit zur Durchführung des BEM.

Der Behauptung, für BR bestünden keine rechtlichen Möglichkeiten, die Einleitung und Durchführung eines BEM durchzusetzen, muss widersprochen werden. Wie oben unter 6. dargestellt, gibt es Initiativrechte der Beschäftigtenvertretungen. Diese müssen allerdings erkannt und wahrgenommen werden.

9. Schlussbemerkung

Seit *Sinzheimer* wissen wir: Das Arbeitsrecht ist das Ergebnis eines Ringens gesellschaftlicher Kräfte. Rechtserkenntnis vollzieht sich hier nicht im stillen Kämmerlein des Rechtsgelehrten im Elfenbeinturm. Sie bedarf des Blicks auf die gesellschaftliche Wirklichkeit, wie sie sich in den Betrieben und Dienststellen sowie in den Beziehungen von Gewerkschaften und Arbeitgeberverbänden ereignet. Verdienst des Jubilars ist es, den für die Suche nach dem richtigen Recht notwendigen Austausch von Wissenschaft, Rspr. und Gewerkschaften als Leitender Redakteur der »Arbeit und Recht« jahrzehntelang hervorragend organisiert zu haben. Der Autor dieses Beitrags ist stolz darauf, während seiner Amtszeit als Richter in allen 3 Instanzen der Gerichte für Arbeitsachen von *Rudolf Buschmann* um Beiträge für Arbeit und Recht gebeten worden zu sein. Der Kampf um das Recht setzt auch die erfolgreiche Wahrnehmung von Rechtspositionen vor den Gerichten voraus. Dazu bedarf es professionell agierender Rechtsvertreter. Als Leiter der Bundesrechtsstelle des DGB »stritt« *Rudolf Buschmann* häufig erfolgreich beim *BSG* und später nach der »Europäisierung« der Rechtstelle auch beim *Gerichtshof* der EU. Dem *BAG* bleibt er als von den Berufsrichtern hoch geschätzter ehrenamtlicher Kollege erhal-

---

30 ebenda.
31 *BAG* 10.12.09, 2 AZR 400/08; zusammenfassende Darstellung bei *Kuhlmann*, Einfluss des Präventionsverfahrens und BEM auf zum das Kündigungsschutzverfahren, Behindertenrecht 2013, 34 ff.

ten. Ohne das Beratungsgeheimnis zu gefährden, darf davon ausgegangen werden, dass es ihm auch im Rahmen dieser Aufgabe gelungen ist, seine hervorragenden Kenntnisse und Erfahrungen in das richterrechtlich dominierte Arbeitsrecht[32] einzubringen.

---

[32] Vgl. *Düwell/Löwisch/Waltermann/Wank*, Arbeitsrecht und Zivilrecht – Deutschland und Japan im Rechtsvergleich, Münster 2013.

Prof. Dr. Dr. Dres. h.c. Matthew W. Finkin, University of Illinois

Freud, Ironie und LOI[1]

Für viele Jahre konnten die Leser von »Arbeit und Recht« das Vergnügen und noch dazu die lehrreiche Erfahrung von *risor silvaticus*' Erklärungen der *Lingua Oeconomici Imperii* (LOI) genießen.

Jeder Beitrag zeigt zunächst seine ureigene Aufgabe in der Suche nach dringend benötigter Klarheit, in Anlehnung an einer Maxime von *Karl Kraus*: »Man bemühe sich um die Klarheit des Ausdrucks«, auf. Auch werden wir manches Mal daran erinnert, die wichtige Aussage »Sprache ist Macht« nicht zu vergessen. So soll dies auch in diesem Beitrag, der sich mit dem Sprachgebrauch des *risors* auseinandersetzt, nicht fehlen. Wie sich herausstellen wird, spiegelt sich nicht nur ein Großteil seiner Arbeit wohlwollend in seinen Zielen wider, sondern er verbirgt – oder vielmehr maskiert – oft eine tiefergehende Wahrheit, wenn dies auch zweifelsohne nicht beabsichtigt ist. IdS. wird *risor* sich mit Sicherheit an den folgenden ihm bis dato gänzlich unbekannten Offenbarungen erfreuen.

So wollen wir nun mit der Vorgabe »Sprache ist Macht« beginnen.

Der Logiker *Charles Lutwige Dodgson* aus Oxford veröffentlichte 1871 unter dem Künstlernamen *Lewis Caroll* den Roman »*Through the Looking-Glass, and What Alice Found There*« (*»Alice hinter den Spiegeln«*). Darin unterhält sich *Alice* mit *Humpty Dumpty* über Geburtstage. *Humpty Dumpty* fasst diese Unterhaltung wie folgt zusammen »There's glory for you!«. Dies scheint nicht im Geringsten mit dem Gegenstand ihrer Unterhaltungen in Zusammenhang zu stehen und veranlasst folgenden Wortwechsel:

»I don't know what you mean by ›glory‹,« *Alice* said.
Humpty Dumpty smiled contemptuously. »Of course you don't – till I tell you. I meant ›there's a nice knock-down argument for you!‹«
»But ›glory‹ doesn't mean ›a nice knock-down argument‹,« *Alice* objected.
»When I use a word,« *Humpty Dumpty* said in a rather scornful tone, »it means just what I choose it to mean – neither more nor less.«
»The question is,« said *Alice*, »whether you *can* make words mean so many different things.«
»The question is,« said *Humpty Dumpty*, »which is to be master – that's all.«

---

[1] Übersetzung: *Susanne Parting*, LL.B.

Diese Konversation erfreute sich unter anglo-amerikanischen Juristen bis zum 2. Weltkrieg großer Beliebtheit. Zu dieser Zeit bekam die politische Macht darüber, was Worte bedeuten einen bitteren Beigeschmack, da dieser spezielle Umgang mit Wörtern ein hohes Level erreichte – besonders in Dt. Die Art und Weise wie das Regime Sprache benutzte, erregte die philologische Aufmerksamkeit von *Werner Klemperer*, der ihr den Namen lingua tertii imperii (LTI)[2] gab, welcher die LOI von *risor* nachfolgt.[3] *Risor* erkennt, dass es bei dem Ziel der Sprache nicht darauf ankommt, ob diejenige Macht, die die Wörter mit Bedeutung füllt, privater oder öffentlicher Natur ist. Es reicht, dass sie innerhalb ihres Reiches die Macht besitzt zu bestimmen und so, wie *Humpty Dumpty*, die Bedeutung bestimmter Wörter festlegen kann.

Klemperer unterscheidet dabei unterschiedliche linguistische Eigenschaften, die LTI charakterisieren: Zum einen, wie bereits festgestellt, der Gebrauch von Abkürzungen, zum anderen aber auch der Gebrauch – oder vielmehr die Abwesenheit – von Satzzeichen[4]; der extensive Gebrauch von Statistiken, um den Eindruck von Genauigkeit und Verlässlichkeit zu erwecken, sowie das gelegentliche Schaffen von Neologismen, und einiges mehr. Für *risors* Absichten sind jedoch 3 dieser Eigenschaften wesentlich: (1) Der Gebrauch von Euphemismen, also Wörter die ihre wahre Bedeutung verdecken und heucheln; (2) Feindseligkeit gegenüber jeglicher Vernunft, welche im Extremfall zur (3) Verdrehung der Wörter in ihr exaktes Gegenteil führt. Die letztgenannte Eigenschaft ist die für das Recht am heimtückischsten: »Die Unabhängigkeit der Justiz« zB. wurde als juristische Dienstbarkeit bzw. Unterwerfung definiert.[5] In seinem Roman 1984 hat *George Orwell* diese spezielle Eigenschaft von LTI in dem Slogan der fiktionalen Regierungspartei auf ernüchternde Art und Weise eingefangen:[6]

KRIEG IST FRIEDEN
FREIHEIT IST SKLAVEREI
IGNORANZ IST STÄRKE

Heutige UN können zumeist nicht über Leben und Tod bestimmen, zumindest nicht buchstäblich. Jedoch kann Unternehmenssprache seinem politischen Ge-

---

2 *Werner Klemperer*, LTI: NOTIZBUCH EINES PHILOLOGEN (1947).
3 Eine der Eigenarten, die *Werner Klemperer* ins Auge fielen ist der Gebrauch von Abk. Er bedauerte zudem die Tatsache, dass viel von der Sprache des LTI den Sturz des Regimes überlebte. Ist nun sein, und risors, Gebrauch von Abk. ein ungewollter Ausdruck von Ironie?
4 *Werner Klemperer*, supra, n. 1, Ch. 12.
5 *Eduard Kern, Zur Unabhängigkeit des Richters*, 29 ARCHIV FÜR RECHTS-UND SOZIALPHILOSOPHIE 424 (1934–35).
6 *George Orwell*, 1984 (1949).

genstück stark ähneln: Euphemismen, Schlagwörter usw. finden sich oft auch hier. Tatsächlich bieten Lehrstühle für Öffentlichkeitsarbeit an amerikanischen Universitäten Kurse oder sogar Abschlüsse in »Firmen Imagemanagement«[7] an und in dem Kielwasser peinlicher Episoden von Gesetzesübertretungen durch UN tauchten Personen, die als »Berater zur Buße« identifiziert wurden (der Beruf an sich schon die Inkorporation von LOI) hinter den schweren Vorhängen der Firmen auf.

Die Erwartung der Öffentlichkeit, dass LOI – Beschönigungen, Halbwahrheiten, etc. – benutzt werden ist so alltäglich, dass ein arbeitsrechtlicher Zwischenfall bzgl. der Aufrichtigkeit von UN die Aufmerksamkeit der *New York Times* erregte. Die Erläuterung dieses Zwischenfalls wird die besondere Rolle von LOI im Arbeitsrecht erhellen.

Die *Dr. Pepper Snapple Group*, welche 2009 einen Umsatz von $ 5,5 Mrd. verzeichnete, ist Inhaberin des UN »*Mott Apple Juice*«. Das Management von *Mott* befand sich in einem unerbittlichen Streik aufgrund seiner Forderung nach Lohnzugeständnissen der AN. *Mott* hatte seinen AN einen Stundenlohn von $19 – $21 gezahlt. Der durchschnittliche Stundenlohn von Produktionsarbeitern in der Region lag bei $14. *Mott* forderte nun eine Senkung des Stundenlohns um $ 1,50. Als das Management von *Mott* seine Forderung gegenüber der Gewerkschaft mit der Aussage, dass AN »ein Gut wie Sojabohnen und Öl« seien, und »der Preis für Güter« nun mal sinke und steige, verteidigte, folgte ein Aufruhr in der Öffentlichkeit.[8] Ist es nun verwunderlich, dass UN so viel Geld für Pressearbeit und Imagepflege ausgeben, wenn die ehrliche und direkte Aussage, dass sich das UN an grundlegende Prinzipien der neo-liberalen Ökonomie hält schon einen solchen Imageschaden verursachen kann? Allerdings war *Motts* Aufrichtigkeit mit Sicherheit eine seltene Verirrung. Man denke zB. daran, wie oft sich UN, zumindest in den USA, als »Familie« bezeichnen, selbst wenn sie Massenentlassungen [LOI – »Optimierung«] ankündigen, welche ihre Angestellten respektive »Kinder« zu Waisen machen.

Risor erläutert dies alles durch den reichlichen Gebrauch von Ironie in seinen Erklärungen, zB.

---

[7] S. »Public Relations/Image Management Degree« http://www.collges.findthebest.com/d/o/Public_Relations_-_Image-Management. (30.4.13). Die Uni Florida hat zuletzt für ausländische Studenten ein Hauptfach in dem Bereich angeboten. www.ofic.ufl.edu/155/majors_all.html (1.5.13).
[8] *Steven Greenhouse, In Mott's Strike, More Than Pay at Stake*, New York Times (17.8.10). http://www.nytimes.com/2010/08//19/business/18motts.html?_=1&sq=mott&st=cse&scp= (18.8.10).

Strukturveränderung   Entlassung⁹
Unternehmenskultur   Gefangenenchor¹⁰
Mittelständiger Betrieb   bis zu 10 000 Beschäftigten¹¹.

Auch benutzt er die Ironie um die Umkehrungen von Bedeutungen, die derer von *Orwell* ähneln, aufzudecken, zB.

Verbreitung der Freiheit
überall in der Welt   Krieg¹².

In der Tat zieht sich die Ironie durch alle Darlegungen der LOI durch *risor*. Ironie kommt von dem griechischen eironeia, das Vortäuschen von Ignoranz, und ist ein Stilmittel bei welchen die beabsichtigte Aussage in dem Gegenteil von dem liegt, was tatsächlich ausgesprochen wird. Paradoxerweise wird die LOI, selbst eine Redefigur die vorgibt eine gegenteilige Bedeutung zu transportieren, durch *risors* Ironie umgedreht. Die Ironie in *risors* Gebrauch von Ironie ist ironisch.

Genauer betrachtet zieht uns jedoch *risors* wundervoller Einsatz von Ironie noch tiefer in die Ironie. *Risor* spricht es nicht direkt an, vielleicht weil es mittlerweile so in die undurchdringliche Sprache der Linguistik – *Enantiosemia* – eingekapselt ist, dass es von Laien nicht bemerkt wird. Tatsächlich findet sich in der englischen Sprache keine allgemeine verwandte Redeweise und somit sind sich englischsprachige Menschen dem auch nicht bewusst. Jedoch findet sich interessanterweise eine solche Redeweise im Deutschen. Vielleicht liegt das daran, dass es sich um eine Entdeckung der dt. Sprachwissenschaft im 19. Jahrhundert handelt.

1884 veröffentlichte der Philologe *Karl Abel* ein Pamphlet mit dem Titel »Über den Gegensinn der Urworte«, welches er im folgenden Jahr zu seinen »Sprachwissenschaftlichen Abhandlungen« hinzufügte. Er zeigt darin auf, dass im antiken Ägyptischen oft Worte mit 2 Bedeutungen vorkommen, die jeweils gegenteilig sind. Ganz so als würde im Deutschen das Wort »stark« sowohl »schwach« als auch »stark« bedeuten oder »Dunkelheit« auch »Licht«. Er sah dies als Bsp. für eine primitive linguistische Form.

Sigmund Freud fand 1910 in *Abels* Theorie einen Anstoß für die Wissenschaft der Traumdeutung. In Träumen sind Negative unbekannt und somit kann alles

---

9 AuR 2003, 113.
10 AuR 2003, 226.
11 AuR 2003, 422.
12 AuR 2005, 102.

sein oder eben sein Gegenteil repräsentieren.[13] Allerdings zeigen Träume, wie *Freud* herausfand, auch tiefere psychische Wahrheiten auf.

In denselben Jahr veröffentlichte *Theodore Nöldecke »Beiträge zur Semitischen Sprachwissenschaft«*. Dort untersuchte er gerade diese Eigenschaft semitischer Sprachen mit besonderem Augenmerk auf die in präzisen und klaren Deutsch benannte Kategorie der *»Gegensinnen Wörter«*: Wörter, welche simultan gegensätzliche Bedeutungen inne haben. Diese finden sich nicht nur in antiken semitischen Sprachen wieder. So scheint das zeitgemäße Arabisch in dieser Hinsicht sehr gut ausgestattet zu sein.[14] Im Deutschen kann das Wort »Dämmerung«, ein dunkles Licht/helles Dunkel, wenn es alleine steht, sowohl Morgendämmerung als auch Abenddämmerung bedeuten. Im Englischen kann das Verb »to cleave« sowohl »zerspalten« (iSv. »mit einer Axt spalten«) als auch »zusammenfügen« (iSv. »Heirat«) bedeuten. In beiden Sprachen kann das vom lateinischen »sanctio« stammende Wort »sanction« (Englisch) bzw. »Sanktion« (Deutsch) sowohl »Gegenstand einer Bestrafung« als auch »Anerkennung« oder »Genehmigung« (oder, bei Beachtung der Wurzel, auch »sanctify«) heißen. Dementsprechend kann der Satz »The law sanctions this act« für sich alleine für den Leser sowohl bedeuten, dass es sich um eine unerlaubte oder eine erlaubte Handlung handelt.

Diese all zu oft ignorierte Eigenschaft der Sprache stellt für *risor* ein kompliziertes Problem dar. Könnte gar ein Teil von *risors* Ironie deplatziert sein? Hat die dt. Sprachwissenschaft unumstößlich gezeigt, dass *Humpty Dumpty* insoweit wissenschaftlich korrekt ist, als das die Bedeutung eines von ihm gewählten Wortes eine im Wort selbst inhärente gegensätzliche Bedeutung ist? Hat *Freud* Recht, wenn er davon ausgeht, dass die gegenteilige Bedeutung eines Wortes ein Fenster zu einer tieferen und unbewussten Wahrheit ist? Ist es in diesem Fall, ohne einen Hauch von Ironie, möglich, dass psychologisch genau wie linguistisch, Krieg Frieden, Freiheit Sklaverei und Ignoranz Stärke *ist*?

---

13 *Sigmund Freud, The Antithetical Sense of Primal Ends* in 4 Sigmund Freud, COLLECTED PAPERS Ch.X (Joan Riviere trans. 1959).
14 *Jordan Finkin, Enantiosemia in Arabic and Beyond*, 68 Bull. School of Oriental African Studies 369 (2005).

Dr. Herbert Grimberg

Ein Brief

Lieber Rudi,

»In der Zeit vom 16.11.1981 bis 15.2.1982 war uns ein Rechtspraktikant im Rahmen seines Schwerpunktpraktikums zur Ausbildung zugewiesen. Der Rechtspraktikant war in der Abteilung Arbeitsrecht tätig.« Mit diesen Zeilen schriebst Du Anfang 1982 dem Ausbildungs- und Prüfungsamt für die einstufige Juristenausbildung in Bremen und berichtetest über die Ausbildung eines damals 25 jährigen Rechtspraktikanten in der Abt. Arbeitsrecht der Gewerkschaft Handel, Banken und Versicherungen (HBV) in Düsseldorf.

Wir lernten uns zu einer Zeit kennen, in der die politischen Differenzen auf der Linken teilweise größer waren als zu denen (den Bürgerlichen), mit denen wir uns eigentlich auseinandersetzen wollten. So gab es auch bei unserem Kennenlernen die Differenz, auf welche der gerade neu erschienenen Tageszeitungen wir nun setzen (»Die Neue« oder die »TAZ«). Wie so häufig, Du hattest Recht, Rudi!

In Deinem Büro gab es ein Telefon (kaum glaublich, es gab noch keine Handys), das Gerät nanntest Du »kleiner Terrorist«. Du zeigtest mir die Bedeutung, denn wenn Gliederungen, Betriebsratsgremien, Betriebsratsmitglieder und Einzelmitglieder einer Gewerkschaft in der Rechtsabteilung anrufen, wollen sie sich nicht nach dem Wetter erkundigen, es brennt ihnen ein großes Problem auf der Seele. Sie haben Anspruch auf Beratung und (juristische) Hilfe. Auf der anderen Seite brüten die JuristInnen in der Rechtsabteilung gerade über einem anderen Problem, und der »kleine Terrorist« nervt. Ganz selten, aber ab und zu, landete das Telefon dann in der Schreibtischschublade von Rudi, um von dort aber noch nervendere Geräusche abzusondern.

Du, Rudi, hast zu der Zeit schon viel geschrieben, für einzelne Deiner Aufsätze durfte ich Vorarbeiten erstellen, die über das Kopieren von Aufsätzen hinausgingen. Wir beide diskutieren einen Aufsatz über das Thema »Arbeitskampf im Alltag«, wir beide waren von den Ideen, die wir gemeinsam entwickelten, sehr angetan. Der Redakteur von »Arbeitsrecht im Betrieb« etwas weniger, er sah die Gefahr des § 40 BetrVG. Die Grundsatzentscheidungen der Arbeitsgerichtsbarkeit über die Kostentragungspflicht des AG für AiB waren noch nicht gefallen. So verschwanden die Ideenzettel in der Schublade. Erst später schrieben wir dann für Arbeit und Recht, dessen Redakteur Du noch nicht warst, einen Artikel über

Herbert Grimberg

»Plaketten als Meinungsäußerung im Betrieb« (AuR 1989, 65 ff). Über einen der Kernsätze: »So dürfte in einem Hamburger Hafenbetrieb ein Button des F.C. Bayern München von vielen Anwesenden eher als Provokation aufgenommen werden als etwa eine ›Stoppt-Strauß‹-Plakette.« haben wir lange nachgedacht und uns daran auch noch später erfreut. Denn wir sind Norddeutsche. Und deswegen sind wir während meiner Ausbildung auch häufig genug gemeinsam im Zug von Düsseldorf nach Kiel über Bremen gefahren und haben unsere Gespräche fortgesetzt.

Du hast mir die Arbeit in einer Abteilung (Arbeitsrecht) in einer Hauptverwaltung einer DGB-Einzelgewerkschaft »beigebracht«, ich durfte auch später davon profitieren. Es war die Zeit der Auseinandersetzung über die Frage, ob der BR in einem Einzelhandelsunternehmen in seiner Kompetenz über die Lage der Betriebsversammlungen eingeschränkt ist, denn damit wird eventuell die Ladenöffnungszeit beeinflusst. Die Gewerkschaft HBV musste sich in der juristischen Auseinandersetzung mit von Arbeitgeberverbänden bezahlten Gutachten von Professoren herum schlagen. Einen Verfasser nanntest Du dann zutreffend »Dauergutachter der Arbeitgeberverbände«, das war nicht lieb, Rudi, aber sehr zutreffend. Und es hautnah an sozialen Konflikten zu erleben, welche Auswirkungen so eine Stellungnahme hat, war etwas anders, als sich damit alleine in der Theorie zu beschäftigen. Die Dauergutachter der Arbeitgeberverbände sind dann auch im Laufe der Jahrzehnte nicht ausgestorben und haben den JuristInnen, aber nicht nur denen in den Gewerkschaften, das Leben ein wenig schwer gemacht.

Wir beschäftigten uns, nee, Du erzähltest mir an einem praktischen Bsp. die relative Bedeutungslosigkeit der Strafvorschriften des § 119 BetrVG. In dem Bsp. ging es um die immer wieder erfolgte Einstellung von Strafverfahren durch die StA und den Versuch, zB. durch Klageerzwingungsverfahren die staatlichen Stellen zum Handeln gegen absolute Arbeitgeberwillkür zu zwingen.

Unser Kontakt ist danach nie abgebrochen. Ich habe zwar Deinen Hinweisen nur begrenzt Folge geleistet, mehr für meine wissenschaftliche Reputation durch Veröffentlichungen in AuR zu tun. Unsere anfänglichen Differenzen spielten in den späteren Jahrzehnten nie mehr eine Rolle.

Deswegen sollten diese Zeilen eigentlich unter der Überschrift stehen: »Juristische Ausbildungsstationen bei DGB-Einzelgewerkschaften, dargestellt am Bsp. der Gewerkschaft HBV in den 80er Jahren des voriges Jahrhunderts«. Ach so: Wie lautete Deine Bewertung 1982 über mich? »Seine Entwürfe und Arbeitsergebnisse waren immer praktisch verwertbar.«, hieß es in Deinem Schreiben an das Ausbildungs- und Prüfungsamt. Ich habe viel von Dir, Rudi, gelernt, dafür ein herzliches Dankeschön.

mimus polyglottos, Allüberall[1]
Raritäten im Arbeitsleben und andere skurrile Rechtsfälle

I. Vorspruch

Das Arbeitsleben ist facettenreich. Man darf es nicht nur als notwendige Last zum Broterwerb ansehen, das möglichst früh endet. Arbeit ist erfüllend, schafft Einkommen zum Lebensunterhalt, gibt innere Befriedigung für die eigene Leistung und Anerkennung von dritter Seite – wenn alles gut geht. Meistens geht ja auch alles gut. Und sollte einmal bei einem der Beteiligten der »Kragen platzen«, dann stehen Rechtsberater auf beiden Seiten zur Verfügung und schließlich und endlich ein über allem und allen stehendes Gericht zur Einigung oder Lösung einer Streitigkeit.

In der Bundesrepublik gibt es mit gut 41 Mio. Erwerbstätigen bei 81 Mio. Einwohnern die höchste jemals gemessene Zahl von 37 Mio. AN und einer seit 20 Jahren niedrigsten Arbeitslosenzahl von 2,9 Mio. Diese Eckpunkte werden ergänzt durch 3,6 Mio. UN, die den Beschäftigten zur Verfügung stehen, um durch Interaktion eine Vertragsbindung entstehen zu lassen. Für die Akteure sind Regeln aufgestellt worden: wir freuen uns über rund 1000 arbeitsrechtliche Gesetze und Verordnungen des Bundes und der Länder (Verf FS Etzel 2011 S. 196). Das Arbeitsleben wird aber auch begleitet und geschützt durch Institutionen innerhalb (Betriebs- oder Personalräte, Vertrauensleute für behinderte Menschen) und außerhalb der Betriebe (Kranken-, Renten- Unfallversicherungsträger, Gewerbeaufsicht, Hauptfürsorgestelle usw.). Trotzdem gibt es gelegentlich Streit. 2011 waren in Dt. bei den Arbeitsgerichten 523 698 Urteilsverfahren sowie 17 600 Beschlussverfahren anhängig.

Nun sind nicht alle Rechtsstreitigkeiten von der Entstehung bis zur Beendigung wissenschaftliche Artefakte mit zu Herzen gehenden Sachverhalten oder tiefgründige Lebenserkenntnisse. Manchem Außenstehenden entlockt der Tatbestand, das Vorgehen, die Einlassung der Beteiligten oder die Erledigung ein Lächeln, ein Kopfschütteln oder gar Aggressionen.

Der Autor hat sich intensiv befragt, ob in einer FESTSCHRIFT nur die theoretisch-wissenschaftliche Denkübung erlaubt ist, oder auch empirische Beob-

---

1 *Die Spottdrossel* veröffentlichte erstmals in AuR 2007, 425 ff unter diesem Namen zu Ehren *risor silvaticus*, üblicherweise unter dem Pseudonym *Günter Grotmann-Höfling*, RA, Dr. rer. pol., Vellmar/Kassel.

mimus polyglottos

achtungen, die über den sonst üblichen, der Sache angemessenen ernsten Inhalt und Ausdruck hinausgehen. *Risor silvaticus* hat der Spottdrossel die Antwort durch Telepathie übermittelt, das Ergebnis sind in seinem Einvernehmen die folgenden Ausführungen.

II. Einzelfälle zu folgenden Rechtskreisen: Arbeitsverhältnis: Vergütung

1. Der Regenmacher

Zum Sachverhalt:
Im Oktober 1998 bediente der Kl., Mitglied eines Kulturorchesters, in Proben und Konzerten einen sog. Regenmacher. Dies ist ein etwa 1,5–2 Meter langes Bambusrohr, in dem Steinchen oder ähnliches Material über Metallstifte rieseln, wodurch beim Schütteln oder Drehen regenähnliche Geräusche verursacht werden. Für die Bedienung des Regenmachers macht der Kl. eine Vergütung geltend: er sei als ausgebildeter Schlagzeuger arbeitsvertraglich nicht verpflichtet, den Regenmacher zu bedienen. Diese Tätigkeit gehöre zu den Aufgaben eines Geräuschespezialisten.

Ergebnis:
Der Kl. hat keinen Anspruch auf Zahlung einer besonderen Vergütung nach § 27 S. 1 iVm. § 6 II lit. d TVK. Der Kl. ist zum Spielen der im Arbeitsvertrag genannten Instrumente Schlagzeug und Pauke verpflichtet. Zum Schlagzeug gehört auch der Regenmacher. Dies ergibt sich aus der einschlägigen Musikliteratur. Danach ist der Begriff Schlagzeug die zusammenfassende Bezeichnung für alle Schlaginstrumente. Darunter werden alle in der Musik verwendeten Objekte verstanden, mit denen durch Stampfen (z. B. Stampfrohr), Schütteln (Rassel, Sistrum), Schrapen (Ratsche, Washboard) oder Schlagen ein Geräusch oder ein Ton erzeugt werden kann ... Dementsprechend werden dem Schlagzeug, das sich seit Mitte des 19. Jahrhunderts allmählich und später zunehmend stärker erweitert hat und das in Kompositionen u. a. von *Richard Strauss, Puccini, Mahler, Debussy* und *Strawinsky* sowohl als Rhythmus- als auch als Geräuschinstrumentarium eingesetzt wurde ..., auch Effektgeräte wie etwa Windmaschine und Donnerblech zugeordnet *(Fink*, in: *Honegger/Massenkeil, Das große Lexikon der Musik,* Bd. 7; S. 251; *James Holland, Das Schlagzeug,* 1983, S. 177 zum Donnerblech). Diese Zuordnung erfasst auch den Regenmacher.
Quelle: *BAG* 27.9.01 6 AZR 577/00 AP TVG § 1 Nr. 16; AuR 2001, 468; 2002, 198.

Vorschriften:
Tarifvertrag für die Musiker in Kulturorchestern (TVK); für den Beruf des Geräuschespezialisten vgl. Nr. 835 des Schlüsselverzeichnisse für die Angaben zur Tätigkeit in Meldungen zur Sozialversicherung, herausgegeben von der Bundesanstalt für Arbeit
Nachrichtlich: Der Regenmacher, 1998, Thriller nach *John Grisham*; dazu der Film: Regie: *Francis Ford Coppola* mit ua. *Matt Damon, Claire Daines, John Voigt, Danny de Vito*
Literaturempfehlung: *Hermann Burger*, Der Orchesterdiener, in Der Kanon, Deutsche Literatur, Erzählungen, Band 10, S. 319 ff, Insel Verlag 2003
Traum: Kann man »Regen machen«? S. bei google: 14 Mio. Hinweise in 0,33 Sek.

2. Bonner Himmel voller Geigen

Zum Sachverhalt:
16 Geiger des Bonner Sinfonieorchesters hatten 2004 Klage eingereicht, um mehr Geld zu erstreiten. Als Violinisten hätten sie pro Konzert viel mehr Noten zu spielen als ihre Musikerkollegen an den Hörnern, Flöten oder Posaunen. Ein Blick in Partituren beweist, dass die Komponisten den Geigern, Celli und Kontrabässen stets mehr Noten pro Minute zugemutet haben als dem Rest der orchestralen Belegschaft. Nicht, dass die streitbaren Streicher jede Sechzehntel-Note einzeln abrechnen wollten. Klageziel waren vielmehr 100 € mehr pro Probe oder Auftritt, macht ca. rund 3000 € extra im Monat.
Rechtsgrundlage:
Nach dem TVK (ab 1.7.1971) erhalten alle Instrumentalisten denselben Grundlohn. Zulagen gibt es für Solisten. Der TVK galt für 10 325 Musiker, die bei 137 dt. Sinfonieorchestern beschäftigt waren.
Ergebnis: Die Kl. nahmen die Klage beim Bonner Amtsgericht zurück, ein Kompromiss sollte außergerichtlich angestrebt werden. Verf kennt das Ergebnis nicht, er war zu faul, es sich auf der Laptop-Tastatur zu erklimpern.
Quelle: FAZ 7.5.04. Kölnische Rundschau 29.3.04. Der Schlusssatz im Tagesspiegel (Berlin) 23.3.04: Die Richter (werden) den Fall an die Wissenschaft verweisen – mit der Bitte zu klären, ob nicht vielleicht doch ein Zusammenhang zwischen der Zahl der gespielten Noten und dem Schrumpfen des gesunden Menschenverstandes bestehe.
Untauglicher Versuch: Die Opernchorsänger an der Hamburger Staatsoper wollten 1996 für »Pfeifen« ein Extrahonorar in *Alfred Schnittes* neuer Oper »Historie von D. Johann Fausten«.
Heute: Deutsche Orchester Vereinigung 24.1.12: vor 20 Jahren wurden noch 168 öff. finanziert, regelmäßig spielende Orchester gezählt, jetzt 132. Im selben Zeit-

mimus polyglottos

raum sank die Zahl der ausgewiesenen Musikerplanstellen in den Orchestern bundesweit von 12 159 auf 9844.

Kündigung

3. Das Hackebeilchen

Sachverhalt:
Kl. *Flora* war als Arbeiterin in einem Blumengeschäft angestellt (Wochenlohn DM 30 netto) und zur Tatzeit schwanger. Sie hatte sich DM 0,50 rechtswidrig aus den Einnahmen angeeignet. Deswegen wurde sie von der Ehefrau des AG zur Rede und einem Arbeitsjungen, der den Vorfall gemeldet hatte, gegenübergestellt. *Flora* gab weinend ein Geständnis. Plötzlich jedoch stürzte sie sich auf den 12-jährigen Jungen, verprügelte ihn mit den Fäusten, ergriff ein Beil und ging damit auf den hinter dem Ladenofen Schutz suchenden Jungen mit den Worten los: »Jetzt spalte ich dir den Kopf«. Die Ehefrau des AG wurde von *Flora* gleichfalls mit dem Beil tätlich bedroht. Flora wurde fristlos entlassen. Sie begehrte Zahlung Ihres Lohnes für mehrere Wochen, weil ihr unwirksam fristlos gekündigt worden sei.

Ergebnis:
Wegen des Kündigungsverbots während der Schwangerschaft war die Kündigung selbst unwirksam. Vor der Zahlung mehrerer Wochen Entgelt schützte das Gericht den AG, da *Flora* ihre Arbeitskraft nicht ordnungsgemäß angeboten hatte. Im konkreten Fall lag ein Verstoß gegen Treu und Glauben vor, so dass der AG nicht in Gläubigerverzug geriet.
Quelle: *BAG* 26. 4. 1956 GS 1/56; BAGE 3, 66; AuR 1957, 91
Vorschriften:
§ 9 MuSchG, § 626 BGB, § 611 BGB, §§ 615, 293 ff BGB, § 242 BGB
Die Folge aus dieser Geschichte in Anlehnung an die Brüder Grimm: »und wenn die Kl. nicht gestorben und die Firma nicht in Konkurs gegangen ist, dann besteht das Arbeitsverhältnis noch heute«.

4. Trauminsel im Indischen Ozean

Sachverhalt:
Der Kl. war in Diensten der bekl. Immobilien- und Beteiligungsgesellschaft mit einer Jahresvergütung von 80 500 € beschäftigt. Er war Mitglied des BR. Es kam heraus, dass der Kl. von der Arbeitsstelle aus private Telefongespräche (mit seiner Liebsten?) nach Mauritius geführt hatte, insg. mit einer Zeitdauer von 18 Std.

und 11 Sek. Kosten: 1355,76 €. Die Bekl. bat den BR um Zustimmung zur außerordentlichen fristlosen Kündigung des Kl. Der BR stimmte zu. Das Zustimmungsschreiben erhielt der Kl. nicht zur Kenntnis. Der Kl. vertrat die Ansicht, die Kündigung sei nach § 182 Abs. 3, § 111 S. 2 BGB mangels Vorlage der schriftlichen Zustimmungserklärung des BR unwirksam.

Das *BAG* urteilte: »Die Zustimmung des BR zur außerordentlichen Kündigung eines Betriebsratsmitglieds nach § 103 BetrVG ist keine Zustimmung iSd. §§ 182 ff BGB. Das Betriebsratsmitglied kann daher die Kündigung nicht nach § 182 Abs. 3 BGB iVm. § 111 S. 2,3 BGB zurückweisen, weil ihm der AG die vom BR erteilte Zustimmung nicht in schriftlicher Form vorlegt. Damit widerspricht das *BAG* der früher hM. (zB. KR-*Etzel*, Fitting, LAG *Hamm* ua.).

Umfangreiche unerlaubt und heimlich geführte Privattelefonate auf Kosten des AG kommen als wichtiger Grund für eine außerordentliche Kündigung in Betracht. Im vorli. Fall ist auch die Interessenabwägung nicht zu beanstanden. Die zehnjährige unbeanstandete Tätigkeit wiegt den schweren Vertrauensbruch nicht auf, der zunächst durch die Inkaufnahme der Verdächtigung Unschuldiger erschwert und dann durch die zögerliche und unvollständige Aufklärungsbereitschaft vertieft wurde.

Quelle: *BAG* 4.3.04 2 AZR 147/03, AuR 2004, 274.

Empfehlung: Statt 18 Std. zu telefonieren hätte der Kl. 7 Tage rund um die Uhr auf einer Segelyacht rund um Mauritius dem »ihm nahestehenden Menschen« beistehen können.

Sozialversicherungsrecht

5. »Einer geht noch, einer geht noch rein«?

Sachverhalt
Ein ehemaliger Ingenieur einer Schiffswerft musste (wollte bestimmt auch) beim Bau von Schiffen mit dem Überwachungspersonal des Auftraggebers immer in ein Lokal essen und trinken gehen, um diese von allzu intensiven Aufsichtstätigkeiten abzuhalten. Von dieser Betreuung trug er eine alkoholverursachte Herzkrankheit davon. Der Internist erstattete eine ärztliche Anzeige über eine Berufskrankheit und teilte als Diagnose Cardiomyopathie nach massivem Alkoholgenuss über mehrere Jahre im Rahmen der Kundenbetreuung mit. Liegt eine Berufskrankheit vor?

Entscheidung:
Das SG *Bremen* lehnte eine Anerkennung ab, weil der Kl. die Tätigkeit wegen der Gesundheitsgefahr hätte ablehnen müssen. Mehrjähriger Alkoholgenuss im

mimus polyglottos

Übermaß kann zu Schäden an den verschiedensten menschlichen Organen führen, ua. auch zu Herzschäden. Der Verordnungsgeber hat in Kenntnis dieser Tatsachen eine aufgrund von Alkoholgenuss eingetretene organische Schädigung nicht in die Liste der Berufskrankheiten-VO aufgenommen. Man kann Alkoholkonsum jedenfalls dann verweigern, wenn dies zum wiederholten Male oder im Übermaß angesonnen wird. Dies muss gerade auch dann gelten, falls das »Mittrinken« im vermuteten Interesse des AN steht. Der Gemeinschaft der Versicherten kann die Übernahme von Kosten nicht zugemutet werden.

Quelle: SG *Bremen* 28. 6. 1996, S 18 U 186/95, AuR 1997, 40.
Maßgebliche Vorschriften: § 551 I RVO; Berufskrankheiten-VO i. d. F. 2. VO zur Änderung der Berufskrankheiten-VO v. 18. 12. 1992, BGBl. I S. 2343.
Empfehlung: Man muss ja nicht sofort sein Zurückbehaltungsrecht als AN geltend machen, vielleicht genügt schon ein bisschen Zurückhaltung beim Gelage.

6. »Leistung(-ssteigerung) durch Sicherheit(-sschuh)?«

Sachverhalt:
Am 5. 3. 1997 war die Klägerin in der Spätschicht eingesetzt und arbeitete mit den Kolleginnen K und S. Etwa gegen 16:30 Uhr hielt sich auch die bekl. Vorgesetzte in dem Bereich auf und scherzte mit ihnen. Die Kl. wandte sich zu der Gruppe, drehte sich dann wieder um zu ihrer Maschine und erhielt von der Bekl., die Sicherheitsschuhe mit Stahlkappen trug, einen Tritt ins Gesäß. Am nächsten Morgen stellte die chirurgische Ambulanz des Krankenhauses bei der Kl. einen Steißbeinbruch fest. Die Kl. forderte ua. Schmerzensgeld.

Ergebnis:
Das Gericht begründet ausführlich die Verletzungshandlung (Tritt ins Gesäß), deren Ursächlichkeit für den Verletzungserfolg (Steißbeinfraktur) und das Verschulden der Bekl. Die Folge ist die Zuerkennung der geltend gemachten »Kleinschäden« (Selbstbeteiligungsgebühr etc.), aber auch eine billige Entschädigung für den Nichtvermögensschaden als Schmerzensgeld.

Eine überraschende Wendung erfahren Juristen und Laien mit der Prüfung eines möglichen Haftungsausschlusses. Nach § 105 Abs. 1 S. 1 SGB VII (Unfallversicherung) sind nämlich Personen, die durch eine betriebliche Tätigkeit einen Versicherungsfall von Versicherten desselben Betriebes verursachen, diesen nach anderen gesetzlichen Vorschriften zum Ersatz des Personenschadens nur bei vorsätzlicher Herbeiführung verpflichtet.

Liegt eine »betriebliche Tätigkeit« vor?
Das LAG *Düsseldorf* ua.: »Betriebliche Tätigkeit ist jede auf den Betrieb bezogene Tätigkeit, und zwar auch dann, wenn der Schädiger bei der Verrichtung der Arbeit fehlerhaft und leichtsinnig verfährt. Alle Handlungen, die ihm vom Be-

trieb übertragen sind oder von ihm im betrieblichen Interesse ausgeführt werden, unterliegen dem gesetzlichen Haftungsprivileg. Neben der »eigentlichen Arbeit« werden auch solche Handlungen geschützt, die der Verursacher unter Anlegung eines großzügigen Maßstabes als betriebsnützlich ansehen darf. Unter diesen Prämissen sind fehlerhaftes und leichtsinniges Handeln sowie Fehleinschätzungen des Kompetenzbereichs unschädlich für die Geltung des Haftungsausschlusses.

Im Arbeitsleben mag die Äußerung, dass »man den NN mal in den Hintern treten müsste«, zum saloppen Umgangston gehören. Der Sprecher will durch die plastische Ausdrucksweise seine Meinung kundtun, dass die durch einen solchen Tritt geforderte Vorwärtsbewegung des Betroffenen auch arbeitsleistungsmäßig wünschenswert wäre. Gleichwohl zweifelt niemand daran, dass nach geltendem Arbeitsrecht weder ein Vorgesetzter noch eine Vorgesetzte berechtigt sind, durch Handgreiflichkeiten oder den ominösen Tritt einen untergebenen Mitarbeiter zu disziplinieren.«

Der Tritt hatte nichts mit der Arbeitsverrichtung iwS. zu tun.

Leitsätze:
1. Der Tritt ins Gesäß der unterstellten Mitarbeiterin gehört auch dann nicht zur »betrieblichen Tätigkeit« einer Vorgesetzten, wenn er mit der Absicht der Leistungsförderung oder Disziplinierung geschieht.
2. Für eine durch den Tritt verursachte Steißbeinfraktur, verbunden mit sechswöchiger Krankschreibung und fünftägiger stationärer Nachbehandlung, können DM 3000 als Schmerzensgeld angemessen sein.

Quelle: LAG Düsseldorf 27. 5. 1998 12 (18) Sa 196/98, BB 1998, 1694.

Im Gericht

7. Richter als Schlichter

Postulat: Das ArbGG formuliert den hohen Grundsatz, in jeder Lage des Verfahrens eine gütliche Einigung anzustreben, und zwar in allen Instanzen (§§ 54 Abs.1, 57 Abs. 2; 64 Abs. 7, 57; 72 Abs. 6, 57 ArbGG).

Zum Geschehen:
Das nahm sich der Vorsi. Richter einer LAG-Kammer aber so richtig zu Herzen. Zu Beginn der Verhandlung einer Kündigungsschutzklage brachte er seine Unzufriedenheit über das Scheitern außergerichtlicher Vergleichsverhandlungen zum Ausdruck: »Passen Sie auf, was Sie sagen; es wird sonst alles gegen Sie verwendet«. Der Kläger nannte dann doch einen Betrag von 150 T€, woraufhin der Vorsi. erklärte: »Wer bis zuletzt hofft, stirbt mit einem Lächeln«. Bei den gerin-

mimus polyglottos

gen Erfolgsaussichten habe er, der Kl., höchstens Aussicht auf 10 oder 20 T€. »Sie haben keine Chance, höchstens 20%, Sie müssen das machen!« und »Sie spielen Vabanque«. Der Vorsi. insistierte weiter: »Seien Sie vernünftig. Sonst müssen wir Sie zum Vergleich prügeln«. Nach weiterer Weigerung des Kl. »Ich reiße Ihnen sonst den Kopf ab« und schließlich »Sonst werden Sie an die Wand gestellt und erschossen«. Nach zusätzlichen »Aufmunterungen«, »Stimmen Sie dem jetzt endlich zu, ich will Mittag essen gehen«, kam der Sieg des Vorsi.: es wurde ein Vergleich geschlossen.

Das gute Ende: Der Vergleich wurde angefochten. Das *BAG* entschied, dass die Anfechtung berechtigt und der Vergleich unwirksam war. Der Vorsi. hatte den Willen des Kl. durch widerrechtliche Drohung beeinflusst. Auch wenn einzelne Worte oder Sätze, wie das LAG meint, »als schlechter Scherz« zu erkennen gewesen sei, so habe doch den Erklärungen des Vorsi. ein drohendes Element nicht abgesprochen werden können; sie sollten den Eindruck erwecken, die Partei müsse sich zwingend der Autorität des Gerichts beugen. Denn der Richter habe dem Kl. das »tödliche« Risiko einer Ablehnung des Vergleichs vor Augen führen wollen. Er müsse sonst als »Störenfried« gelten und könne ein unbefangenes, abgewogenes Urteil nicht mehr erwarten.

Quelle: BAG 12.5.10, 2 AZR 544/08; ArbR 2010, 607.

Zur Sache: 2011 wurden bei den ArbG von 406 073 erledigten Klagen 230 333 durch Vergleich abgeschlossen. 57% = ein »Rekordhoch«. LAG: 36,7%, beim *BAG* gab es immerhin noch 17,1% Vergleichserledigungen bei Rev. Man darf beruhigt davon ausgehen, dass der Streitfall ein Exot ist und bleibt.

III. Epilog

Verbunden mit dem Dank für fast 2 Jahrzehnte guter harmonischer und von gegenseitigem Respekt geprägter Zusammenarbeit gratuliere ich Ihnen zur Vollendung des 65. Lebensjahres und wünsche weiter schaffensreiche und fröhliche Lebensjahre!

Anonymus

Risor juris digitalis

Risor juris digitalis schwimmt im digitalen Meer,
jede Welle gefällt ihm sehr.
Zwischen Hackern, Trojanern und Piraten tummelt er sich munter,
auch wenn die Mattscheibe wird immer bunter.
Die Trojaner sind wieder auferstanden,
gelöst aus der Geschichte Banden.
Sie rächen sich für den Krieg vor 3000 Jahren,
bei dem sie die Verlierer waren.
Auch aus China wird das Netz versaut,
sodass man es sich kaum zu nutzen traut.

Nationale Grenzen gibt's nicht mehr,
die Daten schwirren hin und her.
Die Rechtsordnungen verschwimmen im Datenbrei,
unser Risor ist voll dabei
Er jongliert mit Regeln aller Art
und kommt dabei so richtig in Fahrt.
Das Netz ist seine virtuelle Heimat,
dort sucht und gibt er vielen Rat.
Vielleicht spielt er auch mit Avataren,
blau vom Fuß bis zu den Haaren.

Im virtuellen Netz droht das reale Recht zu verschwinden,
quick and dirty sind dort als Maxime zu finden.
Die Daten sind faktisch und rechtlich flüchtig,
schwer sie zu definieren richtig.

Handelt es sich um Sachen oder sind sie immateriell?
Das beurteilt sich nicht schnell.
Daten kann man nicht anfassen, aber doch sehn,
manchmal sind sie richtig schön.
Ein Blick auf das alte Reichsgericht macht schlau,
denn es entschied zum Stromdiebstahl genau.
Eine Sache ist der Strom jedenfalls nicht,
dafür fehlt ihm das Gewicht.

Anonymus

Die Ubiquität des Netzes wird oft thematisiert,
wie sie die Technik jetzt gebiert.
Das Recht ist aber noch nicht ubiquitär,
das stört die Rechtsanwendung sehr.
In Amerika haftet der Versicherer immer,
sein Risiko wird immer schlimmer.
Das deep-pocket-Prinzip nimmt jeden ran,
bei dem man Geld vermuten kann.

Die Belgier befassen sich mit dem Verhältnis von gedruckter und elektronischer Meinung,
ob wohl jeder Blog ist eine Zeitung.
Sie wollen das Netz kulturell durchdringen,
und Kultur den Surfern bringen.
Die Holländer haben keine eigenen Fälle,
importieren die deutschen an ihrer Stelle.

Im Zivilrecht kommt zur Hilfe die Analogie,
die versagt ja selten oder nie.
Mag das Analoge auch aus der Technik verschwinden,
im Recht wird man es immer finden.
Wichtig ist die Analogie zwischen Netz und Automobil,
praktisch bringt sie wirklich viel.
Beide sind gefährlich und sorgsam zu bewachen,
somit haben die Halter nichts zu lachen.
Im Netz surft man auf eigene Gefahr,
wie das beim Wellensurfen schon immer war.
Des Meeres und der Elektronik Wellen sind hier gleich,
die Haftung wird bei ihnen weich.

Im Versicherungsrecht sucht man noch nach der richtigen Sparte,
Sachversicherung ja oder nein, der Erklärung noch harrte.
Bei den Computerviren scheint alles klar,
die Krankenversicherung hier das Richtige war.
Die Versicherung wirkt unmoralisch, sie kann aber nichts dafür,
der Versicherte ist der Sünder hier.
Er kümmert sich nicht um seine Daten,
soll der Versicherer doch braten.
Damit handelt er freilich auf eigene Gefahr,
wie es ja schon immer war.

Fehlerfreies Programmieren ist unmöglich,
die Produktbeobachtung meist kläglich.
Wissen und Nichtwissen ist gleich schädlich,
unmöglich zu sein ganz redlich.
Schädiger sind auch Geschädigte und umgekehrt,
im Netz ist alles ganz verkehrt.

Wenn sich Softwares im Netz verbeißen,
kann das Recht sie nicht auseinander reißen.
B 2 B landet meist beim Schiedsgericht,
der normale Richter ist dafür zu schlicht.

Wichtig ist der Datenschutz,
er schützt den Einzelnen vor Schmutz.
Darf der Datenschutz aber zum Täterschutz werden,
zum Schutz selbst vor trojanischen Pferden?
Mancher möchte mehr Auskunft über Täter haben,
damit die sich nicht im Dunkeln laben.
Auch der Prima facie Beweis kann nützen,
und den Geschädigten schützen.
Das Persönlichkeitsrecht soll sich an die Medien schmiegen,
ohne sich ganz zu verbiegen.
Auch das GG ist an die Medienwelt anzupassen,
mag der Konservative das auch nicht fassen.

Ein Sonderfall ist die Seite mit dem Lehrertest
Die so manchem gab den Rest.
Mancher will Lehrer behandeln so wie Waren,
die Teste gleichschalten wegen gleicher Gefahren.
Der BGH lässt die Schüler ruhig kritisieren,
die Lehrer sollen sich nicht zieren.
Professoren dürfen vom BGH ebensowenig Schonung erwarten,
trotz ihrer Sensibilität, der zarten.
Dasselbe wird dann folgerichtig gelten,
wenn ins Netz kommen die Richterschelten.
Lehrer, Professoren und Richter sitzen in einem Boot,
kluge Steuerung tut Not.

Prof. Dr. Dres. h.c. Peter Hanau

Widmung

Das Recht soll sich demografisch verorten,
sich richten nach des Alters Kohorten.
Altersgerecht man dieses nannte,
der Gerechtigkeit neueste Variante.
Das alte Alter stand dabei im Vordergrund,
als Ausgleich für des Nachwuchs' Schwund.

Die Regelaltersgrenze ist das Instrument,
das die Arbeitswelt enthemmt.
Ihr Anstieg führt ins demografische Paradies,
das uns mehr Arbeit und weniger Rente verhieß.
Erst langsam, dann schneller steigt sie an,
bis sie ans Ziel kommt irgendwann.

Einstweilen ist 2031 mit dem Anstieg der Regelaltersgrenze Schluss,
doch ist das für die Demografen überhaupt kein Muss.
Weitere Steigerungen wollen sie sehn,
am Besten bis zum Alter 110.
Methusalem wird des Rentenrechts Patron,
aus der Bibel kennen wir ihn schon.

Risor silvaticus ist ein Vorbild hier,
so wie er ist, gefällt er mir.
Im Ruhestand ist er angekommen,
ungläubig habe ich dies vernommen.
Denn er ist nicht etwa angestaubt,
der Frische keineswegs beraubt.
Risor demograficus ist er deshalb ohne Runzeln,
möge er über das Ganze schmunzeln.

Arbeit im Rentenalter – eine Skizze

I. Ziele

1. Länger arbeiten, kürzer Altersrente beziehen. Beides kann auseinanderfallen
2. Sinnvolle Verbindung von Anreizen und Belastungen (»Zuckerbrot und Peitsche«) zum Erreichen dieses Ziels
3. Sozialrechtliche und arbeitsrechtliche Regelungen koordinieren
4. Vermeidung von Altersdiskriminierung. Vorrang oder Gleichrang älterer AN?

II. Der Anstieg der Regelaltersgrenze bis 2031

1. Sozialrechtliche Auswirkungen
   a. Regelaltersrente (ca. 45 % der Altersrenten)
   Diese Renten werden verkürzt, da ihr Beginn aufgeschoben wird, nicht gekürzt.
   b. Altersrente für langjährig Versicherte (ca. 9 % der Altersrenten)
   Diese Renten werden ab 2014 bei vorzeitiger Inanspruchnahme verstärkt gekürzt.
   Diese Kürzung ist günstiger als die Verkürzung der Regelaltersrente.
   c. Altersrenten für Schwerbehinderte und für besonders langjährig Versicherte (Schwerbehindertenrente ca. 10 % der Altersrenten)
   Diese Renten sind von dem Anstieg der Altersgrenze nicht betroffen.
   d. Altersrente wegen Arbeitslosigkeit oder nach Altersteilzeitarbeit (ca. 8 % der Altersrenten) und für Frauen (ca. 20 %)
   Wie c, aber 2016 auslaufend, wahrscheinlich ganz überwiegend zugunsten der Regelaltersrente.
   e. Kompensationen für den Anstieg der Regelaltersgrenze:
   Ansteigende Endtermine für Alg I und II, Erwerbsminderungsrente und Grundsicherung im Alter.
2. Kompensation durch Arbeitsrecht
   a. Aufschub der Zwangspensionierung bis zur Regelaltergrenze durch spätere Zulässigkeit rentenbezogener Befristung der Arbeitsverhältnisse. (§§ 41 S. 2 SGB VI, auch 10 S. 3 Nr. 5 AGG). Vom *EuGH* nach Schlangenlinien[1] abge-

---

1 *Preis* NZA 2010, 1323.

segnet mit Urteil v. 5.7.12.² Vom *BAG* überflüssigerweise auf § 14 Abs. 1 TzBfG gestützt.³

Durch diese verbesserte Möglichkeit der Weiterarbeit bis zur ansteigenden Regelaltersgrenze kann die Künzung und Verkürzung der Renten kompensiert oder sogar überkompensiert werden.

Dies gilt nach § 41 S. 2 SGB VI auch, wenn die Rente schon vor der Regelaltersgrenze abschlagfrei bezogen werden kann.

b. Die Fortsetzung des Arbeitsverhältnisses wird abgestützt durch den Vorrang des Alters bei der Sozialauswahl gem. § 1 Abs. 3 S. 1 KSchG und den verbreiteten tarifvertraglichen Ausschluss der ordentlichen Kündigung älterer AN, die beide dem Verbot der Altersdiskriminierung noch nicht zum Opfer gefallen sind. Gleichrang Älterer bei der Altersgruppenbildung gem. § 1 Abs. 3 S. 2 KSchG, die aber nach der Rechtsprechung des BAG enge Voraussetzungen hat.⁴

c. Anstieg des Endtermins für Altersteilzeit, soweit nicht eine vorzeitige Rente in Anspruch genommen werden kann (§ 2 Abs. 1 Nr. 2 AlterstellzeitG)

3. Verstärkung durch Arbeitsrecht bei der betrieblichen Alterversorgung
Anstieg des regelmäßigen Endtermins für die Quotierung der betrieblichen Altersversorgung gem. § 2 Abs. 1 S. 1 BetrAVG mit deshalb steigenden Abschlägen bei vorzeitigem Ausscheiden. Dies gilt nach einem Urteil des *BAG* v. 15.5.12⁵ auch für frühere Vereinbarungen der Altersgrenze 65, nach § 2 Abs. 1 S. 1 BetrAVG aber nicht bei Bezug einer Altersrente für besonders langjährig Versicherte, mE. analog auch nicht bei Bezug einer Altersrente für Schwerbehinderte.

III. Anreize zur Arbeit nach der Regelaltersgrenze

1. Starke Anreize für AN (neben dem Arbeitsentgelt)
    a. Anreiz zur Weiterarbeit ohne Vollrente durch erhöhte Punktzahl gem. § 77 Abs. 3 S. 3 Nr. 3 SGB VI und Wegfall des Beitrages zur Arbeitslosenversicherung
    b. Anreiz zur Weiterarbeit mit ungekürzter Vollrente ohne Beiträge zur Renten- und Arbeitslosenversicherung
    c. Anreiz zur Weiterarbeit mit Teilrente und im Übrigen erhöhter Punktzahl gem. § 77 Abs. 3 S. 3 Nr. 3 SGB VI

---

2 C 141/11, *Hörnfeldt*.
3 *BAG* 18.6.08, 7 AZR 116/07, AuR 2008, 263.
4 *BAG* 28.6.12, 6 AZR 682/10 und 19.7.12, 2 AZR 352/11, AuR 2012, 414 und 2013, 98.
5 3 AZR 11/10, AuR 2012, 368.

2. Schwache Anreize für AG zur Weiterbeschäftigung in einem unbefristeten Arbeitsverhältnis
   Zu a: Wegfall der Beiträge zur Arbeitslosenversicherung
   Zu b: Wegfall der Beiträge zur Arbeitslosenversicherung. Beiträge zur Rentenversicherung bleiben (§ 172 Abs. 1 SGB VI). In der Praxis Ausgleich durch Gleichbehandlung der Rentner auf Nettobasis? Wie bei der geringfügigen Beschäftigung?[6] Prüfen die Sozialversicherungsträger, ob die Gleichbehandlung von Rentnern (und von geringfügig Beschäftigten) auf Brutto- oder Nettobasis erfolgt?
   Zu c: Wegfall der Beiträge zur Arbeitslosenversicherung
   d. Möglichkeiten zur Stärkung der Anreize für AG
   Wegfall der Beitragspflicht nach § 172 Abs. 1 SGB VI?
   Überschreiten der Regelaltersgrenze oder Rentenbezug als Befristungsgrund de lege lata oder de lege ferenda.[7] Erleichterung von Kündigungen wegen Leistungsmangels[8]?

IV. Beschränktes Recht auf Arbeit vor der Regelaltersgrenze

Neben einer Altersrente ist vor der Regelaltersgrenze nach § 34 Abs. 3 SGB VI Nebentätigkeit nur beschränkt zulässig, auch wenn die Altersrente schon abschlagsfrei ist. Erweiterung geplant, hoffentlich nicht verzögert durch Koppelung mit der umstrittenen Zuschuss- oder Lebensleistungsrente.
1a1. Neben Altersteilzeit besteht kein gesetzliches Nebentätigkeitsverbot mehr, da § 5 Abs. 3 S. 1 AltersteilzeitG nur für die (beendete) Förderung durch die Bundesagentur für Arbeit galt. In vielen TV aber noch nicht nachvollzogen.

V. Recht auf altersgerechte Arbeitsbedingungen

1. Recht auf Verringerung der Arbeit
   Recht auf (dauernde) Verringerung der Arbeitszeit gem. § 8 TzBfG, leider verdunkelt durch § 42 Abs. 3 SGB VI, der die AG nur zur Erörterung einer Herabsetzung der Arbeitszeit verpflichtet, ergänzbar durch Recht auf Teilrente gem. § 42 SGB VI.[9]

---

6 s. WSI-Mitteilungen 2012, 9, 52.
7 *Stoffels*, Broschüre zur ZAAR-Tagung vom 14.9.12; *Sediq* NZA 2009, 524.
8 s. *Preis*, Gutachten für den DJT 2008: Umkehr der Beweislast.
9 Im ÖD hat man jetzt tarifvertraglich ein Modell der flexiblen Altersszeitregelung (FALTER) eingeführt, nach dem die Beschäftigten über einen Zeitraum von vier Jahren ihre Arbeitszeit auf die Hälfte der bisherigen Arbeitszeit reduzieren und gleichzeitig eine Teilrente iHv. 50 % der jeweiligen

2. Recht auf Veränderung der Arbeit

Rechtsgrundlagen sind §§ 106 GewO, 241 Abs. 2 BGB, 1 Abs. 2 KSchG. Dazu folgende Entscheidung des *BAG*[10]: »Ist ein AN auf Dauer krankheitsbedingt nicht mehr in der Lage, die geschuldete Arbeit auf seinem bisherigen Arbeitsplatz zu leisten, ist er zur Vermeidung einer Kündigung auf einem leidensgerechten Arbeitsplatz im Betrieb oder UN weiterzubeschäftigen, falls ein solch gleichwertiger oder jedenfalls zumutbarer Arbeitsplatz frei und der AN für die dort zu leistende Arbeit geeignet ist. Ggf hat der AG einen solchen Arbeitsplatz durch Ausübung seines Direktionsrechts frei zu machen und sich auch um die evtl. erforderliche Zustimmung des Betriebsrats zu bemühen. Zu einer weitergehenden Umorganisation oder zur Durchführung eines Zustimmungsersetzungsverfahrens gemäß § 99 Abs 4 BetrVG ist der AG dagegen nicht verpflichtet.« Dies dürfte auf altersbedingte Leistungsmängel übertragbar sein. Ähnlich § 33 Abs. 3 TVöD, nach dem das Arbeitsverhältnis im Falle teilweiser Erwerbsminderung nicht endet oder nicht ruht, wenn der Beschäftigte nach seinem vom Rentenversicherungsträger festgestellten Leistungsvermögen auf seinem bisherigen oder einen anderen geeigneten und freien Arbeitsplatz weiterbeschäftigt werden könnte, soweit dringende dienstliche bzw. betriebliche Gründe nicht entgegenstehen und der Beschäftigte innerhalb von zwei Wochen nach Zugang der Rentenbescheids seine Weiterbeschäftigung beantragt.

VI. Bevorstehende Entflexibilisierung des Rentenzugangs?[11]

Wegen des Auslaufens der Altersrenten wegen Arbeitslosigkeit und nach Altersteilzeit sowie für Frauen ist ab 2016 ein erheblicher Rückgang des Rechts auf vorzeitige Renten zu erwarten. Dieses besteht dann nur bei den Renten für langjährig Versicherte und für Schwerbehinderte und in begrenztem Maße für die Renten für besonders langjährig Versicherte. Diese dürften zusammen kaum über 25 % der Altersrenten hinausgehen. Das wäre eine erhebliche Entflexibilisierung des Rentenzuganges.

Altersrente beziehen können. Die reduzierte Arbeitsphase beginnt 2 Jahre vor Erreichen des Kalendermonats, für den die/ der Beschäftigte eine abschlagsfreie Altersrente in Anspruch nehmen kann, und geht 2 Jahre über diese Altersgrenze hinaus. Die Beschäftigten erhalten nach Erreichen der Altersgrenze für eine abschlagsfreie Altersrente einen Anschlussarbeitsvertrag für 2 Jahre unter der Bedingung, dass das Arbeitsverhältnis mit der Inanspruchnahme einer mehr als hälftigen Teilrente oder einer Vollrente endet. Hier geht mal also davon aus, dass eine hälftige Arbeitszeit die Hinzuverdienstgrenzen bei einer hälftig bezogenen Teilrente nicht übersteigt.

10 29. 1. 1997, 2 AZR 9/96, AuR 1997, 166.
11 Dazu *Bieback*, Vortrag auf der Bundestagung des Deutschen Sozialrechtsverbandes 2012, *Rische/ Kreikebohn*, RV aktuell 1/1012, S. 2.

Angesichts der m. E. zu erwartenden Zunahme der Regelaltersrente stellt sich vor allem die Frage, ob ihre vorzeitige Inanspruchnahme möglich sein sollte (mit Abschlägen). In diesen Zusammenhang gehört auch der Vorschlag der SPD, schon ab Alter 60 ein Recht auf Teilrente zu gewähren.

Folgende Gründe sprechen dafür, bei der Regelaltersrente das gleiche Recht auf vorzeitige Rente einzuräumen wie bei der Rente für langjährig Versicherte: Der Unterschied beider Rentenarten ist in dieser Hinsicht nicht gerechtfertigt. Dies auch, weil die Rentenminderung durch die Abschläge bei vorzeitigem Rentenbezug geringer ist als die Minderung durch den Aufschub der Regelaltersrente.

Um den Anreiz zu vorzeitiger Verrentung und Beendigung der Arbeit zu vermindern, könnten die Abschläge degressiv gestaffelt werden. Dies wäre in der gleichen Linie wie die progressive Staffelung bei Weiterarbeit nach der Regelaltersgrenze.

Dr. Thomas Klebe

risor wird gefragt: Was war's?

Manche nennen es imperialistisch, manche den Allmachtswunsch der Vereinigten Staaten, ihren Wunsch, alles selbst in die Hand zu nehmen und zu regeln. Es geht um ein Gesetz, das 1789, also praktisch mit der Staatsgründung der Vereinigten Staaten, verabschiedet wurde und ursprünglich gegen Piraten gerichtet war.

Die Frage lautet:
Welches Gesetz der Vereinigten Staaten von Amerika ist gemeint?

Die Antwort sollte mit Hilfe des Fotos nicht zu schwierig sein.

Prof. Dr. Eva Kocher

Aufgespießt

Eine Collage aus gebrauchten Fundstücken
zu Ehren von Rudolf Buschmann

Allgemeinbildung entsteht, wenn man etwas lernt, was man eigentlich nie wissen wollte – oder von dem man zumindest noch nicht wusste, dass man es wissen wollte. Insofern hat »Aufgespießt« auf unglaubliche Weise[1] zur Allgemeinbildung beigetragen, und es kann nur vermutet werden, dass dies der Grund dafür war, dass in der *Buschmann*-Zeit »manche Seiten in der Mitte des Heftes besonders gerne, von vielen zuerst aufgeschlagen« wurden.[2]

Lehrreiche Lektüre

Hier konnte man zB. lernen, was *Gerhard Schröder* liest, nämlich das Grundsatzprogramm des DGB[3]; es liegt neben dem Godesberger Programm der SPD unter seinem Kopfkissen.

Man lernte auch einiges über die Lektüre der AuR-Redaktion bzw. der zahlreichen Leserinnen und Leser der AuR sowie sonstiger »Informanten und sog. Whistleblower«, die »der Redaktion interessante Insider-Informationen [lieferten].«[4]

Es überrascht noch wenig, dass in diesen Kreisen die FAZ, Wirtschaftswoche, eine Werbezeitschrift der RWE AG oder die organisatorischen Hinweise des *BVerfG* für Medienvertreter gelesen werden. Über die Freizeit- und Berufsgestaltung derjenigen, die sich mit Merkblättern der Johanniter-Unfall-Hilfe e. V., Anzeigen psychosomatischer Kliniken oder Anzeigen für die Konferenz »Sicherheitspolitik und Verteidigungsindustrie« beschäftigen, lässt sich jedoch nur mutmaßen. Andere (oder dieselben?) Whistleblower besuchten Veranstaltungen in Chemnitz, auf denen *Kurt Biedenkopf* sprach, oder hörten Reden von *Edmund Stoiber* im Bundestagswahlkampf 2005. Es spricht einiges dafür, dass viele der

---

1 Ähnlich der Verzauberung, die *Franck Ribéry* bei seinen Fans auslöst, s. http://tvtotal.prosieben.de/tvtotal/videos/nippelplayer/index.html?contentId=141250&initialTab=related (Abruf 1.7.13).
2 *Buschmann*, Arbeit und Recht hält Kurs!, AuR 2011, 299.
3 AuR 2005, 377.
4 *Buschmann*, AuR 2011, 299.

Eva Kocher

AuR-InformantInnen dem Bild des »Idealstudenten« nach *Karsten Schmidt* entsprechen (dieser »paukt nicht nur, sondern spielt abends noch Streichquartett, treibt Sport oder engagiert sich in einer Partei oder Organisation.«).[5]

Der Fortschritt macht vor nichts halt

Dank solcher Lektüre lehrt »Aufgespießt« einiges über den Lauf der Zeiten, auch »Fortschritt« genannt. Die Redaktion hat sich da wahrscheinlich am Wahlspruch des früheren Stuttgarter Bezirksleiters der IG Metall *Berthold Huber* orientiert[6]: »Wir sollten nicht den Fehler machen, reflexartig auf jeden faulen und stinkenden Knochen, den man uns hinhält, mit Ablehnung zu reagieren.«

Auf den technischen Fortschritt (in Gewerkschaftskreisen auch gern »technologischer Fortschritt« genannt) reagierte die AuR-Redaktion jedenfalls nicht mit Ablehnung. Schließlich: »Mit dem Computer erledigt man Probleme, die man ohne Computer nicht gehabt hätte – aber das immer schneller!«[7] Und man darf in der Redaktion eine große Freundin der Beschleunigung vermuten. So wird (wohlwollend?) aufgespießt, dass § 10 S. 2 des VerwVerfG 1996 durch das Genehmigungsverwaltungsverfahrensbeschleunigungsgesetz geändert wurde. Statt »[Das Verwaltungsverfahren] ist einfach und zweckmäßig durchzuführen« heißt es seither: »Es ist einfach, zweckmäßig *und zügig* durchzuführen.«[8]

Selbst das Zitieren von Beiträgen aus »Arbeit und Recht« muss seit Heft 1/1998 nicht mehr an übermäßigem Zeitaufwand scheitern: »Nach 44 Jahren ›Arbeit und Recht‹ hat sich die gestrenge Redaktion entschlossen, in Beiträgen, Informationen oder Urteilen die Schreibweise AuR gleichberechtigt neben ArbuR zuzulassen.« Und »seit 2010 haben Abonnent/innen Zugang zur Online-Verlängerung, vor allem zu den vollständigen Texten der Entscheidungen, die im Print nur im Leitsatz erscheinen [...].«[9] Leider finden sich die alten »Aufgespießt« aber nicht in elektronischer Form! Deshalb folgt dieser Beitrag dem Vorbild eines Service, den die AuR ab Januar 1993 anbot[10] und bietet einen Rückblick auf die

---

5 FAZ 8.8.00, S. 45 über die Bucerius Law School, aufgespießt in AuR 2000, 348.
6 Der heutige Vors. der IG Metall sagte dies am 18.3.03 in Sprockhövel, zit. nach FAZ 19.3.03 S. 15, aufgespießt in AuR 2003, 184.
7 AuR 2000, 379: aus Informationweek v. 10.8.00.
8 Art. 1 Abs. 1 des Gesetzes v. 12.9.96, BGBl. I S. 1354, aufgespießt in AuR 1996, 447.
9 *Buschmann*, AuR 2011, 300.
10 AuR 1992, 371: »Ab 1.1.1993 bietet die Zeitschrift »Arbeit und Recht« ihren Lesern einen neuen besonderen Service an. Wer Abhandlungen, besondere Beiträge oder Entscheidungen sucht, hat die Möglichkeit, sich an die Redaktion zu wenden, die die entsprechende Fundstelle in »Arbeit und Recht« – soweit vorhanden – mitteilen wird.«

ersten 10 Jahrgänge »Aufgespießt« – für die »jüngere[n] Leserinnen und Leser, die noch nicht über die vollständigen Register aus [mittlerweile 60] Jahren ›Arbeit und Recht‹ verfügen«.

Zur Empirie von Arbeit und Wissenschaft

Gerade für jüngere Leserinnen und Leser dürften allerdings die knappen Einblicke in den Arbeitsalltag, die zwischendurch aufgespießt wurden, wenig Neues bringen. Die Jüngeren lernen heutzutage ja schon früh, was die Zeitschrift der Arbeitgeberverbände der Chemie- und Metallindustrie den Älteren 2003 noch am Bsp. der 55jährigen »S.B.« näher zu bringen suchte: nämlich wie viel Power das Land braucht! »Für einen guten Job fährt sie meilenweit, wenn nötig sogar 380 km pro Strecke, 760 km am Tag, 3800 in der Woche und fast 16000 im Monat. [...] Um es klarzustellen: S.B. klebt beileibe nicht an ihrer Heimat. Zweimal schon ist sie für ihren Job umgezogen, zunächst nach Frankfurt, dann nach Lörrach. Sechs Jahre pendelte sie am Wochenende. Auch sonst hat sie Power: ›ich weiß, was ich kann‹, sagt sie. ›Ich muss mir nichts mehr beweisen.‹« Der Hinweis auf das ArbZG wirkte bereits 2000 eher resignierend gegenüber der Überschrift in einem gewerkschaftlichen Magazin »Natürlich falle ich manchmal nach einem 13-Std.-Tag todmüde ins Bett. Aber die Sache ist es wert.«[11]

Wobei die Relativität der Werte mehrfach aufgespießt wurde. So wird in einem Fundstück von 2005[12] die Konferenz »Sicherheitspolitik und Verteidigungsindustrie«, die »sonst 1699 €« kosten soll, für Bundesbedienstete zum Preis von 299 € angeboten – was möglicherweise mit »der besonderen Bedeutung gruppendynamischer Vorgänge im Zusammenhang mit dieser Themenstellung« zu tun hat, möglicherweise auch nicht: Die AuR spießt nur auf, bewertet aber nicht. Die »Rechtfertigungsordnung« bzw. die »Rechtfertigungsverhältnisse«, die einem Merkblatt der Johanniter-Unfall-Hilfe e.V. für eine Ausbildung als Schwesternhelferin/Pflegediensthelfer[13] zu Grunde liegen, liegen dagegen schon fast auf der Hand:[14] »Wir stellen allen deutschen Teilnehmerinnen die Lehrmittelkosten von DM 70,– in Rechnung. [...] Ausländerinnen mit einer gültigen Aufenthaltsberechtigung von einem Jahr [...] zahlen ebenfalls

---

11 AuR 2000, 221.
12 AuR 2005, 102.
13 AuR 1995, 322.
14 Vgl. (vermutlich weiterführend) *Luc Boltanski/Laurent Thévenot*, Über die Rechtfertigung. Eine Soziologie der kritischen Urteilskraft, 2007. *Rainer Forst*, Kritik der Rechtfertigungsverhältnisse. Perspektiven einer kritischen Theorie der Politik, 2011.

DM 70,-. Frauen mit einer Duldung für die BRD, Frauen über 50 Jahre [...] sowie alle männlichen Kursteilnehmer bezahlen eine Kursgebühr von DM 434,50.«

Die fabelhafte Welt der Arbeitsgerichte

Soweit die Empirie. Was aber sagt das Recht hierzu?

Man befrage die Arbeitsgerichte. Laut »Aufgespießt« kann man dabei als Antwort erhalten: »Sonst müssen wir Sie zum Vergleich prügeln – ich reiße Ihnen sonst den Kopf ab – Sie werden sonst an die Wand gestellt und erschossen – manche muss man eben zu ihrem Glück zwingen – dann wechseln Sie eben die Stadt – dann müssen Sie eben wieder unten anfangen und sich hocharbeiten – stimmen Sie dem jetzt endlich zu, ich will Mittag essen[15] gehen.«[16]

Wo dies nichts fruchtet, greift man mancherorts auf mildere Mittel einschließlich des Geldbeutels der Verfahrensbevollmächtigten und des Richters zurück: »Herr M./DGB, Herr W./Vb., und Dr. L./ArbG werden an die Kl. DM 34,– gesamtschuldnerisch zahlen, da die Bekl. offensichtlich nicht in der Lage ist, diese ungeheure Summe aufzubringen ...«[17]

Immer wieder wird Vergleichspraxis aufgespießt, die für das Handwerkszeug der Juristinnen und Juristen, also für »weltferne Logik« und »vom Alltag entrückte rechtsförmige Rituale und Zeremonien«[18], wenig übrig hat. Eine Kl. vor dem ArbG *Siegburg* behält deshalb nicht nur ihr Arbeitsverhältnis, sondern (Punkt 2. des gerichtlichen Vergleichs) »sieht ein, dass sie gegen ihre Übergewichtigkeit angehen muss. Sie erklärt sich bereit, alles ihr Mögliche zu tun (Ernährung, Sport, etc.), und zwar im Laufe eines Jahres, um eine deutliche Gewichtsreduzierung zu erreichen.«[19]

---

15 S. dazu auch *Danziger/Levav/Avnaim-Pesso*, Extraneous factors in judicial decisions, 2011, die empirisch feststellen konnten, dass richterliche Urteile davon abhängig sind, was und wann der Richter gefrühstückt hat.

16 Worte des Kammervorsitzenden während Vergleichsverhandlungen am 16.8.06 in dem Verfahren LAG *Nds.* 15 Sa 1322/05, aufgespießt in AuR 2011, 30 nach *BAG* 12.5.10, 2 AZR 544/08 (das *BAG* gab der Anfechtung des gerichtlichen Vergleichs nach § 123 BGB statt).

17 Vergleich im Verfahren 7 Ca 1779/99 am 25.10.1999 vor dem ArbG *Kaiserlautern*, aufgespießt in AuR 1999, 478.

18 *Frankenberg*, KJ 1987, 291; genauer dazu unten bei Fn. 121.

19 Vergleich vor dem ArbG *Siegburg*, 4 Ca 3066/95, aufgespießt in AuR 1996, 185 mit dem Hinweis, der Vergleich eigne sich als vollstreckungsrechtlicher Prüfungsfall.

Irdisches und göttliches Recht

Wer hofft, ihm möge es dereinst besser ergehen, wird leider eines Besseren belehrt:
AuR spießt dazu ein Urteil des ArbG *Paderborn* zu einer verhaltensbedingten Kündigung auf, die ua. mit der »Nichtteilnahme an der Sitzung am 4.4.96« begründet war. Der Kl. hatte die Sitzung versäumt, weil ihm die Teilnahme an der karfreitäglichen Kreuzwegprozession wichtiger schien. Nach Einschätzung des ArbG wird ihm diese Entschuldigung aber nicht einmal vor dem Jüngsten Gericht weiterhelfen: »Auch der oberste Weltenrichter wird bei der Endabrechnung nicht nur danach fragen, wie fromm ein Erdenmensch gewesen ist, sondern auch danach, wie er seine Pflichten auf Erden erfüllt hat [...].«[20] Klage abgewiesen. Besser sind da die Perspektiven des »Direktors des Arbeitsgerichts«, der sich als leuchtendes Gegenbeispiel der Pflichterfüllung auf Erden nennt: Er »hat wegen der Anzahl und des Umfangs der Terminakten den Sonntagvormittag benutzt, um sich auf den Kammertermin vorzubereiten [...]«.

Wobei die Bibel auch in AuR gerne aufgespießt wird. Dem LAG *Köln* wird zB. *Matthäus* 7, 1 u. 2. entgegen gehalten. Es hatte entschieden, dass »die Mitnahme von 2 Stücken gebratenen Fisch im Wert von ca. DM 10,-, die vom Mittagessen übriggeblieben sind, durch die in einer Kantine als Küchenhilfe beschäftigte Mitarbeiterin zum Eigenverbrauch [...] grundsätzlich ein wichtiger Grund für eine außerordentliche Kündigung [ist]« – wobei das LAG wohl bereits selbst die Befürchtung hatte, es könne dereinst gerichtet werden, mit welchem Gericht es richte, denn es meinte dann doch, dem Arbeitgeber könne »in einem solchen Fall, wenn davon auszugehen ist, dass die Essensreste nicht weiter verwendet werden und damit für ihn wirtschaftlich wertlos sind, die Einhaltung der Kündigungsfrist ausnahmsweise zumutbar sein«.[21]

Kenntnisse aus der Bibel scheinen unter den Informanten und Whistleblower (oder in der Redaktion unter *Buschmann*?) so verbreitet zu sein, dass man Bibelzitate gerne als göttlichen Kommentar zu Allzumenschlichem einsetzt und so den Bildungsauftrag verwirklicht: 2. Mose 10, Vers 12 ff. zu »Heuschreckenschwärme« (SPD-Vorsitzender *Franz Müntefering*)[22], 5. Mose 16, 19 zu »Parteispenden«[23], 5. Mose 1, 13 zur Abfindung[24].

---

20 ArbG *Paderborn* 8.1.97, 2 Ca 1222/96, aufgespießt in AuR 1997, 114.
21 AuR 1996, 103, zum Urteil des LAG *Köln* 24.8.95, 5 Sa 504/95.
22 AuR 2000, 225 f zur PM v. 16.4.05.
23 AuR 2000, 18.
24 AuR 1996, 314.

Eva Kocher

Satire, Ironie und/oder[25] bitterer Ernst

Ansonsten wird aber nicht kommentiert, so dass offen bleibt, ob »Aufgespießt« wirklich zum Lachen ist. Zu Recht. Denn: »Justitia lächelt nicht. Gesetze verstehen keinen Spaß. ›Das Recht muss immer in vollkommenem Ernst gesprochen werden‹, belehrt uns listig der Volksrichter *Azdak* im Kaukasischen Kreidekreis. ›Weil es eine ernste Sache ist‹, würde Salomo gesagt haben.«[26]
   Wie ernst, das macht z. B. ein Urteil des *EuGH* (das wohl eine st. Rspr. befestigte[27]) deutlich, wonach »Teile von Hühnern, die aus den beiden von der Rückenhaut zusammengehaltenen Hintervierteln bestehen, ›Viertel‹ ohne Sterze iSd. Tarifposition 0207.41.71.100 der Anhänge der VO (EWG) Nr. 3846/87 der Kommission v. 17. 12. 87 zur Erstellung einer Nomenklatur der landwirtschaftlichen Erzeugnisse für Ausfuhrerstattungen (Erstattungsnomenklatur) sind.«[28] Das dt. Arbeits- und Tarifrecht muss sich aber in Sachen Präzision und liebevoller Zuwendung zu den scheinbar »kleinen Dingen« des Lebens auch nicht verstecken. Auch die Def. des *BAG* von »Forstspezialrückschlepper i. S. d. Eingruppierungsmerkmals der Lohngruppe W 7 Fallgr. 1 MTW i. d. F. des 7. Änderungstarifvertrages v. 5. 4. 91«[29] erfreut gerade durch die »Aura weihvoll-strengen Ernstes«, die sie »umhüllt«. Ebenfalls zu Recht, denn schließlich geht es im Recht »um nichts Geringeres als Gerechtigkeit oder, falls diese sich nicht einstellen will, um sozialen Frieden. Nichts nehmen Juristen daher so ernst wie das Recht (und wie sich selbst).«[30]
   Jedenfalls wer dank AuR mehr über die Diskurskultur von *Lothar Späth* gelernt hat (»Wir sollten über dieses erste Sparpaket nicht so viel diskutieren. Danach kommt das zweite und das dritte, und dann fangen wir richtig an.«)[31], wird sich umso mehr über den Ernst im Recht freuen. Denn: »Wer kann an radikaler Normskepsis, die jede überprüfbare Differenz von Recht und Unrecht ausblendet, Interesse haben?«: »Wohl diejenigen, die ihre Interessen und Vorstellungen notfalls auch ohne Recht durchsetzen können.«[32]

---

25 Zur Bedeutung dieser Formulierung s. *BAG* 10. 5. 1995, 4 AZR 457/94, aufgespießt in AuR 1997, 25.
26 *Frankenberg*, Der Ernst im Recht, KJ 1987, 291 ff.
27 S. nämlich zur gleichen Frage schon *EuGH* 5. 10. 1994, Rs. C-151/93, aufgespießt in AuR 1995, 93.
28 *EuGH* 10. 12. 98, Rs. C-290/97, aufgespießt in AuR 1999, 54.
29 *BAG* 24. 4. 96, 4 AZR 876/94, aufgespießt in AuR 1996, 400.
30 *Frankenberg*, KJ 1987 S. 291.
31 Vorstandsvorsitzender von Jenoptik, früher Ministerpräsident, früher Neue Heimat-Manager, am 5. 9. 1996 im ZDF, aufgespießt in AuR 1996, 447.
32 *Frankenberg*, KJ 1987, 305.

Prof. Dr. Wolfhard Kohte

Arbeitszeitrecht und das Leitbild der Zeitsparkasse

In den intensiven Auseinandersetzungen um eine menschengerechte Ausgestaltung der Arbeitszeit hat *Rudolf Buschmann* vor kurzem das Märchen vom Mann im Mond für seine Positionen mobilisiert.[1] Das hat mich motiviert, für diese FS auf den Märchen-Roman Momo zurückzugreifen, denn diese »seltsame Geschichte von den Zeit-Dieben und von dem Kind, das den Menschen die gestohlene Zeit zurückbrachte«, die *Michael Ende* erstmals 1973 veröffentlicht hat, liefert Bilder, die wichtige Aussagen von *Rudolf Buschmann* zu Grundwertungen und Lebenslügen[2] des heutigen Arbeitszeitrechts anschaulich machen.

I. Die Zeitsparkasse – ein Modell der Entfremdung

Für den Konflikt um die Arbeitszeit und den Verlust autonomer Zeit hat *Michael Ende* ein anschauliches und präzises Bild gezeichnet: Die Organisation der »grauen Herren« hat eine Zeitsparkasse gegründet und veranlasst Menschen, sich zu langfristigen Einlagen in diese Kasse zu verpflichten, indem sie schneller und intensiver arbeiten, auf vermeintlich nutzlose Freizeit verzichten und so ihre aktuelle ersparte Zeit in die Kasse einzubringen. Zwar besteht das Leistungsversprechen, dass diese Zeit zusammen mit Zeitzinsen später einmal zurück übertragen wird, doch können die Zeitsparer dieses Guthaben nicht mehr nutzen, denn sie haben in der entfremdeten Zeitnutzung ihren eigenen Rhythmus verloren, so dass sie auch die Fähigkeit zur autonomen und entspannten Nutzung der Zeit verloren haben.

Mit diesem Bild hat *Michael Ende* nicht nur den Zusammenhang zwischen Arbeitsintensivierung und ausgepowertem Vorruhestand, der für die dt. Arbeitspolitik nach 1970 kennzeichnend ist, verdeutlicht, sondern auch ein Muster für das heutige Arbeitszeitrecht entworfen. Zeit kann nicht gespart werden, weil sie in jeder Sek. gelebt wird. Entfremdete Zeit kann nicht aufgehoben und später in selbst bestimmte Zeit umgewandelt werden. Je länger der »Sparvorgang« andauert, umso größer sind die gesundheitlichen und persönlichen Gefährdungen. Damit ist das Bild der Zeitsparkasse gut geeignet, vergessene und verdrängte Grundwertungen des Arbeitszeitrechts zu verdeutlichen.

---

1 *Buschmann* AuR 2011, Sonderheft Kittner, S. 430 ff.
2 *Buschmann* AuR 2006, 417.

II. Ausgleichszeiträume – eine Legitimation zur Organisation betrieblicher Zeitsparkassen?

Das Modell der Zeitsparkasse ist im heutigen Arbeitszeitrecht bekannt. Im früheren Arbeitszeitrecht musste nach § 4 AZO eine Überschreitung des 8-Std.-Tages innerhalb von 14 Tagen wieder ausgeglichen werden.[3] Dadurch war flexiblen Arbeitszeiten und Gleitzeitmodellen eine sehr enge Begrenzung gesetzt, die nach 1990 im politischen Diskurs als nachteilig und zu restriktiv bewertet worden ist. In der RL 93/104/EWG wurde ebenso wie in der akt. RL 2003/88/EG für die Überschreitung von Höchstarbeitszeiten die Möglichkeit eines kurzfristigen »Zeitsparens« akzeptiert. Die maßgebliche Norm des Art. 16 b der RL akzeptiert bei solchen Überschreitungen der Höchstarbeitszeit einen Ausgleichszeitraum bis zu max. 4 Mon. Erweiterungen auf 6 Mon. (in Ausnahmefällen auf 12 Mon.) sind nur unter den begrenzten Rahmenbedingungen des Art. 17 der RL möglich. In der neueren Rspr. des *EuGH* zu Art. 17 der RL ist eine strikte Auslegung von Art. 17 vorgeschrieben worden.[4]

1. Der Ausgleich von Höchstarbeitszeiten nach § 3 ArbZG

Bereits ein flüchtiger Blick auf § 3 S. 2 ArbZG zeigt, dass im dt. Recht ein genereller Ausgleichszeitraum von 6 Mon. normiert ist, der mit Art. 16, 17 der RL schwerlich vereinbar ist. *Rudolf Buschmann* hat diesen Fehler frühzeitig kritisiert.[5] Inzwischen haben sich viele dieser Position angeschlossen.[6] In der umfassenden Stellungnahme der Kommission ist daher § 3 S. 2 ArbZG als richtlinienwidrig qualifiziert worden;[7] in gleicher Weise hat sich auch der Ausschuss für soziale Rechte, der die Einhaltung der Europäischen Sozialcharta überwacht, geäußert.[8] Die Kommission hat in ihrem Bericht nicht nur rechtssystematisch, sondern auch arbeitspolitisch argumentiert und darauf verwiesen, dass der RL arbeitswissenschaftliche Erkenntnisse zu Grunde liegen, wonach längere Überschreitungen des 8-Std.-Tages gesundheitsgefährdend sind und dass der erforderliche Ausgleich zügig erfolgen muss. Ebenso hat der Ausschuss zur Überwachung der ESC angemessene Bezugszeiträume verlangt, die idR. 6 Monate nicht

---

3 Ähnlich die 3-Wo.-Frist im ILO-Übereinkommen Nr. 1 aus 1919.
4 *EuGH* 14.10.10, Union Syndicale, AuR 2010, 531.
5 *Buschmann* ArbZG 1994 § 3 Rn 7; ebenso *Kohte* DZWiR 1996, 451; *Ende* AuR 1997, 137.
6 ErfK/*Wank* § 3 ArbZG Rn 8; *Schliemann* ArbZG § 3 Rn 10; Hk-ArbZR-*Jerchel* § 3 Rn 10.
7 AuR 2011, 105.
8 AuR 2011, 107.

überschreiten dürfen.⁹ Es kann also nicht um »Zeitsparen«, sondern allenfalls um einen möglichst kurzen Überziehungskredit gehen.¹⁰
In der betrieblichen Praxis wird § 3 S. 2 ArbZG fast ohne Ausnahme als problemlos geltendes Recht behandelt. Dies ist insoweit plausibel, als § 3 S. 2 ArbZG in privaten UN trotz Richtlinienwidrigkeit nicht automatisch hinfällig wird. Daher kann eine Anordnung der Aufsicht nach § 17 ArbZG nicht ergehen, solange ein privater AG sich am Ausgleichszeitraum des § 3 S. 2 ArbZG orientiert. An den öff. AG sind nach der *EuGH*-Rspr. höhere Anforderungen zu stellen.¹¹ Anders sieht es dagegen aus, wenn ein Konflikt zwischen AG und BR um die Länge des Ausgleichszeitraums erfolgt. Zwar ist auch die Einigungsstelle nicht unmittelbar an die RL gebunden, doch hat sie bei der nach § 76 Abs. 5 BetrVG erforderlichen Abwägung zu beachten, dass der RL gesicherte arbeitswissenschaftliche Erkenntnisse zu Grunde liegen, die bei der Abwägung mit betrieblich-organisatorischen Gründen, die ein Arbeitgeber ins Feld führen kann, in aller Regel überwiegen werden. Daher ist es regelmäßig sachgerecht, den Ausgleichszeitraum nicht auszuschöpfen und ihn vor allem bei belastenden Tätigkeiten deutlich zu reduzieren.¹² Obgleich diese Position inzwischen breite Zustimmung gefunden hat,¹³ sind gerichtliche Konflikte und Verkürzungen des Ausgleichszeitraums auf breiter Ebene nicht festzustellen. Das Phänomen der »Zeitsparkasse« hat offenkundig eine elementare Selbstverständlichkeit, so dass ihm nicht nur mit juristischen, sondern auch mit literarischen Mitteln und Bildern entgegenzutreten ist.

2. Der Ausgleich nach verkürzten Ruhezeiten (§ 5 Abs. 2 ArbZG)

Deutlicher sind die Konflikte um § 5 Abs. 2 ArbZG. Danach kann die Dauer der Ruhezeit von 11 auf 10 Std. in bestimmten Bereichen, vor allem in Krankenhäusern, verkürzt werden. Im ArbZG wird dafür ein Ausgleichszeitraum von 4 Wo. eingeräumt. In der RL wird zwar eine solche Verkürzung der Ruhezeit in Art. 17 Abs. 3 c ermöglicht, doch findet sich kein Hinweis auf einen Ausgleichszeitraum. Der Ausgleich soll offenkundig unmittelbar erfolgen; insoweit ist kein »Zeitsparen« vorgesehen. In der *EuGH*-Rspr. ist diese Aussage unmittelbar aufgenom-

---

9 *Buschmann*, FS Etzel, 2011, S. 103, 112.
10 Zur Notwendigkeit kurzer Zeiträume im Überziehungskredit aus Verbraucherschutzgesichtspunkten *Kohte* § 493 BGB.
11 *EuGH* AuR 2011, 425 (Fuß II), dazu *Kohte/Grüneberg* AiB 2011, 625.
12 So für die parallele Normstruktur in § 5 Abs. 2 ArbZG *BAG* 22.7.03, 1 ABR 28/02, AuR 2004, 118.
13 *Buschmann/Ulber* § 3 ArbZG Rn 13; *Schliemann* NZA 2004, 513, 516; ErfK-*Wank* § 3 ArbZG Rn 7; Hk-ArbZR/*Jerchel* § 3 Rn 31; *Schubert/Jerchel* WSI Mitteilungen 2011, 77; *Zwanziger* DB 2007, 1356, 1357; *Kohte* FS-Wißmann S. 331, 335

men worden. Der Gerichtshof verlangt daher, dass sich an eine Verkürzung der Ruhezeit »unmittelbar« ein Ausgleichszeitraum anschließt.[14] Es ist nicht überraschend, dass *Rudolf Buschmann* die Praxis des *EuGH* in die Kommentierung zu § 5 ArbZG aufgenommen hat.[15]

Wiederum ist die Rechtsdurchsetzung am ehesten durch das BetrVG zu gewährleisten. Für diese Konstellation hat das *BAG* anerkannt, dass es mit § 76 Abs. 5 BetrVG vereinbar ist, wenn bei belastenden Arbeitsbedingungen durch Spruch der Einigungsstelle auf Verkürzungen der Ruhezeiten nach § 5 Abs. 2 ArbZG verzichtet wird.[16]

3. Verlängerte Arbeitszeiten in der Nacht und deren Ausgleich

Ein weiteres Bsp. für die Probleme des Zeitsparens ist die Möglichkeit der Verlängerung der Arbeitszeit von Nacht-AN in § 6 Abs. 2 ArbZG. Hier ist der gesetzliche Ausgleichszeitraum auf 4 Wo. beschränkt worden, so dass insoweit die spezifischen Belange von Nacht-AN eine Rolle spielen. Art. 16 c der RL verlangt insoweit keine Quantifizierung, sondern eine prozedurale Regelung der Tarifvertragsparteien. Diese kommen – wiederum nicht untypisch für das geltende Arbeitszeitrecht – vor allem ins Spiel, wenn es um die Verschlechterung der Arbeitsbedingungen der Nacht-AN geht. Nach § 7 Abs. 1 Nr. 4 ArbZG kann in TV ein anderer Ausgleichszeitraum festgelegt werden;[17] da § 7 tarifdispositives Arbeitszeitrecht ermöglicht, das auch der Verschlechterung dienen kann, könnte damit auch ein Ausgleichszeitraum von 1 Jahr festgelegt werden. Dies wäre mit den Schutzpflichten, die Art. 12 der RL verlangt, schwerlich vereinbar. Die Tarifvertragsparteien handeln hier nicht kraft originärer Tarifautonomie, sondern in einem vom der Gesetzgebung festgelegten und kontrollierten Handlungsspielraum.[18]

Da es kein originäres Recht der Koalition geben kann, von staatlichen Mindestschutzpflichten nach unten abzuweichen, kann in diesem Bereich von den Tarifvertragsparteien nur agiert werden, soweit sie dadurch dazu durch eine wirksame staatliche Norm legitimiert sind.[19] Die Norm des § 7 Abs. 1 Nr. 4 ArbZG kann diese Aufgabe nicht erfüllen, weil sie zu weit gefasst ist. Sie muss daher teleologisch reduziert werden. Nach der gesamten Systematik, die auch dem ArbZG zugrunde liegt, ist der Rahmen der besonderen staatlichen Schutzpflichten, die durch § 6 ArbZG im Rahmen der Nachtarbeit nach dem entspr. Urteil

---

14 *EuGH* 9.9.03 AuR 2003, 388 (Jäger); 14.10.2010-Slg. 2010, 9961 (Union Syndicale).
15 Buschmann/Ulber § 5 ArbZG Rn 7.
16 *BAG* 22.7.03, 1 ABR 28/02, AuR 2003, 298.
17 dazu auch *Zwanziger* DB 2007, 1356, 1357.
18 skeptisch zum tarifdispositiven Arbeitszeitrecht; *Buschmann* FS Richardi, 2007, S. 393 ff.
19 *Kohte* FS für Bepler, 2012, S. 279, 294.

des *BVerfG* installiert worden sind, maßgeblich.[20] Daher stehen auch die erweiterten Ausgleichszeiträume bei Nachtarbeit unter dem Vorbehalt der Beachtung der gesicherten arbeitswissenschaftlichen Erkenntnisse nach § 6 Abs. 1 ArbZG.[21] Eine Ausdehnung über die 4-Mon.-Frist des Art. 17 der RL hinaus wäre daher nicht akzeptabel, so dass § 7 Abs. 1 Nr. 4 b ArbZG der teleologischen Reduktion bedarf, ihr aber auch zugänglich ist.

III. Gestaltung der Nachtarbeit

Damit wird zgl. ein Blick ermöglicht auf die Aktivitäten der Tarifvertragsparteien, die ihnen durch § 6 ArbZG eröffnet sind. Auf der Basis der Schutzpflicht für die Gestaltung von Nachtarbeit, die in Art. 12 der RL normiert worden ist, wird in § 6 Abs. 5 ArbZG verlangt, dass keine Nachtarbeit ohne Freizeitausgleich oder Geldentschädigung bleibt. Damit soll den gesundheitlichen Interessen der Nacht-AN unmittelbar (durch finanzielle Entschädigung) und mittelbar (durch Verteuerung der Nachtarbeit) Rechnung getragen werden. Diese TV können allerdings die gesetzlichen Ansprüche aus § 6 Abs. 5 ArbZG nur sperren, wenn sie einen effektiven Gesundheitsschutz vermitteln. Zutreffend hat daher das *BAG* entschieden, dass ein TV, der keinen effektiven Ausgleich bei Nachtarbeit vorsieht, den Anspruch aus § 6 Abs. 5 ArbZG nicht verhindern kann.[22] Darin könnte auch ein Schlüssel liegen für die Diskussion der spezifischen Differenzierung zwischen Nachtarbeit und Nachtschichtarbeit, die in zahlreichen TV zu finden ist.[23] Aus dieser weit verbreiteten Praxis, dass die Zuschläge für »Nachtschichtarbeit« deutlich niedriger liegen als die Zuschläge für »Nachtarbeit«, habe ich 2 tarifliche Regelungen herausgegriffen, die sich mit einem norddeutsch-maritimen Element und einem Bsp. aus dem Einzelhandel an *Rudolf Buschmanns* Lebenslauf anlehnen.

1. Ein aktuelles Problem: kann die biologische Uhr umgestellt werden?

In einem akt. Rechtsstreit, der noch nicht rechtskräftig entschieden ist, hatte das ArbG *Berlin*[24] folgenden Sachverhalt zu entscheiden. Der Kl. ist in einem Einzelhandelsunternehmen als Kommissionierer in Wechselschicht tätig, die Vertragsparteien haben den MTV des Berliner Einzelhandels in Bezug genommen. Nach

---

20 *BVerfG* AuR 1992, 92.
21 So auch *Schliemann* § 7 ArbZG Rn 62 aE.
22 *BAG* 26.4.05, 1 ABR 1/04, AuR 2006, 125, mit Anm. *J. Ulber*, dazu *Kohte/Busch* jurisPR-ArbR 33/3005 Anm. 1.
23 Nachweise bei *Däubler/Winter* TVG 3. Auflage § 1 Rn 433 ff.
24 ArbG *Berlin* 3.8.12 – 28 Ca 7089/11, BB 2012, 2624.

diesem MTV ist Nachtarbeit in der Nachtzeit zwischen 20 und 6 Uhr geleistete Arbeit. Für Nachtarbeit wird ein Zuschlag v. 50 % des Stundenlohns gezahlt. Der Kl. verlangt für die in der Spätschicht nach 20 Uhr geleistete Arbeit einen Zuschlag v. 50 %. Die Bekl. lehnte diese Forderung ab; sie hatte für diese Zeit einen Zuschlag v. 20 % gezahlt, da nach dem TV Nachtarbeit, die im Rahmen von Schichtarbeit geleistet werde, nur mit 20 % zu vergüten sei. Diese Differenzierung hielt der Kl. für rechtsfehlerhaft und mit Art. 3 Abs. 1 GG nicht vereinbar. Die Bekl. berief sich darauf, dass der Zuschlag v. 50 % nur für gelegentliche Nachtarbeit gelte, weil diese eine besondere Erschwernis darstelle. Bei Schichtarbeit wisse der AN für einen längeren Zeitraum, an welchen Tagen er welche Schicht zu leisten habe und wann er in den Nachtstunden zu arbeiten habe. Die Nachtarbeit erfolge hier mit einer gewissen Gleichförmigkeit, der AN könne seine biologische Uhr darauf einstellen. Der Kl. bestritt, dass Nachtarbeit in Form der Schichtarbeit für die biologische Uhr planbar sei. Das Gericht holte im Rahmen der Beweisaufnahme eine Stellungnahme der Bundesanstalt für Arbeitsschutz und Arbeitsmedizin ein. Diese kam zu dem Ergebnis, dass aus arbeitswissenschaftlicher und arbeitsmedizinischer Sicht bei einer Beschäftigung in Nachtarbeit keine geringere Belastung vorliege, wenn diese in Rahmen von Schichtarbeit erfolge. Ein »Umstellen der biologischen Uhr« sei nicht möglich. Die Belastungsbeanspruchung steige vor allem durch die Anzahl der Nächte pro Mon. und die Anzahl der Nächte hintereinander.

2. Ein Argumentationsmuster mit einer langen Vorgeschichte

Die Argumentation, dass es für AN möglich sei, die biologische Uhr zu »verstellen« und insoweit sich auf Nachtarbeit einzurichten, wenn sie regelmäßig und vorhersehbar auftritt, ist weder neu noch innovativ. Die behauptete Möglichkeit, die biologische Uhr umzustellen, gehört zu den Bildern, die mit dem Modell der Zeitsparkasse eng verbunden sind. Sie gehen davon aus, dass Menschen ihren Rhythmus ändern können, so dass sie später nach einer nochmaligen Änderung zusätzliche Möglichkeiten der Freizeit nutzen können. Anschaulich ist das tradierte Muster 1981 von *Ziepke* zusammengefasst worden:

»*Regelmäßige Arbeit am Nachmittag, Abend oder in der Nacht bedeutet für den betroffenen AN eine relativ geringe Belastung. Der AN ist auf die Arbeit zu dieser Zeit vorbereitet. Er kann sich durch die Wiederholung des gleichen Lebensvorganges, einer atypischen und der normalen Verhaltensweise des Menschen entgegen gerichteten Lebensweise in seinem gesamten Verhalten auf sie einstellen.*«[25]

---

25 *Ziepke* DB 1981, 1049, 1051.

Arbeitszeitrecht und das Leitbild der Zeitsparkasse

Ein etwas tieferer Blick in unsere Entscheidungssammlungen führt uns bis in die Untiefen des April 1939 zurück. Damals hatte das *RAG* über die Auslegung der Tarifordnung für die Fischindustrie zu entscheiden.[26] Diese sah vor, dass Nachtarbeit mit einem Zuschlag v. 50 % zu vergüten war, »*es sei denn, dass Schichtarbeit vorliegt.*« In diesen Fällen wurde ein Zuschlag v. 10 % gezahlt. Der Kl. hatte regelmäßig in der Heringsfangzeit auch nachts Fische zu räuchern, während er außerhalb der Heringsfangzeit, wenn nur geringe Heringsvorräte angeliefert wurden, diese Aufgabe tagsüber durchzuführen hatte. Er verlangte einen Zuschlag v. 50 %, unterlag aber in allen Instanzen. Das *RAG* räumte ein, dass Nachtarbeit eine »belastendere« Leistung als Tagarbeit sei, dass es aber für den Gefolgsmann einen »erheblichen Unterschied« mache, ob die Nachtarbeit als eine voraussehbare Entscheidung auftrete, auf die er sich einzurichten habe und in deren Erledigung er sich mit seinen Arbeitskameraden gleichmäßig teile könne.

An diese Entscheidung knüpfte das *BAG* 1957 an,[27] als der 1953 in Kraft getretene MTV für die Fischindustrie in einem Rechtsstreit zwischen NGG und dem zuständigen Arbeitgeberverband zu klären war. Die Regelung war auf dem Weg von der Tarifordnung zum 1953 abgeschlossenen MTV nicht verändert worden, so dass auch das *BAG* unter seinem Präsidenten *Nipperdey* keine Bedenken hatte, an die Rspr. des *RAG* zur früheren Tarifordnung anzuknüpfen. Dies war nicht selbstverständlich, weil nach 1945 in der Rspr. der LAG diese Tarifnorm unterschiedlich ausgelegt worden war.[28] In ordentlicher Systematik sieht der *Senat*, dass für die Tarifvertragsparteien ein Zuschlag v. 50 % für Nachtarbeit der Regelfall sein soll, von dem nur eine Ausnahme gestattet sei, die sich durch die Organisation von Schichtarbeit in der Nacht auszeichne. Diese Ausnahme sei auch sachlich gerechtfertigt, da es für den AN[29] einen erheblichen Unterschied mache, ob er sich auf die Nachtschicht einrichten könne und ob sie zu seinen gewöhnlichen Pflichten gehöre, die er mit seinen Kollegen teile.[30]

In der Lit. zum TVG wird mit Akribie, aber auch einer gewissen Vorsicht festgehalten, dass diese Unterscheidung zwischen Nachtarbeit und Nachtschichtarbeit bis heute in zahlreichen TV zu finden ist und dass die Vorhersehbarkeit der Nachtschicht mit der Möglichkeit, sich darauf einzurichten, als »erheblicher« Unterschied zwischen gelegentlicher und regelmäßiger Nachtarbeit bewertet

---

26 *RAG* ARS 36, 179.
27 *BAG* 15.11.1957, 1 AZR 610/56, AP Nr. 1 zu § 8 TVG m. Anm. *Tophoven*.
28 Einzelheiten bei *Tophoven*, Anm. zu BAG AP Nr. 1 zu § 8 TVG sowie *Zigan*, Anm. zu LAG *Kiel* AP Nr. 3 zu § 611 BGB Lohnzuschläge.
29 Hier ist ein »Fortschritt« auf dem Weg vom *RAG* zum *BAG* zu verzeichnen: bei ansonsten gleichen Formulierungen wird aus dem Gefolgsmann jetzt ein AN!
30 Bestätigt in BAGE 12, 143, 147.

wird.[31] Offenkundig ist das Bild der biologischen Uhr auch weiterhin weit verbreitet, wird aber nicht mehr so offensiv vertreten.

3. Nachtarbeit und menschengerechte Gestaltung der Arbeitszeit

Heute hat sich das normative Umfeld vor allem im Eur. und Internat. Recht[32] geändert. Nachtarbeit ist vor allem bei langen Nachtarbeitszeiträumen nach den Erwägungsgründen der RL 2003/88/EG eine spezifische gesundheitliche Belastung, die nach Möglichkeit zu vermeiden ist. Die Mitgliedstaaten sind nach Art. 12 der RL gehalten, dazu die entspr. Vorschriften zu erlassen. Im eur. Umfeld ist ein breites Spektrum möglicher Regelungen vorzufinden.[33] In Dt. ist nach § 6 Abs. 1 ArbZG jeder AG gehalten, Nacht- und Schichtarbeit nach den gesicherten arbeitswissenschaftlichen Erkenntnissen zu organisieren. Gesicherte Basis dieser Erkenntnisse ist die Anerkennung der grundsätzlichen gesundheitlichen Schädlichkeit von Nachtarbeit. Für jede Person ist Nachtarbeit schädlich, da sie dem elementaren Arbeits- und Lebensrhythmus von Menschen widerspricht.[34] Arbeitswissenschaftliche und arbeitsmedizinische Untersuchungen haben gezeigt, dass diese Tätigkeit auch für Personen gilt, die sich freiwillig zur Nachtarbeit melden und die sich auf Nachtarbeit »eingerichtet« haben, denn der elementare Circadian-Rhythmus kann nicht umgestellt werden.[35] Eine Umstellung des Menschen und damit ein »Umstellen der biologischen Uhr« ist in der behaupteten Weise nicht möglich. Daher ergibt sich als vorrangige Pflicht aus § 6 Abs. 1 ArbZG iVm §§ 3, 4 ArbSchG, dass Nachtarbeit möglichst weitgehend reduziert werden soll.[36]

Als weitere Rechtsfolge sieht § 6 Abs. 5 ArbZG vor, dass bei Nachtarbeit als gesetzliche Pflicht ein Freizeitausgleich bzw. finanzieller Zuschlag erbringen ist. Diese Norm dient zum einen unmittelbar dem Gesundheitsschutz der AN, wenn

---

31 Mit sichtbarer Reserviertheit: *Däubler/Winter* TVG § 1 Rn 433 ff. u. *Hensche/Heuschmid* § 1 Rn 653 ff. sowie *Berg/Platow/Schoof/Unterhinninghofen*, Tarif- und Arbeitskampfrecht, § 1 Rn 311 u. *Kittner/Zwanziger/Deinert-Schoof* Arbeitsrecht § 33 Rn 13; zur Angleichung der Zulagen bei ständiger und nicht ständiger Wechselschichtarbeit: BAG 13.6.12, 10 AZR 351/11, AuR 2012, 371.
32 Mehr zu dem hier nicht näher diskutierten, von Dt. nicht ratifizierten ILO-Übereinkommen 171 zur Nachtarbeit: *Habich* Sicherheits- und Gesundheitsschutz durch die Gestaltung von Nacht- und Schichtarbeit und die Rolle des BR, 2006, S. 28 ff.
33 *Habich*, (Fn 32) S. 155 ff.
34 Dazu als arbeitswissenschaftliche Autorität, die auch für Juristinnen und Juristen akzeptabel ist: BVerfG AuR 1992, 92, ebenso BAG 26.8.1997, 1 ABR 16/97, AuR 1997, 403. Interdisziplinäre Originalinformationen: *Beermann*, Bilanzierung arbeitswissenschaftlicher Erkenntnisse zur Nacht- und Schichtarbeit – Amtliche Mitteilungen der Bundesanstalt für Arbeitsschutz, 6. Aufl. 2000, zusammengefasst bei *Habich*, (Fn 32) S. 3 ff.
35 *Elsner*, Risiko Nachtarbeit, 1992, S. 101 ff.; Oppolzer, Ökologie der Arbeit, 1993 S. 145 ff.
36 *Habich*, (Fn 32) S. 218 ff.

für belastende Tätigkeiten ein spezifischer Zeitausgleich erfolgen soll. Zum anderen dient sie auch mittelbar dem Gesundheitsschutz, weil die Verteuerung der Nachtarbeit, die dadurch eintritt, AG motivieren kann und soll, Nachtarbeit zu vermeiden.[37]

Die Konkretisierung des Ausgleichs durch Freizeit oder Geldentschädigung sowie die Bestimmung des Umfangs dieses Ausgleichs soll vorrangig durch die Tarifvertragsparteien erfolgen. Fehlt es an einem TV oder ist eine tarifliche Ausgleichsregelung nicht angemessen, dann greift der gesetzliche Anspruch aus § 6 Abs. 5 ArbZG ein. Die Rolle des TV wird von einigen der klassischen Tarifautonomie zugeschrieben, so dass tarifliche Regelungen in ihrem Anwendungsbereich stets als angemessen zu qualifizieren seien.[38] Aus anderer Perspektive wird der TV hier als Instrument eines sachgerechten Ausgleichs eingesetzt, der durch das Gesetz verlangt wird. Diese Position ist zutreffend, denn die Mitgliedstaaten können ihre nach dem Unionsrecht zugewiesenen Schutzpflichten nicht »haftungsentlastend« auf die Tarifvertragsparteien delegieren.[39] In mehreren Fällen hat das *BAG* inzwischen für einige TV entschieden, dass diese keinen hinreichend effektiven Ausgleich enthalten.[40] Ist eine tarifvertragliche Regelung nach diesen Kategorien nicht angemessen, dann kann sie den gesetzlichen Anspruch aus § 6 Abs. 5 ArbZG nicht (mehr) sperren.

Hier zeigt sich deutlich, dass es bei § 6 Abs. 5 ArbZG nicht um originäre Tarifautonomie geht. Die TV sind hier ein Instrument zur Effektivierung des gesetzlich geschuldeten Ausgleichs und sollen diesen praktikabel und branchennah machen. Ein solches Instrument des staatlichen Gesundheitsschutzes unterliegt systematisch folgerichtig einer Rechtskontrolle, die sich vor allem Normzweck orientiert, dass ein »angemessener Ausgleich« realisiert wird. Konsequent wird der Umfang des Ausgleichs vom *BAG* nicht als Regelungsfrage, sondern als Rechtsfrage eingestuft.[41] Maßstab ist die Eignung des TV zum Gesundheitsschutz, diese muss sich wiederum an den jeweiligen gesundheitlichen Gefährdungen und den arbeitswissenschaftlichen und arbeitsmedizinischen Erkenntnissen orientieren. Es war daher zutreffend, dass der *10. Senat* des *BAG* eine tarifvertragliche Regelung als nicht angemessen klassifiziert hat, die für nächtliche Bereitschaftsdienste keinen Ausgleich vorsah, weil eine solche Einordnung

---

37 BAG 26.8.1997, 1 ABR 16/97, AuR 1997, 403; ebenso *Anzinger* RdA 1994, 11, 17; *Habich* (Fn 32) S. 196f.
38 So *Neumann/Biebl* ArbZG § 6 Rn 26.
39 *EuGH* 30.1.1985, C 143/83, Slg. 1985 S. 427, 434; *Kohte*, FS Bepler 2012, S. 287, 298.
40 *BAG* 26.8.1997, 1 ABR 16/97, AuR 1997, 403; zuletzt *BAG* 12.12.12, 10 AZR 192/11, AuR 2013, 228 (kein Ausgleich bei nächtlichen Bereitschaftsdiensten).
41 BAG 26.8.1997, 1 ABR 16/97, AuR 1997, 403; zustimmend Kittner/Zwanziger/Deinert-*Schoof*, Arbeitsrecht, § 26 Rn 144; HWK/*Gäntgen* ArbZG § 6 Rn 18; *Anzinger/Koberski* § 6 Rn 81.

des nächtlichen Bereitschaftsdienstes mit den gesicherten arbeitswissenschaftlichen Erkenntnissen nicht vereinbar ist.[42] Anders als in seiner sonstigen Judikatur räumt das *BAG* hier zu Recht den Tarifvertragsparteien keinen umfassenden Beurteilungsspielraum ein.[43]

4. Der Fischräucherer im Wandel der Zeiten

Wenn wir den 1939 und 1957 entschiedenen Fall aus der Fischindustrie in die Gegenwart verlegen und geringfügig zuspitzen, indem wir den Fischräucherer ausschließlich zwischen 23 und 6 Uhr arbeiten lassen, dann müsste ihm bei unveränderter Fassung des MTV nach heutigem Recht ein Anspruch auf Zahlung v. 50 % Zuschlag zustehen. Nach dem MTV ist die Nachtarbeit idR. mit einem Zuschlag v. 50 % eingestuft, die Schichtarbeit wird dagegen als Ausnahmefall qualifiziert, der einen Abschlag legitimiert. Ob dieser Abschlag legitim ist, muss sich aus heutiger Sicht nach arbeitsschutzrechtlichen und arbeitswissenschaftlichen Kategorien bestimmen lassen. Diese Kategorien sind eindeutig. Die biologische Uhr kann nicht umgestellt werden, Nachtschichtarbeit ist so belastend wie »normale« Nachtarbeit; ein Abschlag vom Normalfall der Belastungen der Nachtarbeit ist nicht legitimiert.

Hätte sich allerdings die Lebensmitteltechnologie nicht verändert, könnte auch unter der heutigen Rechtslage möglicherweise das alte Ergebnis – allerdings nur bei entspr. Änderung des MTV – vertretbar sein. In den Entscheidungen des *RAG* und des *BAG* ist auch auf die wirtschaftliche Situation des AG eingegangen worden, für den die Nachtarbeit damals alternativlos war, da er in der Heringsfangsaison die Fische unverzüglich verarbeiten bzw. räuchern müsse. In der Anm. zum *BAG*-Urteil wird von *Tophoven* ausdrücklich hervorgehoben, dass die Ungleichbehandlung der AG sachlich legitimiert sei, weil der Fischräucherer keine Alt. zur kurzfristigen Anordnung der Nachtarbeit habe.[44] Nach der damaligen Lebensmitteltechnologie, die eine Kühlung und Lagerung von Fischen, wie sie heute erfolgen kann, noch nicht ermöglichte, war diese Argumentation plausibel. Sie entspricht der Argumentation des *10. Senats* des *BAG* 2011,[45] wonach in der Zuckerwirtschaft der geringere Zuschlag von 20 % während der Kampagne nach der Rübenernte zu zahlen sei; insoweit kam es für den *Senat* auf die Differenzierung zwischen Nachtarbeit und Nachtschichtarbeit nicht an. Dies setzt allerdings voraus, dass der TV eine hinreichend klare Bestimmung der maßgeb-

---

42 *BAG* 12.12.12, 10 AZR 192/11, AuR 2013, 228.
43 so *BAG* 5.9.02, 9 AZR 202/01, AuR 2003, 467 m. Anm. *Ulber*.
44 *Tophoven*, Anm. zu *BAG* AP Nr. 1 zu § 8 TVG.
45 *BAG* 19.1.11, 10 AZR 658/09, AP Nr. 19 zu § 611 BGB Lohnzuschläge.

lichen Kriterien (hier: Bedeutung der Kampagne) enthält. Solange eine solche Bestimmung im TV fehlt, kann sie nicht unterstellt werden.[46]

Diese Differenzierungen orientieren sich an der mittelbaren Gesundheitsschutzfunktion des Geldzuschlags nach § 6 Abs. 5 ArbZG, wonach die Nacharbeit verteuert wird, um auf diese Weise Nachtarbeit zu reduzieren. Diese Funktion geht ins Leere, wenn die Arbeitsaufgabe nicht beliebig verschiebbar ist. Daher sind im Bewachungsgewerbe sowie bei Rettungssanitätern niedrigere Zuschläge in der Gerichtspraxis akzeptiert worden.[47]

Andere Differenzierungen können auf die unmittelbare Gesundheitsschutzfunktion der Zuschläge gestützt werden. Niedrigere Zuschläge können akzeptiert werden, wenn sich dies aus der Art der Arbeit ergibt, weil sie weniger belastend ist. Nächtlicher Bereitschaftsdienst wird zB als weniger belastend qualifiziert als nächtliche Arbeit, so dass auch ein Zuschlag v. 5 % nach der Entscheidungspraxis des *BAG* noch als angemessen gilt.[48] Fällt in diese Zeit allerdings auch übliche Nachtarbeit oder differenziert der TV nicht zwischen Arbeit und Bereitschaftsdienst, dann müsste ein höherer Satz v. mind. 10 % anwendbar sein, so dass die bisherige Rspr. zu TV sowohl des ÖD als auch des Helios-Konzerns der Überprüfung bedarf.[49]

Die Differenzierung der Zuschläge nach der Art der Arbeit ist bei nächtlichem Bereitschaftsdienst mit dem gesundheitsschützenden Normzweck des § 6 Abs. 5 ArbZG grundsätzlich vereinbar. Anders sieht dies jedoch aus, wenn ein Abschlag für Schichtarbeit in der Nacht gemacht wird, weil sich AN auf diese Form der Nachtarbeit einrichten können. Diese Aussage ist sachlich verfehlt und arbeitswissenschaftlich nicht haltbar. Da die TV im Anwendungsbereich des § 6 Abs. 5 ArbZG am Zweck des Gesundheitsschutzes zu messen sind, ist der Abschlag für Schichtarbeit unwirksam und kann den Rückgriff auf den gesetzlichen Anspruch nicht sperren, der sich in der Höhe an den wirksamen tariflichen Ausgleichsregelungen orientiert. Die Berufung auf die Tarifautonomie führt nicht zu einem anderen Ergebnis, denn die tarifliche Regelung ist nach § 6 Abs. 5 ArbZG ist nur dann vorrangig, wenn sie »angemessen« ist. Diese Frage ist eine Rechtsfrage, die von den Gerichten am Maßstab des Gesundheitsschutzes zu bestimmen ist, da durch § 6 Abs. 5 ArbZG die staatlichen Schutzpflichten, die sich aus Art. 2 Abs. 2 GG[50] und aus Art. 12 der RL 2003/88/EG[51] ergeben, realisiert werden sollen.[52]

---

46 Dazu schon *BAG* 26. 8. 1997, 1 ABR 16/97, aaO.
47 Dazu *Neumann/Biebl* ArbZG § 6 Rn 26.
48 *BAG* 23. 2. 11, 10 AZR 579/09, AuR 2011, 265; dieser niedrige Satz beruht allerdings zusätzl. auf der mangelnden Verschiebbarkeit von Nachtarbeit im Gesundheitswesen, *BAG* 31. 8. 05, 5 AZR 545/04, AuR 2006, 71.
49 *Kohte*, jurisPR-ArbR 19/2013, Anm. 1 E.
50 *BVerfG* 28. 1. 1992, 1 BvR 1025/82, 1 BvL 16/83, 1 BvL 10/91, AuR 1992, 92.

Der virtuelle Fischräucherer 2013 darf daher keinen Abschlag wegen Schichtarbeit erhalten, weil dieser Abschlag mit dem Zweck des § 6 Abs. 5 ArbZG unvereinbar ist. Er kann sich allerdings zur Bestimmung der Höhe des Ausgleichs auf den MTV berufen, da dessen Regelung für den Normalfall der Nachtarbeit wirksam und nur der Abschlag unangemessen ist. Insofern ist der TV teilbar, wie das *BAG* in st. Rspr. dokumentiert.[53]

5. Vom virtuellen Fischräucherer zum realen Kommissionierer im Einzelhandel

In dem bereits angesprochenen Fall des Kommissionierers im Einzelhandel hat das LAG *Berlin-Brandenburg* in der Berufungsinstanz mit einem nicht rechtskräftigen Urteil[54] die Klage abgewiesen, denn der Abschlag für Schichtarbeit sei gerechtfertigt, da die Tarifvertragsparteien den Ausgleich nicht auf gesundheitliche Beeinträchtigungen hätten beschränken wollen, sondern auch weitere persönliche Belastungen, die sich aus der unregelmäßigen Heranziehung zur Arbeit ergäben, berücksichtigt hätten. Diese Belastungen sind nicht näher beschrieben worden; das Berufungsgericht schloss ausdrücklich gesundheitliche Argumente aus, da es die Ausführungen des Sachverständigen zur Unmöglichkeit, die biologische Uhr umzustellen, als wahr unterstellt hatte.

Arbeitswissenschaftlich ist diese Argumentation wenig überzeugend, denn unregelmäßige Arbeit ist ebenfalls gesundheitlich belastend[55], so dass es sich hier nicht um einen völlig anderen Zweck handelt. Rechtssystematisch kann daher allenfalls eine Zweckstaffelung erfolgen, in der zur generellen gesundheitlichen Belastung durch Nachtarbeit eine zusätzliche Belastung durch unregelmäßige Nachtarbeit ergänzend hinzu tritt. In der großen Zahl von Tarifverträgen zur Nachtarbeit[56] gibt es auch dafür anschauliche Bsp. Das *BAG* hatte bereits 1973[57] über den MTV der Brauereien in NRW zu entscheiden, in dem für regelmäßige Nachtarbeit und Nachtschichtarbeit 25 % und für unregelmäßige Nachtarbeit 50 % als Zuschlag zu zahlen waren. Der *4. Senat* hatte eine solche Zweckstaffelung als wirksam angesehen und eine Verringerung des Schutzes, den die bekl.

---

51 Dazu *Habich* (Fn 32), S. 75 ff.
52 Die Einhaltung von § 6 Abs. 5 ArbZG ist daher auch durch gesetzeswiederholende Verwaltungsakte nach § 17 ArbZG zu gewährleisten: *Habich* (Fn 32), S. 249.
53 zuletzt zu Fragen der Nachtarbeit BAG 12.12.12, 10 AZR 192/11, AuR 2013, 228.
54 LAG *Berlin-Brandenburg* 27.2.13, 23 Sa 1763/12.
55 Dazu ausführlich *Lohmann-Hasliah*, Stress-Report 2012, Dortmund S. 115 ff.
56 Trotz dieser großen Zahl fehlen fast völlig TV, die an den aktuellen arbeitswissenschaftlichen Erkenntnissen orientiert sind, dazu *Buschmann/Ulber* ArbZG Einl Rn 22; vgl. *Buschmann* FS Richardi 2007 S. 93 ff.
57 *BAG* 1.7.1973, 4 AZR 475/72, DB 1973, 2002.

AG mit organisatorischen Schwierigkeiten rechtfertigen wollte, zu Recht abgelehnt.
Eine solche Zweckstaffelung ist im MTV des Berliner Einzelhandels nicht auffindbar. Ein TV kann einen angemessenen Ausgleich isd § 6 Abs. 5 ArbZG nur gewährleisten, wenn hinreichend transparent geregelt ist, welchen Ausgleich er für den Normalfall der Nachtarbeit vorsieht.[58] Dies kann nach Wortlaut und Systematik des MTV »Nachtarbeit 50 %, jedoch im Rahmen von Schichtarbeit 20 %« nur der Satz v. 50 % sein, denn der mit »jedoch« beginnende Halbs. ist grammatikalisch die Ausnahme von einem Regelfall, so dass wir uns normsystematisch weiterhin auf den 1957 formulierten Pfaden des *1. Senats* bewegen.[59] Dann aber ist der Abschlag von 50 auf 20 % begründungsbedürftig[60] und kann weder mit den Argumenten v. 1957 noch damit legitimiert werden, dass im Regelfall der 50 % zusätzliche Elemente für einen Sonderfall enthalten sein könnten. Da im Einzelhandel Argumente für betriebsbezogene Abschläge wegen Unvermeidbarkeit der Nachtarbeit wie im Gesundheitswesen oder bei der Zuckerkampagne fehlen, kann die tarifliche Regelung nur dann angemessen sein, wenn sie einen hinreichenden Verteuerungsdruck enthält,[61] der für den Normalfall mit einem Mindestbetrag für einen angemessenen Ausgleich mit 25 % angesetzt wird.[62] Somit ist eine Absenkung des Zuschlags für Nachtarbeit, der nicht auf betriebliche Unvermeidbarkeit der Nachtarbeit oder geringere Belastung durch Bereitschaftsdienst gestützt werden kann, auf weniger als 25 % nicht angemessen und kann daher den Anspruch aus § 6 Abs. 5 ArbZG nicht sperren. Die Klage des Kommissionierers hätte nicht abgewiesen werden dürfen, wenn ihm ein Anspruch aus § 6 Abs. 5 ArbZG zugestanden hätte.

Der Kl. hatte jedoch zwischen 20 und 23 Uhr gearbeitet. Diese Zeit ist keine Nachtzeit iSd § 6 Abs. 5 ArbZG. Im ArbZG ist für Tätigkeiten zwischen 20 und 23 Uhr kein gesetzlicher Ausgleichsanspruch vorgesehen. Die Tarifvertragsparteien haben den Begriff der Nachtarbeit allerdings anders definiert und die Zeit zwischen 20 und 23 Uhr einbezogen. Dies ist nach allg. Ansicht zulässig. Können die Tarifvertragsparteien jetzt Abschläge anordnen? Im Rahmen einer parallelen Bewertung hat der *9. Senat* des *BAG* in letzter Zeit entschieden, dass die strengen Anforderungen an eine Übertragungsfrist von wenigstens 15 Mon. nach dem Ende des Urlaubsjahres zwar für den gesetzlichen Urlaub, nicht jedoch für den tariflichen Mehrurlaub gelten. Lässt sich für das Verhältnis von gesetzlichem

---

58 Dazu nur *BAG* 27.5.03, 9 AZR 180/02, AP Nr. 5 zu § 6 ArbZG; *Buschmann/Ulber* ArbZG § 6 Rn 27a; ErfK/*Wank* ArbZG § 6 Rn 14.
59 BAG 15.11.1957, 1 AZR 610/56, BAGE 5, 107, 114.
60 Im MTV Einzelhandel Rheinland-Pfalz wird der Abschlag sogar bis auf 15 % abgesenkt.
61 Zutreffend *BAG* 27.5.03, 9 AZR 180/02, AP Nr. 5 zu § 6 ArbZG.
62 *BAG* 1.2.06, 5 AZR 422/04; *Zwanziger* DB 2007, 1356, 1358; Buschmann/Ulber ArbZG § 6 Rn 29.

Ausgleichsanspruch bei Nachtarbeit und tariflichem Ausgleichsanspruch bei Schichtarbeit mit dieser Parallele argumentieren?

Die Rspr. des 9. Senats zum Verhältnis von gesetzlichem Urlaub und tariflichem Mehrurlaub gibt erste Hinweise. Diese Entscheidungen gehen davon aus, dass Zweckidentität bzw. Zwecknähe besteht und dass daher die Modalitäten des gesetzlichen Urlaubsanspruchs, wie zB. § 7 Abs. 3 BUrlG in seiner unionsrechtskonformen Auslegung[63] auch für den tariflichen Mehrurlaub gelten, es sei denn, dass die Tarifvertragsparteien eigenständige Regelungen getroffen haben, die sich wesentlich vom gesetzlichen Vorbild unterscheiden.[64] Wenn daher in unserem Fall die Tarifvertragsparteien die Nachtarbeit ohne Differenzierung auf 20 bis 6 Uhr festlegen und einheitliche Zuschläge[65] vorsehen, dann haben diese Zuschläge auch ein einheitliches rechtliches Schicksal, wenn die Nachtschichtregelung keinen angemessenen Ausgleich enthält.

Eine solche Koordination entspricht auch dem maßgeblichen Unionsrecht. Art. 12 RL 2003/88/EG statuiert Schutzpflichten bei Nachtarbeit und bei Schichtarbeit, weil in beiden Konstellationen gesundheitliche Gefährdungen bestehen. Diese Anforderungen sind im deutschen Recht nur teilweise aufgenommen worden. Doch ist zumindest in § 6 Abs. 1 ArbZG die Orientierung an den gesicherten arbeitswissenschaftlichen Erkenntnissen für die Gestaltung von Nachtarbeit und Schichtarbeit in gleicher Weise gesetzlich angeordnet worden. Etwaige tarifliche Ausgleichsregelungen müssen sich auch im Bereich der Schichtarbeit an § 6 Abs. 1 ArbZG messen lassen.[66] Die arbeitswissenschaftlichen Erkenntnisse zur Schichtarbeit entsprechen in wesentlichen Aussagen den arbeitswissenschaftlichen Erkenntnissen zur Nachtarbeit.[67] Dementsprechend geht die bisherige Judikatur zu Ausgleichszulagen bei Schichtarbeit davon aus, dass diese eine finanzielle Kompensation für den negativen Einfluss auf den Biorhythmus enthalten.[68] Damit ist die Kürzung des Zuschlags, die sich auf die Umstellbarkeit der biologischen Uhr stützt, auch für die Schichtarbeit zwischen 20 und 23 Uhr normzweckwidrig.

Rechtstechnisch setzt sich dies allerdings nicht wie bei § 6 Abs. 5 ArbZG um, da insoweit ein gesetzlicher Anspruch von Schicht-AN, der bei einem unwirksa-

---

[63] *BAG* 24.3.09, 9 AZR 983/07, dazu *Kohte/Beetz* jurisPRArbR 25/2009 Anm. 1.
[64] *BAG* 12.4.11, 9 AZR 80/10; zustimmend *Reinsch* BB 2012, 780; bestätigt in *BAG* 22.5.12, 9 AZR 575/10, PersR 2012, 411; vgl. auch *Rummel* AuR 2009, 217.
[65] Ein Gegenmodell ist der MTV Textil, der ebenfalls die Nachtarbeit auf 20–6 Uhr festlegt und für Spätschicht 15%, für Nachtschicht 25% und für unregelmäßige Nachtarbeit 50% als Zuschlag normiert.
[66] zutreffend *Schliemann* ArbZG § 7 Rn 62 a E.
[67] *Beermann*, Nachtarbeit und Schichtarbeit in Badura (Hrsg.) Fehlzeitenreport 2009, S. 71, 75ff.
[68] BAG 24.9.08, 10 AZR 634/07.

men tariflichen Ausgleichsanspruch eingreifen würde, fehlt. Gleichwohl kann der Zweck des Gesundheitsschutzes nicht unberücksichtigt bleiben. Der TV gewährt AN einen tariflichen Ausgleichsanspruch bei Arbeit zwischen 20 und 23 Uhr iHv. 50 %. Schicht-AN sollen weniger als die Hälfte erhalten, so dass sich hier die Rechtskontrolle nach Art. 3 Abs. 1 GG stellt, die für Tarifvertragsparteien nach st. Rspr. – wenn auch mit unterschiedlicher Begründung[69] – eingreift, die eine Differenzierung nur dann akzeptiert, wenn sie durch den tariflichen Normzweck geboten ist. Der Gesundheitsschutz ist aber der einheitliche Normzweck, der einen gleichmäßigen Schutz verlangt, der durch zusätzliche Belastungen allenfalls aufgestockt werden kann.[70] Wenn der Abschlag für die Schichtarbeit nach 23 Uhr normzweckwidrig ist, dann ist er bei einer einheitlichen Behandlung der Zeit zwischen 20 und 6 Uhr im TV auch zwischen 20 und 23 Uhr gleichheitswidrig, so dass sich die Entscheidung des ArbG *Berlin* im Ergebnis als zutreffend darstellt.

IV. Neue und alte Perspektiven

Die Bsp. haben gezeigt, dass seit langer Zeit genutzte tarifliche Muster in dem normativen Umfeld, das vor allem durch das Unionsrecht geändert worden ist, einer Überprüfung und Revision bedürfen. Nachtarbeit und Schichtarbeit gefährden die menschliche Gesundheit. Tarifliche Regelungen können nicht wirksam als Verkauf von Schutzrechten gestaltet werden,[71] sondern sind nur legitimiert in Verknüpfung mit den staatlichen Schutzpflichten, die vorrangig auf direkte Eindämmung der Nacht- und Schichtarbeit gerichtet sind.[72] Sekundär können diese Ziele auch durch Ausgleichsleistungen, vor allem durch zeitnahe Freizeit, oder nachrangig durch Geldleistungen, die einen Handlungsdruck zur Verteuerung gesundheitsgefährdender Arbeit, verfolgt werden. Mit diesen klaren Zielen wird die Rechtskontrolle, wann eine tarifliche Regelung einen »angemessenen Ausgleich« enthält, besser strukturiert und handhabbar gemacht. Zgl. wird den Betriebsparteien und der Einigungsstelle ein Handlungsrahmen zur Verfügung stellt, der langfristiges »Zeitsparen« unterbinden und einen freizeit-

---

69 Akt. Überblick zu den verschiedenen Positionen *BAG* 23.3.11, 10 AZR 701/09, ZTR 2011, 555.
70 Dazu die Bedenken des *10. Senats*, der eine Benachteiligung der Schicht-AN bei Nachtarbeit als möglichen Gleichheitsverstoß ansprach, dann jedoch zu einer gleichheitskonformen Auslegung des TV kam: *BAG* 22.10.03, 10 AZR 3/03.
71 dazu *Kohte*, FS Gnade 1992, S. 675, 687 ff.
72 So jetzt zum unverzichtbaren Vorrang primärer Schutzmaßnahmen gegenüber Entgeltzuschlägen *EuGH* 19.5.11, C-256/10, NZA 2011, 967 (*Barcenilla Fernandez*).

nahen Belastungsausgleich sichern kann.[73] Natürlich ist es auch den Tarifvertragsparteien möglich, vorrangig Freizeitausgleich und Nachtarbeitszeitverkürzung zu regeln.[74] Während Momo sich in ihrem Kampf gegen die Zeitsparkasse auf die Schildkröte Kassiopeia und Meister Hora verlassen konnte, sind die Akteure des Arbeitsrechts in dieser Auseinandersetzung allerdings auf sich selbst gestellt; sie können sich dabei jedoch auf die aktive Beteiligung von *Rudolf Buschmann* verlassen.

---

[73] Beispielhaft der Spruch der Einigungsstelle zu einem relativ zeitnahen Freizeitausgleich in BAG 26.4.05 – 1 ABR 1/04, AuR 2006, 123, 125 m. insoweit zust. Anm. *J. Ulber* und generell zu diesen Handlungsmöglichkeiten *Buschmann*, FS für Wißmann, 2005, S. 251, 261.
[74] *Colneric* NZA 1992, 393, 398.

Klaus Lörcher

Pars pro toto? Vom EU-Beamtenrecht[1] zum EU-Recht
– Zum Überprüfungsverfahren *Strack* vor dem EuGH

Was auf den 1. Blick nebensächlich, ja manchen sogar abseitig erscheinen mag, ist für den Jubilar und sein wissenschaftliches und berufliches Engagement auf den 2. Blick vielleicht doch eher interessant, wenn nicht vielleicht sogar kennzeichnend.

Die Zugänge zum Thema

Der 1. Zugang: Dem einen oder der anderen Leser/in von AuR mag vor kurzem eine kleine Notiz in der beliebten Rubrik »Personalien« aufgefallen sein. Anlässlich der Mitteilung des Todes eines ehemaligen EU-Beamten[2] erwähnte[3] AuR, dass der Jubilar »stagiaire« in der Kommission in der damaligen Unterabteilung Beamtenstatut war und gerade diesem Beamten als Ausbilder zugewiesen war. Hat er also seine grundlegenden Kenntnisse und Erfahrungen im Hinblick auf das EU- (damals Gemeinschafts-)Recht anhand des EU-Beamtenrechts erworben – also ein »pars-pro-toto«-approach?

Als 2. Zugang drängt sich der Inhalt auf: Dem Jubilar liegt bekanntlich ua. das EU-Arbeitszeitrecht und nicht zuletzt das dazugehörende Urlaubsrecht sehr am Herzen. Das drückt sich in der Kommentierung[4] sowie in der Vertretung von entspr. Fällen vor dem *EuGH*[5] aus. Dabei soll auch nicht unerwähnt bleiben, dass

---

[1] Rechtliche Grundlage: Beamtenstatut und Statut für die sonstigen Beschäftigten der eur. Institutionen (VO Nr. 31 (EWG) 11 (EAG), ABl. 45 vom 14.6.1962, S. 1385; konsolidierte Fassung v. 1.1.11 mit letzer Änderung durch VO (EU) Nr. 1240/2010, Abl. L 338/7 v. 22.12.10 – im Folgenden »Statut«). Diesem Statut unterliegen ca. 45 000 Beschäftigte.
[2] Es handelt sich um *Dieter Rogalla*, der damals in der Unterabteilung Beamtenstatut der Europäischen Kommission tätig war (vgl. als frühes Grundsatzwerk *Rogalla*, Dienstrecht der Europäischen Gemeinschaften, Köln u.a. 1981). Vgl. auch *v. Luthe, Dieter Rogalla*: eurogalla – Rad schlagen ohne Pfau zu sein. Bildbiographie über *Dieter Rogalla*, Ehrenmitglied des Europaparlaments, Berlin ua. 2007.
[3] Der RA und Europapolitiker *Dr. Dieter Rogalla*, AuR 2013, 84.
[4] Vgl. *Buschmann/Ulber*, ArbZG, Basiskommentar mit Nebengesetzen und Ladenschluss, 7. Aufl., Frankfurt 2011, und zuletzt seine Anm. zu *EuGH* 3.5.12, Rs. C-337/10, *Neidel*, AuR 2012, 260, 263 ff.
[5] Rs. C-317/11, *Reimann*. Dieses Verfahren kam jedoch wegen Rücknahme der Vorlagefragen nach der mdl. Verhandlung nicht zur Entscheidung (B.v. 22.10.12); jüngst *Brandes* (B.v. 13.6.13,

der Jubilar als Vertreter des DGB in der Verhandlungsgruppe zur Änderung der ArbZ-RL wichtige Arbeit bei der Sicherung der bisherigen Erfolge (nicht zuletzt durch die Rspr. des *EuGH*) geleistet hat.[6]

Und nicht zuletzt – als 3. Zugang – spielt das Verfahrensrecht für den Jubilar eine wichtige Rolle. In seiner allg. Funktion als Bevollmächtigter in allen Fällen, die aus den DGB-Mitgliedsgewerkschaften vor den *EuGH* kommen[7], muss er sich vermehrt mit dem *EuGH*-Verfahrensrecht auseinandersetzen.

Diese 3 Zugänge führen letztlich zu einem »Unikum«[8] im EU-Verfahrensrecht: Der sog. »Überprüfung« von Urteilen des Gerichts der EU (*EuG*) in Beamtenfällen – und ganz besonders in einem – bisher noch nicht entschiedenen – Fall zum Urlaubsrecht, dem Überprüfungsverfahren *Strack*. Die »Überprüfung« als Rechtsmittelverfahren (sehr) eigener Art wurde bei der Errichtung des Gerichts für den öD der EU (*EuGöD*) eingeführt und hat damit erstmals einen dreigliedrigen Instanzenzug im EU-(Verfahrens-)Recht eröffnet. Im Folgenden soll zunächst diese Verfahrensbesonderheit als »3. Instanz« dargestellt werden, bevor näher auf das eigentlich spannende Verfahren eingegangen wird.

Das Überprüfungsverfahren

Man kann sich fragen, ob es sich überhaupt lohnt, näher mit diesem sehr speziellen Verfahren zu befassen. Die Rechtfertigung ergibt sich einerseits aus dem »Neuheitswert«, zum anderen aus dem »Versuchsfeld«, das das *EuGöD* für möglicherweise zukünftige weitere Fachgerichte darstellt.

C 415/12) zum Kürzungsverbot von Urlaubsansprüchen aus einer Vollzeitbeschäftigung während eines anschließenden Teilzeitarbeitsverhältnisses; in diesem Beschluss zählt der *EuGH* mehrere Male zustimmend auf, was Frau *Brandes*, im Klartext der Jubilar, vorgetragen hatten (Rn. 26, 30 u. 34), s. dazu *Buschmann* AuR 2013, 324f.

6 Zum Scheitern der Verhandlungen, Europäische Arbeitszeitverhandlungen geplatzt, AuR 2013, 45.

7 Neben den beiden in Fn. 5 genannten Verfahren hat er zB. die folgenden Kl. (im Ausgangsverfahren) vor dem *EuGH* vertreten: *Werhof* (9.3.06, C-499/04), *Lange* (8.2.01, C-350/99), *Ziemann* (10.12.1998, C-247/96 – dieses (verbundene) Verfahren läuft unter dem Namen *Hidalgo* C-173/96).

8 Der Begriff »Unikum« ist im praktischen Sinn gemeint. Denn das Überprüfungsverfahren ist zwar für die Überprüfung von Vorabentscheidungen durch das *EuG* vorgesehen (Art. 256 Abs. 3 UAbs. 1 AEUV »Das Gericht ist in besonderen in der Satzung festgelegten Sachgebieten für Vorabentscheidungen nach Art. 267 zuständig.«, vgl. auch Art. 62b Abs. 2 der *EuGH*-Satzung). Von dieser Möglichkeit wurde bisher jedoch praktisch kein Gebrauch gemacht. Vgl. dazu *Wägenbaur*, Court of Justice of the EU – Commentary on Statute and Rules of Procedure, München ua. 2013, RP [Rules of Procedure] ECJ, Article 194, S. 489.

Die Vorgeschichte

Mit der mit dem Vertrag von Nizza grundsätzlich neu geschaffenen Möglichkeit von Fachgerichten (damals noch »Fachkammern« genannt) als Eingangsgerichte stellte sich – noch abstrakt – die Frage des Instanzenzugs bzw. der jeweiligen Zugangsvoraussetzungen für die jeweils nächste Instanz. In diesem Zusammenhang wurde dem damals noch »Gericht Erster Instanz« genannten *EuG* zusätzlich die Funktion eines – auf Rechtsfragen beschränkten – Rechtsmittelgerichts zugeordnet. Diese (wohl naheliegende) Zuordnung warf die Frage auf, welche Rolle dem *EuGH* in diesem Instanzenzug zugewiesen werden sollte. Als Ausgangspunkt war klar, dass er weiterhin die Einheitlichkeit des EU-Rechts sicherstellen (können) sollte. Aber dieses Verfahren sollte sich ganz erheblich von einem (einfachen) Rechtsmittelverfahren absetzen. So wurde die nicht ganz einfache »Lösung« eines »Überprüfungs-Verfahrens« ersonnen. Es wurde aber erst mit der konkreten Einrichtung des (neu geschaffenen) *EuGöD* virulent. Erst dadurch konnten Urteile dieses Gerichts vor dem *EuG* angefochten werden und so die Grundlage für das Wirksamwerden des Überprüfungsverfahrens legen.

Das Verfahren

Die primärrechtliche Grundlage für das Überprüfungsverfahren wurde durch Art. 256 Abs. 2 UAbs. 2 AEUV[9] gelegt und durch Art. 62 bis 62b des *EuGH*-Statuts (Protokoll Nr. 3 zum EUV/AEUV) sowie durch die *EuGH*-Verfahrensordnung in ihren Art. 191–195 näher ausgestaltet.[10] Zunächst sollen die Voraus. näher beschrieben werden, unter denen ein Verfahren an den *EuGH* als faktisch »dritte Instanz« kommen kann. Sie sind vom Willen der Parteien unabhängig[11] und an hohe Zulassungshürden geknüpft[12]. Diese sehr enge Zulassung wird ua. damit begründet, dass es mit dem Grundsatz des gleichen Zugangs nicht verein-

---

9 »Die Entscheidungen des Gerichts aufgrund dieses Abs. können nach Maßgabe der Bedingungen und innerhalb der Grenzen, die in der Satzung vorgesehen sind, in Ausnahmefällen vom Gerichtshof überprüft werden, wenn die ernste Gefahr besteht, dass die Einheit oder Kohärenz des Unionsrechts berührt wird.«
10 EU-Abl. L 265/1 v. 29.9.12; *Wägenbaur*, (Fn 8) widmet diesem Teil der Verfahrensordnung (Titel VI) eine 1. Kommentierung; vgl. allg. auch *Lenaerts/Arts/Maselis*, Procedural Law of the EU, 2nd ed., London 2006, S. 472f.
11 Dazu ist der Hinweis von *Wägenbaur* (Fn 8, Art. 193, Rn. 3 S. 487) interessant, dass im Verfahren *M/EMEA* (s. unten zur Zulassungsentscheidung Fn 26 und zum nachfolgendem Urteil Fn 28) der 1. Generalanwalt von einer der Parteien informell kontaktiert worden sei, was dann zu seinem Vorschlag für ein Überprüfungsverfahren geführt habe (»one of the parties contacted the First Advocate General and convinced him to submit a proposal to the President of the ECJ«).
12 S. *Wägenbaur* Fn. 8, ebd. Rn. 1.

bar sei, gerade (nur) in Fällen von Beschäftigten einen normalen dreigliedrigen Instanzenzug vorzusehen[13], während in allen anderen Direktklagen beim *EuG* bisher nur das einzige Rechtsmittel zum *EuGH*, also nur ein zweigliedriger Instanzenzug möglich ist. Grundvoraussetzung ist – untechnisch gesprochen – ein Antrag (»Vorschlag«[14] genannt) des Ersten Generalanwalts.[15] Um erfolgreich zu sein, muss er nachweisen, dass durch die *EuG*-Entscheidung[16] und vor allem durch ihre Begründung eine »ernste Gefahr besteht, dass die Einheit oder Kohärenz des Unionsrechts berührt wird«[17]. Während das »Berühren« einen relativ offenen Rahmen nahelegt, wird dies durch die Hürde der »ernsten Gefahr« praktisch wieder wesentlich eingeschränkt. Entspr. den geschilderten Voraussetzungen muss die »Entscheidung« (es handelt sich nicht, was man vielleicht denken könnte, um einen »Beschluss«) sich mit diesen Voraussetzungen auseinandersetzen und sie bejahen. Diese Verfahren fallen zunächst schon durch den besonderen Zusatz zum Az. auf: Am Schluss der Rs. wird »RX«[18] angefügt. Wie die anderen Zusätze zum Az. folgt dies entspr. der internen Arbeitssprache des *EuGH* – dem Französischen.[19] Aus der ursprünglichen »Besondere[n] Kammer nach Art. 123b der Verfahrensordnung« (zusammengesetzt aus KammerpräsidentInnen)[20] ist nach der neuen *EuGH*-Verfahrensordnung (Art. 191) eine (einfache) »Überprüfungskammer« geworden[21], die jedes Jahr neu zusammengesetzt wird[22]. Sie entscheidet nach Art. 193 Abs. 4 der EuGH-Verfahrensordnung, ob die Entscheidung des *EuG* zu überprüfen ist, und gibt – bejahendenfalls – (nur) die Fragen an, die Gegenstand der Überprüfung sein sollen. Verfahrensmäßig handelt es sich um ein Eilverfahren.[23] Das hat praktisch zur Folge, dass alle bis-

---

13 S. *Wägenbaur* Fn. 8, ebd. Rn. 1.
14 Diese Wortwahl ist wohl einerseits dem besonderen Charakter des Überprüfungsverfahrens und andererseits der spezifischen Rolle der Generalanwälte (s. Art. 252 AEUV) geschuldet, um den Eindruck zu vermeiden, der (1.) Generalanwalt würde eine Parteirolle einnehmen (die hätte für den Begriff »Antrag« gesprochen).
15 Diese Funktion wechselt jedes Jahr (Art. 14 Abs. 1 *EuGH*-Verfahrensordnung Verfahrensordnung).
16 Es kann sich sowohl um ein Urteil als auch einen Beschluss (zB. wegen »offensichtlicher« Unzulässigkeit bzw. Unbegründetheit) handeln.
17 S. Fn. 210 und Art. 62 Abs. 1 der *EuGH*-Satzung.
18 Abk. für Réexamen (Überprüfung).
19 P = Pourvoi (Rechtsmittel); RENV = Renvoi (Zurückverweisung); PPU = Procédure Préliminaire d'Urgence (Eilvorabentscheidungsverfahren) etc.
20 Die 1. Entscheidung war noch von der Großen Kammer getroffen worden (s. Fn 26).
21 In der Rs. *Strack* (s. Fn 227): Überprüfungskammer »unter Mitwirkung des Kammerpräsidenten L. *Bay Larsen*, der Richter *J. Malenovský, U. Lõhmus und M. Safjan* und der Richterin *A. Prechal* (Berichterstatterin)«.
22 Art. 11 Abs. 2 *EuGH*-Verfahrensordnung *Wägenbaur* Fn. 8, RP ECJ Article 191, S. 485, weist auf die Parallele zur Zusammensetzung des Spruchkörpers bei Eilvorabentscheidungsverfahren (PPU) hin.
23 Art. 62a Abs. 1 Satzung des *Gerichtshofs*.

herigen Zulassungsentscheidungen nicht später als einen Monat, in einem Fall sogar innerhalb von 6 Tagen ergangen sind.[24]

Die bisherige Praxis

Insg. sind bisher[25] 9 Zulassungsentscheidungen ergangen, von denen nur 3 erfolgreich waren (2012: 2).[26] Man kann wahrscheinlich 2 Phasen ausmachen. Während der *EuGH* in einer 1. Phase bis etwa 2010 keine Gründe für seine (zurückweisenden) Entscheidungen angab, hat er nunmehr[27] diese Praxis geändert und in seiner Begründung zu seiner Funktion näher ausgeführt, es sei

»nicht Aufgabe des Gerichtshofs, sich zur Berechtigung einer Entwicklung der Rechtsprechung des Gerichts zu äußern, die von diesem in seiner Eigenschaft als Rechtsmittelgericht vorgenommen wird. Zum anderen kann der bloße Umstand, dass sich der Gerichtshof noch nicht zu einer Rechtsfrage geäußert hat, nicht genügen, um eine Überprüfung nach Art. 62 der Satzung des Gerichtshofs der Europäischen Union zu rechtfertigen.«

Damit hat er sich einen »judicial selfrestraint« im Hinblick auf die beiden Untergerichte auferlegt (jedoch wohl nicht ganz zuletzt auch deshalb, um nicht zu einer übermäßigen Anzahl an Überprüfungsvorschlägen zu kommen). In den 3 Verfahren, die bisher zu einer Zulassung führten, sind 2 abgeschlossen. Sie behandelten im Wesentlichen Verfahrensfragen: beim ersten Urteil ging es um die Zuständigkeit (iS einer Entscheidungsbefugnis) des *EuG*[28], beim 2. Urteil um die

---

24 12.7.12, C-334/12 RX – Réexamen *Arango Jaramillo ua.* / *EIB* (und zwar mit Begründung); der Vorschlag des Ersten Generalanwalts war am 6.7.12 vorgelegt worden. Im ersten Zulassungsverfahren *Combescot* (s. Fn 26) hatte noch die Große Kammer entschieden, und zwar innerhalb von 13 Tagen.
25 Stand 30.6.13.
26 16.4.08, C-216/08 RX – Überprüfung des Urteils T-414/06 P (*Combescot/Commission* – Zurückweisung), 5.2.09, C-21/09 RX – Überprüfung des Urteils affaires jointes T-90/07 P et T-99/07 P (*Belgique et Commission/Genette* – Zurückweisung), 5.6.09, C-180/09 RX – Überprüfung des Urteils T-492/07 P (*Sanchez Ferriz e.a./Commission* – Zurückweisung), 24.6.09 – C-197/09 RX – Überprüfung des Urteils T-12/08 P (*M/EMEA* – Zulassung), 5.5.10, C-183/10 RX – Überprüfung des Urteils T-338/07 P (*Bianchi/Fondation européenne pour la formation (ETF)* – Zurückweisung), 27.10.10, C-478/10 RX – Réexamen ordonnance T-157 / 09 P (*Marcuccio/Commission* – Zurückweisung), 8.2.11, C-17/11 RX – Überprüfung des Urteils T-143/09 P (*Kommission/Petrilli* – Voraussetzungen für die außervertragliche Haftung der Union – Zurückweisung), 12.7.12, C-334/12 RX – Réexamen *Arango Jaramillo u.a.* / *EIB* (Zulassung), 11.1212, C-579/12 RX – Réexamen *Commission / Strack* (Zulassung) (s. unten).
27 *EuGH* 8.2.11, C-17/11 RX – *Kommission/Petrilli* (s. Fn. 26), Rn. 4.
28 *EuGH* (3. Kammer) 17.12.09, C-197/09 RX-II – *M/EMEA*. Es ging um Auslegung des Begriffs

Fristberechnung.[29] In der dritten Zulassungsentscheidung ist zum ersten Mal der Weg zur Lösung eines materiellen Problems eröffnet:

Das »Überprüfungs«-Verfahren »Strack« zum Urlaubsrecht[30]

Die Vorgeschichte

Es geht im Wesentlichen um die Frage, ob die BeamtInnen einen Anspruch auf Übertragung von Urlaub auf das nächste Jahr über die im Statut zugelassenen 12 Urlaubstage hinaus haben.[31] Das Beamtenstatut lässt dies für den Fall zu, dass dienstliche Gründe die Inanspruchnahme des Jahresurlaubs im Urlaubsjahr unmöglich gemacht haben. Im Fall des Kl. waren es krankheitsbedingte Gründe. Hinter diesem eher technisch erscheinenden Problem stehen grundsätzliche, ja sogar grundrechtliche Fragen. Es geht auch um die Bedeutung von (arbeitsrechtlichen) RL im EU-Beamtenrecht.[32] Die ursprüngliche Klage war vor dem *EuGöD* erfolgreich.[33] Das Urteil wurde jedoch aufgrund eines von der Kommission eingelegten Rechtsmittels vom *EuG* aufgehoben und die Klage abgewiesen.[34] Daraufhin hat der Erste Generalanwalt am 23. 11. 12 dem *EuGH* eine Überprüfung

---

»Rechtsstreit, der zur Entscheidung reif ist«. Das *EuG* hatte in der Sache über den Antrag auf Ersatz des geltend gemachten immateriellen Schadens entschieden und die bekl. Europäische Arzneimittel-Agentur (EMEA) zur Zahlung einer Entschädigung iHv. 3000 € verurteilt, obwohl das bei ihm anhängige Rechtsmittel nur die Prüfung der Frage betraf, wie eine Einrede der Unzulässigkeit im ersten Rechtszug behandelt worden war. Dazu stellte der *EuGH* nun fest, dass das *EuG* nicht für die Entscheidung über einen Gegenstand zuständig sei, der nicht Gegenstand des eingelegten Rechtsmittels war. Für diesen Gegenstand habe deshalb keine Entscheidungsreife vorgelegen.

29 *EuGH* (4. Kammer) 28. 2. 13, C-334/12 RX-II – *Arango Jaramillo u. a. / EIB*: Im Statut (s. Fn. 1) gibt es eine 3 monatige Klagefrist. Bei der Eur. Investitionsbank (EIB), die dem Statut nicht unterliegt, sondern ein eigenes Beamtenstatut geschaffen hat, gibt es keine derartige gesetzlich geregelte Klagefrist sondern nur die Regelung, dass die Klage innerhalb einer angemessenen Frist zu erfolgen hat. Die Rspr. hatte daher in der Vergangenheit in analoger Anwendung des Beamtenstatuts auch bei der EIB eine 3 Monatsfrist statuiert. Auslegung des Begriffs »angemessene Frist« für eine Klageerhebung gegen die EIB als Frist, bei deren Bestimmung die Umstände des Einzelfalls zu berücksichtigen sind (entgegen *EuG*, das eine starre 3-Monatsfrist zugrunde gelegt hatte).

30 *EuGH* 11. 12. 12, C-579/12 RX – *Réexamen Commission / Strack*.

31 Da *Rogalla* sein Werk (s. Fn. 2) bereits 1981 abfasste, konnte er bei der Darstellung des »Jahresurlaub(s)« auf die hier angesprochenen Probleme nicht eingehen. Die Arbeitszeit-RL (RL 93/104/EWG) war erst 1993 in Kraft getreten. Aber vielleicht hat der Jubilar ja mit seinem Ausbilder während seines »stage« vorausschauend schon darüber gesprochen?

32 S. dazu allg. zB. *Kempen*, ZESAR 2010, 367 ff.

33 *EuGöD* (2. Kammer) 15. 3. 11, F-120/07 – *Strack / Kommission*.

34 *EuG* (Rechtsmittelkammer) 8. 11. 12, T-268/11 P – *Kommission / Strack*.

vorgeschlagen.[35] Diesem Vorschlag folgte am 11.11.12 die Überprüfungskammer, die damit das Überprüfungsverfahren zuließ.

Die Zulassungsentscheidung (11.12.12)

Die Entscheidung enthält – entspr. der neuen Verfahrensordnung[36] keine näheren Gründe und konzentriert sich auf den Tenor, der die im Urteil zu klärenden Fragen enthält. Diese sind deshalb sehr ausführlich gehalten (und enthalten so doch indirekt eine Begründung):

> »Die Überprüfung wird sich auf die Fragen erstrecken, ob in Anbetracht der Rspr. des Gerichtshofs zum Anspruch auf bezahlten Jahresurlaub als Grundsatz des Sozialrechts der Union, der auch ausdrücklich in Art. 31 Abs. 2 der Charta der Grundrechte der EU verankert und insbes. Gegenstand der RL 2003/88/EG des Europäischen Parlaments und des Rates v. 4.11.03 über bestimmte Aspekte der Arbeitszeitgestaltung (ABl. L 299, S. 9) ist, das Urteil des Gerichts der EU v. 8.11.12, *Kommission/Strack* (T-268/11 P), dadurch die Einheit oder die Kohärenz des Unionsrechts beeinträchtigt, dass das Gericht als Rechtsmittelgericht
> – Art. 1e Abs. 2 des Statuts der Beamten der EU dahin ausgelegt hat, dass er nicht die Vorschriften über die Arbeitszeitgestaltung in der RL 2003/88 und insbes. den bezahlten Jahresurlaub erfasse, und
> – nachfolgend Art. 4 des Anhangs V des Statuts dahin ausgelegt hat, dass er impliziere, dass der Anspruch auf Übertragung des Jahresurlaubs über die in dieser Bestimmung festgelegte Grenze hinaus nur bei einer Verhinderung im Zusammenhang mit der Tätigkeit des Beamten in Ausübung seines Dienstes gewährt werden könne.« (Ziffer 2 des Tenors)

Vor dem Hintergrund der bisherigen *EuGH*-Rspr. zum Jahresurlaub, des Art. 31 Abs. 2 der EU-GRC sowie der Arbeitszeit-RL 2003/88/EG ist also zunächst die Auslegung der Vorschrift des Statuts zur Geltung von RL zum Arbeits- und Gesundheitsschutz zu klären. Art. 1e Abs. 2 des Statuts lautet:

> Für Beamte im aktiven Dienst gelten Arbeitsbedingungen, bei denen angemessene Gesundheits- und Sicherheitsnormen eingehalten werden, die zumindest den Mindestvorschriften aufgrund von Maßnahmen entsprechen, die in diesen Bereichen nach den Verträgen erlassen wurden.

---

35 Vorschlag v. 23.11.12.
36 S. Fn. 10, Art. 193 Abs. 4.

Dann ist die vom Gericht vorgenommene Auslegung von Art. 4 Abs. 1 des Anhangs V des Beamtenstatuts zur zulässigen Übertragung des Jahresurlaubs zu klären. Er lautet:

> »Hat ein Beamter aus Gründen, die nicht auf den Dienst zurückzuführen sind, bis zum Ende des laufenden Kalenderjahrs nur einen Teil seines Jahresurlaubs genommen, so darf die Übertragung des Urlaubsanspruchs auf das folgende Jahr zwölf Urlaubstage nicht überschreiten.«[37]

Das Urteil – wie könnte es aussehen?

Auch wenn es etwas vermessen klingen mag, derartige Überlegungen anzustellen, so hat der Jubilar dies aber durchaus verdient. Denn das Problem der Urlaubsübertragung ist ein auch – in der Verknüpfung mit dem ILO-Übereinkommen Nr. 132, vor allem aber mit der *EuGH*-Rspr. zur Arbeitszeit-RL (früher 93/204/EWG, jetzt 2003/88/EG) – in Dt. ein über viele Jahre, ja mehrere Jahrzehnte sehr umstrittenes Thema (gewesen). Um die Frage zu beantworten, muss zunächst der Stand des Unionsrechts geklärt werden, um anschließend beurteilen zu können ob seine Einheit oder Kohärenz durch das *EuG*-Urteil ernstlich ist Gefahr ist. Dafür ist zunächst der Inhalt der Regelung von Art. 1e Abs. 2 des Statuts zu klären. Diese Vorschrift enthält zwar keine direkte Bezugnahme auf die Arbeitszeit-RL[38]. Die nicht ganz eindeutige Formulierung bildete das Einfallstor für das *EuG*, um einen Interpretationsspielraum für sich in Anspruch zu nehmen:

> »Art. 1e des Statuts, der zu den allgemeinen Vorschriften des Titels I des Statuts gehört, auf die Vereinbarkeit der Arbeitsbedingungen der Beamten im aktiven Dienst mit »angemessenen Gesundheits- und Sicherheitsnormen« bezieht, was offenbar auf die in den übrigen Bestimmungen des Statuts nicht geregelten technischen Mindestnormen im Bereich des Gesundheitsschutzes und der Sicherheit der Arbeitnehmer an ihrem Arbeitsplatz abzielt und nicht auf die Mindestvorschriften für Sicherheit und Gesundheitsschutz im Allgemeinen, die auch die von der RL 2003/88 erfassten Vorschriften über die Arbeitszeitgestaltung, darunter den Jahresurlaub, einschließen.« (Rn 53).

---

37 Die dt. Sprachfassung wurde berichtigt (ABl. 2007, L 248, S. 26). Neben dieser Vorschrift gibt das *EuGöD* die weiteren einschlägigen Bestimmungen im Rahmen des »Rechtlichen Rahmens« wieder; s. *EuGöD* Fn. 33 *Strack/Kommission*, Rn. 2 ff.
38 Dies entspricht wohl auch dem Willen der EU-Institutionen bei der Verabschiedung dieser Regelung.

Legt man aber den Wortlaut (»Gesundheits- und Sicherheitsnormen«, »zumindest den Mindestvorschriften«) zugrunde und vergleicht ihn mit den primärrechtlichen Rechtsgrundlagen[39], dann kann wenig Zweifel bestehen, dass die auf dieser Rechtsgrundlage erlassenen arbeitsschutzrechtlichen RL – also auch die Arbeitszeit-RL – umfasst sind. Weiter ist nicht erklärlich, woher das *EuG* die Einschränkung auf die »technischen« Mindestnormen nehmen will. Im Gegenteil ergibt sich der umfassende Ansatz schon aus der Rahmen-RL 89/391/EWG zum Arbeits- und Gesundheitsschutz, die sich in ihren Einzel-RL (Art. 16) gerade nicht nur auf den technischen Arbeitsschutz beschränkt (zB. 10. Einzel-RL 92/85/EWG zum Mutterschutz mit Art. 8 zum Mutterschaftsurlaub). Bei der Annahme eines entspr. Spielraums ist zu klären, ob die Bedeutung des genannten Grundrechts sowie die *EuGH* Rspr zum Urlaubsrecht hinreichend berücksichtigt wurde. Dementsprechend bildet die »Rspr. des Gerichtshofs zum Anspruch auf bezahlten Jahresurlaub« für die Überprüfungskammer den Ausgangspunkt.

»Nach st. **Rspr.** ist der Anspruch jedes AN auf bezahlten Jahresurlaub als ein **besonders bedeutsamer Grundsatz des Sozialrechts der Union** anzusehen, von dem nicht abgewichen werden darf und den die zuständigen nationalen Stellen nur in den in der RL selbst ausdrücklich gezogenen Grenzen umsetzen dürfen (vgl. in diesem Sinne Urteile v. 26.6.01, BECTU, C-173/99, Rn. 43, v. 18.3.04, *Merino Gómez*, C-342/01, Rn. 29, v. 16.3.06, *Robinson-Steele* ua., C-131/04 u. C-257/04, Rn. 48, und *Schultz-Hoff* ua., Rn. 22). Im Übrigen garantiert **Art. 31 Abs. 2 der Charta der Grundrechte der EU** jedem AN das Recht auf bezahlten Jahresurlaub.«[40] (Hervorhebung und Abk. nicht im Original)

In seinem Urteil über das von der Kommission eingelegte Rechtsmittel hat das *EuG* dies zwar als Ausgangspunkt für möglich gehalten, jedoch darauf hingewiesen, dass der Kl. »durch Art. 4 des Anhangs V des Statuts an der Wahrnehmung dieses Anspruchs gehindert« worden sei;[41] in diesem Art. würden »nämlich le-

---

39 Jetzt Art. 153 Abs. 1 a (»Verbesserung insbesondere der Arbeitsumwelt zum Schutz der Gesundheit und der Sicherheit der AN« und Abs. 2 b (»durch RL Mindestvorschriften erlassen«) AEUV.
40 *EuGöD* Fn 234 *Strack/Kommission*, Rn. 59. Im Weiteren geht dieses Urteil va. auf das Urteil *Schultz-Hoff* ein. In der Zwischenzeit sind folgende Urteile hinzugekommen [...]. *EuGH* (5. Kammer) 8.11.12, C-229/11 und C-230/11, *Heimann und Toltschin* (»Sozialpolitik – RL 2003/88/EG – Arbeitszeitverkürzung (»Kurzarbeit«) – Kürzung des Anspruchs auf bezahlten Jahresurlaub nach Maßgabe der Arbeitszeitverkürzung – Finanzielle Vergütung«) und *EuGH* (5. Kammer) 3.5.12, C-337/10, *Neidel* (»Sozialpolitik – RL 2003/88/EG – Arbeitsbedingungen – Arbeitszeitgestaltung – Anspruch auf bezahlten Jahresurlaub – Finanzielle Vergütung im Krankheitsfall – Beamte (Feuerwehrleute)«.
41 *EuG Strack*, s. Fn 34, Rn. 49.

diglich die Modalitäten der Übertragung und des Ausgleichs im Fall nicht genommener Urlaubstage festgelegt«, es könne also »nicht davon ausgegangen werden, dass Art. 4 des Anhangs V des Statuts die Gewährung oder die Inanspruchnahme des Jahresurlaubs von einer Voraussetzung abhängig mach[e], die den Urlaubsanspruch seines Inhalts beraub[e]« oder »oder dass diese Vorschrift mit der Systematik und dem Zweck von Art. 7 Abs. 1 der RL 2003/88 unvereinbar« sei.[42] Der Versuch des *EuG*, mit einer weitgehend formalen Betrachtungsweise den Inhalt des Urlaubsanspruchs sehr deutlich zu reduzieren, ist weder mit der Zielsetzung noch mit dem Grundrecht und ebenso wenig mit der vom *EuGH* vorgenommenen Charakterisierung eines »besonders bedeutsamen Grundsatz des Sozialrechts der Union« vereinbar. Die Wertung des *EuG*, dass Art. 4 Abs. 1 Anhang V des Statuts eine hinreichend verhältnismäßige Berücksichtigung der Interessen der Beamten darstelle, ist eine eklatante Ersetzung des Willen des Gesetzgebers durch die Meinung des *EuG*. Es sprechen also gute Gründe dafür[43], dass das Urteil des *EuG* vom *EuGH* aufgehoben wird. Die Beschränkung der Übertragung auf die Hälfte des Mindesturlaubs[44] wegen Krankheit ist mit der Arbeitszeit-RL in einer primärrechtlichen Auslegung nicht vereinbar. Wenn sich der *EuGH* dieser Ansicht anschließt, gäbe es auch keinen Anlass, den Rechtsstreit an das *EuG* zurückzuverweisen, da die Sache dann entscheidungsreif wäre. Der *EuGH* könnte also in der Sache selbst entscheiden und das erstinstanzliche Urteil wieder herstellen.

Ausblick

So wie das Überprüfungsverfahren letztlich das »totum« (verstanden als »Einheit«) des EU-Rechts sicherstellen will, so lässt sich vielleicht das Überprüfungsverfahren *Strack* als eine Art Spiegelbild zur Entwicklung des Jubilars (vom »pars« zum »toto«) verstehen. Diesem Verfahren möge ebenso wie dem Jubilar bei seinen weiteren Vertretungen Erfolg beschieden sein.

---

42 *EuG Strack*, s. Fn 34, jeweils Rn. 50.
43 S. Fn 4, AuR 2012, 263 (unter 4. »Anspruch ... auch in Art. 31 Abs. 2 der EU-Gr-Ch, also dem unmittelbar geltenden EU-Primärrecht, ausdrücklich verankert ist«; unter 5. und 6. zur (ungekürzten) Übertragung der Verweis auf die entsprechenden internationalen Normen und Spruchpraxis zu Art. 2 Abs. 3 ESC und Art. 9 Abs. 1 ILO-Übereinkommen Nr. 132).
44 Art. 57 Abs. 1 des Statuts: für jedes Kalenderjahr ein Jahresurlaub von mind. 24 u. max. 30 Arbeitstagen.

RA Dr. Reinold Mittag[*]

Zu den Zuständigkeiten von BR, GBR und KBR

1. Einleitung

Es herrscht Verunsicherung. Wann ist der BR zuständig, wann der GBR/KBR? Die Abgrenzung der Zuständigkeiten wird in der Lit. als schwierig und die Rspr. dazu als wenig prognostizierbar beschrieben.[1] Dieser Beitrag soll darauf eingehen.

2. Ausgangssituation

Die Mitbestimmung nach BetrVG verteilt sich auf 3 Ebenen: der BR ist für die betriebliche Ebene zuständig, der GBR auf Unternehmensebene und der KBR auf Konzernebene. Es gibt eine »Durchlässigkeit« der Ebenen; GBV/KBV schlagen auf die betriebliche Ebene durch. Wenn etwa die Vertreter eines einzelnen BR von Vertretern anderer BR im GBR/KBR überstimmt werden, hat die Minderheit das Mehrheitsergebnis hinzunehmen, und dann wirkt eine GBV/KBV auch im Betrieb der überstimmten BR-Mitglieder.[2] Dabei steht den BR nach Auffassung des *BAG* andererseits keine Auffangzuständigkeit und damit kein Unterlassungsanspruch aus §§ 87 Abs. 1, 80 Abs. 1 BetrVG zu, wenn der AG ein MBR von GBR/KBR nicht beachtet und sich die mitbestimmungswidrige Maßnahme in den Betrieben der einzelnen BR auswirkt.[3] Aus Arbeitnehmersicht hilft eine rechtliche Auseinandersetzung der Gremien untereinander[4] aber nicht wirklich; es kommt vielmehr vorrangig darauf an, Einigkeit der Gremien herzustellen.[5] Dieser Einigungsprozess muss allerdings rechtlich davor geschützt werden, dass die Gremien zB. durch ein »Wahlrecht« der Arbeitgeberseite[6] auf den ihr angenehmsten Verhandlungspartner gegeneinander ausgespielt werden. Dafür braucht es klare Zuständigkeitsabgrenzungen.

---

[*] IG Metall Vorstand, FB Betriebs- und Branchenpolitik, Ressort Betriebsverfassung und Unternehmensmitbestimmung, Frankfurt/M.
[1] *Lunck*, NZA 2013, 233, 238.
[2] Vgl. DKKW-*Trittin*, § 50 Rn. 204; § 58 Rn. 119.
[3] *BAG* 17.5.11, 1 ABR 121/09 Rn. 18; a. A. DKKW-*Trittin*, § 50 Rn. 59, 60.
[4] Vgl. *Rudolph*, AiB 2012, 543, 545.
[5] Dann führt auch die Beauftragung nach Abs. 2 der §§ 50, 58 BetrVG über eventuelle rechtliche Unsicherheiten hinweg, vgl. *Rataycak*, AiB 2010, 621, 622.
[6] *Salamon*, NZA 2013, 708.

3. Normativer Ausgangspunkt

a. Materiell rechtlich

Historischer Ausgangspunkt für die Zuständigkeitsverteilung war § 91 BRG v. 4.2.1920[7], wonach der dortige GBR »für die gemeinsamen Angelegenheiten mehrerer Einzelbetriebe und für die Angelegenheiten des gesamten ... UN« zuständig war. Nach der heutigen Zuständigkeitsregel in § 50 Abs. 1 BetrVG ist der GBR zuständig, wenn die zu regelnde Angelegenheit das Gesamtunternehmen oder mehrere Betriebe betrifft. Entsprechendes gilt für den KBR; dieser ist nach § 58 Abs. 1 BetrVG zuständig für Angelegenheiten, die den Konzern oder mehrere Konzernunternehmen betreffen.[8] Als weitere Voraussetzung kommt nach diesen Vorschriften für die Zuständigkeit von GBR und KBR jeweils hinzu, dass die betreffende Angelegenheit nicht durch die einzelnen Betriebsräte (GBR) innerhalb ihrer Betriebe (UN) geregelt werden kann.

Das »nicht-regeln-können« wird als objektives Erfordernis für eine unternehmensübergreifende Regelung verstanden und wird jeweils für sich gerade in Bezug auf den betroffenen Mitbestimmungstatbestand bestimmt. Das objektiv zwingende Erfordernis für eine unternehmens-/konzerneinheitliche Regelung kann sich sowohl aus technischen wie auch aus rechtlichen Gründen ergeben; der Wunsch nach einer konzerneinheitlichen Regelung oder der Gleichbehandlungsgrundsatz genügen dafür aber nicht.[9] Für die einzelnen Mitbestimmungstatbestände existiert eine zunehmende Kasuistik; dazu soll hier nur auf jüngste Entscheidungen insbes. des *1. Senats*[10] sowie auf weiterführende Übersichten,[11] auch auf Entscheidungen weiterer Senate, hingewiesen werden. Die *BAG*-Rspr. geht davon aus, dass in erster Linie der örtliche BR zuständig ist.[12] KBR- und GBR-Zuständigkeit werden nach denselben Kriterien bestimmt.[13]

---

7 RGBl. 1920 (Nr. 20), 147, 169.
8 Die Beauftragung nach dem jeweiligen zweiten Absatz soll vorliegend nicht betrachtet werden; s. dazu DKKW-*Trittin*, § 50 Rn. 170 ff; § 58 Rn. 104 ff.
9 *BAG* 25.9.12, 1 ABR 45/11 Rn. 24; 19.6.07, 1 AZR 454/06; 20.12.1995, 7 ABR 8/95.
10 *BAG* 5.3.13, 1 ABR 75/11; 25.9.12, 1 ABR 45/11, 19.6.12, 1 ABR 19/11, 17.1.12, 1 ABR 45/10, 16.8.11, 1 ABR 22/10, 17.5.11, 1 ABR 121/09, 18.5.2010, 1 ABR 96/08 u. 23.3.10, 1 ABR 82/08.
11 DKKW-*Trittin*, § 50 Rn. 94 ff., § 58, Rn. 33 ff; Fitting pp § 50 Rn. 35 ff, § 58 Rn. 12 ff; *Lunck*, NZA 2013, 233 ff.
12 *BAG* 25.9.12, 1 ABR 45/11 Rn. 24; 8.6.04,1 ABR 4/03.
13 *BAG* 25.9.12, 1 ABR 45/11 Rn. 24.

b. Verfahrensrechtlich

Im Bereich der erzwingbaren Mitbestimmung zB. des § 87 BetrVG ersetzt der Spruch der Einigungsstelle die Einigung. Die Durchsetzung des MBR geschieht auf dem Weg des § 98 ArbGG, wonach Anträge auf Einsetzung der Einigungsstelle wegen deren fehlender Zuständigkeit nur zurückgewiesen werden können, wenn die Einigungsstelle »offensichtlich« unzuständig ist. Bei Abgrenzungszweifeln wird das aber gerade nicht offensichtlich sein. Gegen die in der Einigungsstelle erzielte Betriebsvereinbarung oder gegen deren Spruch kann das Gremium der nicht beteiligten Ebene gerichtlich vorgehen, wenn es rechtlich zuständig war, hier also unzutreffend übergangen wurde. Stellt sich daher bei genauer Prüfung, ggf. bis in die 3. Instanz im Ergebnis die Zuständigkeit des übergangenen Gremiums heraus, wird die Unwirksamkeit der BV gerichtlich festgestellt[14]; andernfalls ist der Antrag nicht erfolgreich.[15] Daneben kann auch das nicht übergangene, also bei der Einigungsstelle beteiligte Gremium einen Spruch der Einigungsstelle gem. § 76 Abs. 5 BetrVG anfechten, und auch dann wird ua. die Zuständigkeitsfrage geprüft.

4. Ausgewählte Mitbestimmungssituationen

a. Zum Umgang mit Schwierigkeiten bei der Zuständigkeitsbestimmung durch die Gerichte und in der Einigungsstelle

Der SAP-Entscheidung des *BAG*[16] lag ein Sachverhalt zugrunde, der sich etwas ausführlicher aus der vorinstanzlichen Entscheidung[17] erschließt: Seit 2000 war das Datenverarbeitungssystems SAP ERP dort im Konzern eingeführt. Der AG hielt den KBR nicht für zuständig, kam aber auch nicht zu einer Regelung auf BR-Ebene. Es wurden 2 gerichtliche Einigungsstellenbesetzungsverfahren eingeleitet. Am 29.4.08 wurde ein gerichtlicher Vergleich abgeschlossen, wonach jeweils Einigungsstellen auf Konzernbetriebsrats- und auf Betriebsratsebene mit dem identischen Thema »Nutzung des EDV-Systems mySAP HR ERP 2004« zeitgleich und personenidentisch tagen sollten (!). Diese Vorgehensweise lässt sich bei fehlender Offensichtlichkeit der Unzuständigkeit sowohl für die BR-Ebene als auch für die KBR-Ebene mit dem Wortlaut des § 98 ArbGG in Einklang bringen, und ist auch

---

14 Vgl. *BAG* 5.3.13, 1 ABR 75/11.
15 *BAG* 22.7.08, 1 ABR 40/07.
16 *BAG* 25.9.12, 1 ABR 45/11.
17 LAG *Nds.* 24.5.11, TaBV 55/09, Rn. 2.

im Folgenden nicht beanstandet worden. Die auf KBR-Ebene gebildete Einigungsstelle hat hier durch Spruch die Unzuständigkeit des KBR festgestellt.

Der KBR focht den Spruch an. Das LAG holte ein Sachverständigengutachten zu den technischen Gegebenheiten ein, ob das eingesetzte System nur einheitliche Einstellungen zulässt oder ob Abweichungen möglich sind. Dies und die Anhörung im Termin hatten für das LAG ergeben, dass das eingesetzte SAP-System üblicherweise konzernweit angelegt wird und damit die Zuständigkeit der Konzernbetriebsräte die Praxis ist, und dass bei der unüblichen Zuweisung an örtliche BR die Vorteile einer konzernweiten Anwendung des SAP-Systems weitestgehend verloren gehen.[18] Da dies aber, wenn auch mit zusätzlichem Aufwand finanzieller und personeller Art, machbar wäre, reiche das für die Beibehaltung der Zuständigkeit der BR-Ebene. Das *BAG* stellte demgegenüber auf die konzernweiten Möglichkeiten ab und entschied deswegen anders: der KBR war für die Ausübung der Mitbestimmungsrechte zuständig. Das obj. zwingendes Erfordernis für eine unternehmensübergreifende Regelung folgt hier aus technischen Gründen aufgrund der konkreten Umstände der bestehenden zentralen Nutzungs- und Überwachungsmöglichkeiten, der vielfältigen Möglichkeiten der unternehmensübergreifende Verknüpfung von Daten der Beschäftigten, der Möglichkeit zur einheitlichen Festlegung und Anwendung benutzerdefiniert festgelegter Datenbankfelder, und der eigenständigen und einheitlichen Protokollierungsfunktion.[19] Die Entscheidung zeigt, dass es im Bereich des § 87 Abs. 1 Nr. 6 BetrVG auf die Möglichkeiten der (ggf. zentralen) Nutzung sowohl beim Eingreifen des MBR wie bei der Bestimmung der Mitbestimmungsebene ankommt, und stellt insoweit eher keine Überraschung dar.

b. Zu einem Unternehmen mit »Matrix«-Aufbau

Für die Regelung der Arbeitszeitfragen sind zwar auch in UN mit mehreren Betrieben regelmäßig die Einzelbetriebsräte zuständig. Dennoch kann der GBR für einen Schichtrahmenplan zuständig sein, wenn der AG in mehreren Betrieben technisch-organisatorisch miteinander verknüpfte Arbeitsabläufe als Dienstleister erbringt.[20] Vorliegend ging es um die Arbeitszeit in einem UN, das sich eine sog. divisionale Struktur gegeben hatte. Hier kam es zum angefochtenen Spruch der Einigungsstelle über eine GBV Schichtarbeit gegen die Stimmen des GBR. Das *BAG* sah hier die Regelungszuständigkeit beim GBR, weil die Dienstleistung vom AG in mehreren Betrieben erbracht wird, und weil dabei die Arbeitsabläufe

---

18 LAG *Nds.* 24.5.11,1 TaBV 55/09, Rn. 54.
19 *BAG* 25.9.12,1 ABR 45/11.
20 *BAG* 19.6.12,1 ABR 19/11.

technisch-organisatorisch so verknüpft sind, dass die von den Betriebsparteien zu berücksichtigenden betrieblichen Belange sämtliche Betriebsstätten betreffen. Als Folge davon, dass die AG die bei ihrer Gründung bestehenden betrieblichen Strukturen aufgelöst und durch eine betriebsstättenübergreifende divisionale Organisation ersetzt hatte, wurde also letztlich der GBR zuständig.

c. Zur konzerneinheitlichen Vergütung

Das *BAG* unterscheidet zwischen der mitbestimmungsfreien Entscheidung des AG, ob und auf welcher Ebene er eine freiwillige Leistung überhaupt gewährt, und dem MBR bei der Verteilung aus § 87 Abs. 1 Nr. 10 BetrVG. Daraus folgert es, dass der AG bei der Gewährung einer freiwilligen Leistung gleichzeitig auch die Ebene vorgibt, auf der die Mitbestimmung bei der Verteilung zu erfolgen hat, wogegen die Kürzung von vorneherein mitbestimmungspflichtig und damit der örtliche BR zuständig ist.[21] Das gilt auch für konzernweit gewünschte Vergütungsgrundsätze der AT-Angestellten, weil auch dort keine Freiheit des AG besteht, ob er AT-Angestellte überhaupt vergütet. Der betriebsverfassungsrechtliche Gleichbehandlungsgrundsatz begründet keinen Zwang zu einer unternehmenseinheitlichen Ausgestaltung von Entlohnungsgrundsätzen für AT-Angestellte, und dann steht nach zwei Entscheidungen des *BAG* aus 2010 das MBR nicht dem GBR, sondern den örtlichen BR zu.[22] Ist allerdings der KBR etwa bei Einführung einer konzernweiten Pensionsordnung zuständig, bleibt diese ungeteilt und erstreckt sich auch auf die zu diesem Zeitpunkt schon erworbenen Besitzstände.[23]

5. Schlussfolgerung

Eine Klärung der Zuständigkeitsfrage ist zwar mit Aufwand und einer gewissen Einschätzungsunsicherheit verbunden. Erforderlich scheint das Bemühen um möglichst unvoreingenommene Betrachtung. Vor Einschalten des Rechtsweges wird erst einmal fachkundiger Rat einzuholen sein.[24] Hiervon mag Gebrauch gemacht werden. Es besteht kein Anlass, in den Anstrengungen um Einigkeit der Gremien nachzulassen.

---

21 *BAG* 19.6.07, 1 AZR 454/06, Rn. 23 ff.
22 *BAG* 23.3.10, ABR 82/08; 18.5.10, ABR 96/08.
23 *BAG* 24.1.06, AZR 483/04.
24 Vgl. *BAG* 19.6.12, 1 ABR 19/11, Rn. 27.

Prof. Dr. Katja Nebe

Light version – kein leichtes Unterfangen

Leicht und vergnüglich soll es werden, so der von den Hrsg. formulierte Anspruch; ganz iSe. uns wohl bekannten *risor silvaticus*. Leicht und vergnüglich – wie schwer gerade dies fällt, wurde mir beim Grübeln über Ideen rasch klar. Nur kurz vermochte die Vermutung zu erleichtern, dass wohl mich nicht allein die Frage anstrengte, »Was passt zum Anspruch von *Rudolf Buschmann*?«, dem diese Festschrift besonderer Art gewidmet sein soll.

Natürlich kam mir zunächst der »Taugenichts« in den Sinn. *Wolfhard Kohte* wusste die literarische Figur schon vor einigen Jahren geschickt mit den Verwicklungen des Arbeitsrechts zu verknüpfen, als er für die letzte und zugleich besondere Ausgabe von Arbeit und Recht im Jahr 2007 (S. 413–416) den Taugenichts als Leitbild für die heutige Arbeits- und Tarifpolitik lebendig werden ließ. Scheinbar leicht gelang die Verknüpfung literarischer Sprache mit den gewöhnlich schweren Problemen der Juristerei. Wie sehr *Rudolf Buschmann* solche Lektüre schätzt, kann ich mir inzwischen ausmalen. Glücklicherweise hatte ich in den letzten Jahren häufiger das Vergnügen, ihm zu begegnen. Aus Gesprächen wie aus der Lektüre seiner Texte ist das Bild vom exzellenten Juristen und musisch gleichermaßen Interessierten geblieben. Die von ihm ausgehende Inspiration kommt oft aus unvorhergesehener Richtung und geht dann gleichermaßen überraschende Wege. Die Gespräche mit *Rudolf Buschmann* sind vergnüglich und tiefgründig zugleich.

Ermutigend wirkt die aus dieser kurzen Reflexion unumgänglich gefolgerte Erwartung für meinen eigenen Beitrag allerdings nicht. Die Hürden scheinen tatsächlich auf 42 inch zu stehen. Woher nun das Handwerkszeug nehmen? Aus der eigenen juristischen Ausbildung, die sprachliche Gewandtheit jenseits argumentativer Überzeugungskraft nicht forderte und nur höchst selten förderte? Denn Bemühen und Impulse allein verbessern noch nicht das eigene Geschick. Natürlich entsinne ich mich gut der Hallenser Veranstaltungen über Dichterjuristen auf der Campus-Freilichttreppe (dazu *Kohte/Kilian*, Staatsbeamte als Dichterjuristen), in denen uns unsere Hochschullehrer die Verbindungen von Lit. und Recht näher brachten. Und natürlich waren diese unvergesslichen, leider viel zu seltenen Ereignisse im Hochschulalltag an einem Ort der Romantik wie Halle an der Saale eng verknüpft mit Poesie, Gesang und romantischen Rezitationen. Sie lieferten einen vielschichtigen Blick auf die Schriftstellerjuristen.

Fast wehmütig drängt sich die Frage auf, wo sich im geschäftigen Hochschul-

Light version – kein leichtes Unterfangen

alltag eigener Gestaltungsraum für eine derartige Verbindung von Poesie und Fachlichkeit auftut. Beim Nachdenken über diesen Beitrag wird deutlich, dass Einiges nachzuholen ist: Die sozialistische Schule gab kaum Anreize, sprachliche Vielfalt zu leben. Nach der Schule kam die politische Wende und dann, kaum Zeit Verpasstes zu realisieren, geschweige denn nachzuholen, schloss sich das Jurastudium an. Die späte Wahl des Studienfaches, die mit der angenommenen größtmöglichen Freiheit aufgeschobener Berufswahl in einer Zeit tiefer gesellschaftlicher Umbrüche verbunden war, führte direkt von einer sprachlichen Technizität in die nächste. Denn viel Spielraum besteht auch für Jurist_innen im Rechtsstaat nicht, großzügiger die eigene sprachliche Kreativität zu wagen. Der frühere Verfassungsrichter *Böckenförde* zeichnet die Grenzen professioneller juristischer Sprache in seiner Dankesrede für die Verleihung des Sigmund-Freud-Preises für wissenschaftliche Prosa im Jahr 2012 anschaulich nach und verweist auf Fachlichkeit, die zunächst normativ vorgegebener Sprachlichkeit folgen muss und nur begrenzte kreative Freiräume belässt (Neue Züricher Zeitung, Internationale Ausgabe, 10.11.12, S. 25). Die von *Böckenförde* mal vergnüglich, mal ernst beschriebene hohe Kunst kommunikativer Fachsprache erklärt das hier behandelte Dilemma. Und, tatsächlich, der Essay hilft mir darüber hinaus für meine Suche für den aktuellen »Festschriftbeitrag« zumindest ein Stück weiter – denn Böckenförde spricht am Ende von »Vorbildern«. Kann *Rudolf Buschmann* nun auf dem Weg durch meinen Hürdenwald ein Vorbild oder doch zumindest Wegbegleiter sein? Wie kann er heraushelfen aus der Enge, die durch einen stark normativ geprägten Sprachgebrauch hervorgerufen wird?

Beginne ich mit dem professionellen Wegbegleiter. Das Arbeitsrecht lebt kaum wie ein anderes Gebiet vom Interessengegensatz der beteiligten Akteure. Keine Gesetzesinitiative, keine gerichtliche Leitentscheidung, die nicht von den sozialen Gegenspielern kontrovers kommentiert wird. In den fakten- und wortgewaltigen Debatten, mitzuerleben in Printmedien ebenso wie auf Tagungsveranstaltungen, erhebt *Rudolf Buschmann* charismatisch seine Stimme. Zugegeben, sprachlicher Stil ist eine Geschmacksfrage und muss nicht gleichermaßen gefallen. Für mich persönlich ist die von *Rudolf Buschmann* scheinbar leicht und spielerisch beherrschte Mischung aus fachlicher Präzision und angriffslustiger Rhetorik Maßstab. An Maßstäben können wir uns messen, können an uns arbeiten oder uns an ihnen abarbeiten, um ihnen näher zu kommen. Hierüber will ich mich nicht verlieren, denn nicht persönlichen Zielen oder Wegen dahin soll an dieser Stelle weiter nachgesonnen werden. Die damit verbundene Ernsthaftigkeit ließe sich auch kaum mit der von diesem Beitrag erwarteten Leichtigkeit vereinbaren.

Dann nun also doch lieber anekdotisch. Ich muss nicht lange suchen nach einer Begebenheit mit Dir, lieber *Rudi*, als Wegbegleiter der seltenen und daher umso mehr geschätzten Art. Beim Anekdotischen wird der Hürdenwald zwar dichter, doch hoffend, nicht anzuecken, wage ich mich hindurch. Ich erinnere mich an eine folgenreiche Begegnung in Berlin, am Rande des 68. DJT. Die Themen waren alles andere als leicht, die gedankliche Arbeit schwer, die Aussprache kontrovers, aus unserer Sicht dennoch erfolgreich, was sich spätestens anhand der in unseren Augen sehr zufriedenstellenden Abstimmungsergebnisse zeigte. Am Ende eines langen Tages fiel die Anspannung ab und Leichtigkeit machte sich breit. Was blieb, war ein Gefühl nachwirkender innerer Unruhe, ein deutliches Zeichen anspruchsvoller Beteiligung an den Debatten. In der Hotellobby, ganz am Ende des Ganges, stand ein Flügel. Er lud ein, zum leichten Spiel der Tasten und zum Hören leichter Melodien. Wer zuerst das Bedürfnis zu spielen und zuzuhören in die Tat umsetzte, erinnere ich nicht mehr. Gemeinsam mit *Rolf Wank* waren wir am Flügel und zerstreuten uns in eher flüchtigem Klavierspiel. Die Leichtigkeit schwebte durch den Raum. Fortan verband uns beide das Interesse am Klavierspiel. Es war, wie so oft im Leben, ein kleiner Zufall, der die gemeinsame Begeisterung offenbarte.

Der Juristentag war auch fachlich folgenreich. Vielleicht wirkte die musische Inspiration hier nach. Jedenfalls tauschten wir noch auf der Abreise erste Gedanken aus, zur Lohndiskriminierung geringfügig Beschäftigter – passender wohl geringfügig entlohnter Frauen. Später schicktest Du hilfreiche Materialien. Das Thema hatte Dich schon früher gefesselt. Mit Deiner Unterstützung konnten meine Kollegin Rechtsanwältin *Ute Bernhardt* und ich die schwer durchschaubaren Disharmonien gesetzgeberisch fehlgeleiteter Kreativität bis in ihre Verästelungen nachvollziehen. Am Ende freuten wir uns gemeinsam über den Erfolg des im gewerkschaftlichen Auftrag von *Ute Bernhardt* und mir verfassten Gutachtens. Mit der Überzeugungskraft unserer Darlegungen gelang es ver.di, gegen tarifliche Lohndiskriminierungen geringfügig Beschäftigter im Einzelhandel vorzugehen. Geschafft war anspruchsvolle Arbeit mit wenig vergnüglicher Sprache. Blumige Worte wären angesichts der Ernsthaftigkeit der Materie auch deplatziert gewesen. Der Kampf gegen die missbrauchsanfällige und jeglichen Sozialschutz versagende Beschäftigungsform wird anhalten (engagiert *Zimmer*, FS Pfarr, S. 296; dies. WSI-Mitteilungen 1/2012, S. 50) und mit neuen Koalitionen fortgeführt.

Seit dem Berliner DJT wechselt nicht nur juristische Fachliteratur zwischen uns hin und her. Frisch begeistert für so manche Filmmusik schickte ich Notenblätter nach Kassel. Einige Zeit hatte es gedauert, bis die schweren Sequenzen mit der im Original doch so einfach klingenden Leichtigkeit aus »Die fabelhafte Welt der Amelie« eingeübt waren. Für Dich schien das eher ein leichtes Spiel, denn was folgte, war ein Schwung Musikblätter höchster Pianokunst. Ich hatte kaum interveniert und Dich um leichtere Stücke gebeten, da las ich in der AuR (2010, 478) die nette Nachricht über meine Ernennung in Bremen, die am Ende meiner

Light version – kein leichtes Unterfangen

Vorstellung noch eine Pianistin aus mir machte. Ich sann nach, wer mich je aus dem kollegialen Umfeld hatte spielen hören und war froh, dass außer Dir und *Rolf Wank* kein sonstiger Leser/keine sonstige Leserin der AuR 2010 in Berlin mit uns am Flügel stand.

Statt einer Gegendarstellung wollte ich der normativen Kraft des geschriebenen Wortes entsprechen und üben, üben, nochmals üben – an dieses Motto meiner Bildung erinnerte ich mich und inzwischen passte es auch zum gewachsenen Interesse am musischen Ausgleich zur Juristerei. Auf meine Bitte nach »spielbaren Stücken« kam nun »Rachmaninow«. Ich war gelinde gesprochen überrascht – wann sollte ich Unterricht nehmen? Du meintest, es handele sich schon um die »light version«. Meine Zweifel an der angeblichen Leichtigkeit sind bis heute nicht entkräftet. Doch fruchtbar war dieser Austausch allemal. Der Verwirrung über die Vorschusslorbeeren folgte Gelassenheit, die doch auch irgendwie zur Profession gehört. Ich tröste mich derweil mit wirklich leichteren Stücken. Die Muße des Klavierspielens lässt mich, auch dank Deiner Anstöße, nicht los. Denn ganz unbegründet wollte ich Deine überraschende Vorstellung dann auch in der öffentlichen Wahrnehmung nicht stehen lassen; es sollen ja auch Studierende unter den Leser_innen der AuR sein. Und so gibt es jedes Jahr vor Weihnachten ein wenig Musik im Hörsaal zu hören. Die Ausführungen zum Eigentumsschutz in der BGB-Vorlesung liegen dann weit genug zurück, um gemeinsam mit *John Lennons* »Imagine« in der dritten Strophe die imaginäre Vorstellung von »no possessions« zu besingen.

Lieber *Rudi*, beim Schreiben dieses Beitrages dringt immer wieder der Wunsch nach Zeit ins Bewusstsein, Zeit, sich mit Dir über Fachliches wie Musisches mal leicht, mal konzentriert austauschen zu können. Obwohl Dein Jubiläum, wünsche *ich* mir, Gelegenheiten gemeinsamer Begegnungen soll es weiter geben. Bleib gesund, scharf- und frohsinnig und genieß den nächsten Lebensabschnitt mit der verdienten Leichtigkeit.

Prof. Dr. Reinhard Richardi

Wieviel Moral braucht das Recht?
– Ein Essay

Die Fragestellung ist mehrdeutig. Das Thema lässt sich in drei Grundfragen aufgliedern:
1. Nimmt das Recht auf Moral überhaupt Bezug?
2. Hat das Recht in der Moral seine Basis und wie werden rechtsethische Postulate juristisch umgesetzt?
3. Welche Gefahren ergeben sich aus einer Vernachlässigung der rechtsethischen Basis?

I.

Die moderne Gesellschaft ist nicht mehr hierarchisch gegliedert; sie beruht auf einem Nebeneinander. Sie ist aus der Sicht des Juristen eine Zivilrechtsgesellschaft, wobei nicht in Frage gestellt wird, dass sich Hierarchien ausbilden, die in der Realität Herrschaft ausüben. Aber im Unterschied zur ständisch geordneten Gesellschaft sind diese Hierarchien nicht mehr rechtlich abgesichert.

Die Zivilrechtsgesellschaft setzt die Rechtsordnung voraus. In seinem Vorwort zur letzten von ihm selbst besorgten Ausgabe seiner Monographie »Die offene Gesellschaft und ihre Feinde« schreibt *Sir Karl Popper*: »Im Gegensatz zum Strafrecht, das ein notwendiges Übel ist, ist das Zivilrecht ein wichtiges Gut. Sein Ziel ist die Verwirklichung der persönlichen Freiheit und ein menschliches Zusammenleben ohne Gewalt. Zivilisierte Gesellschaften haben dieses maßvolle Ziel hochgehalten seit den großen Zeiten Roms.«[1] Im römischen Recht begegnet uns also ein Kulturerbe, das auch heute noch das geltende Recht bestimmt. Totalitäre Diktaturen im 20. Jahrhundert konnte man leicht daran erkennen, dass ihr Bestreben die Abschaffung des Bürgerlichen Gesetzbuches war – im Nationalsozialismus angestrebt, aber nicht mehr erreicht; in der DDR realisiert. Zwei der maßgeblichen Normen des BGB – § 138 und § 826 – nehmen auf die guten Sitten Bezug. Damit stellt sich die Frage, was unter ihnen zu verstehen ist. Nach der Rspr. handelt es sich um das Anstandsgefühl aller billig und gerecht Denkenden. Damit lässt sich nicht

---
[1] *Popper*, Die offene Gesellschaft und ihre Feinde, 7. Aufl. 1992, S. X.

viel anfangen. Aber zu kurz geraten ist die ebenfalls häufig verwandte Formel, es handele sich um das ethische Minimum. Es geht um mehr, nämlich um die Einhaltung der Gebote, mit denen jeder Teilnehmer in einer zivilisierten Gesellschaft rechnen kann, ohne dass sie in einem Gesetz fixiert werden müssen.

Unter der Geltung des Grundgesetzes entfaltet sich hier ein Grundrechtspositivismus. Die Grundrechte – in wenigen Artikeln fixiert, aber in ihrer Tragweite durch die Rspr. des *BVerfG* entfaltet – bestimmen in ihrer positiv-rechtlichen Ausprägung das Verhältnis des Staats zum Bürger; sie enthalten zugleich aber auch die Fixierung der Werteordnung, die in den Beziehungen der Bürger zueinander verbindlich sein soll. Dass im Grundrechtspositivismus nicht die Lösung liegen kann, hat vor allem die Rspr. des *BVerfG* zum Schwangerschaftsabbruch gezeigt. In der ersten Entscheidung, die noch von der Indikationslösung ausging, hat das *BVerfG* damals sogar die grundrechtsdogmatische Grundlage für die Drittwirkungsproblematik gelegt: Die Grundrechte entfalten gegenüber dem Staat nicht nur eine Abwehrfunktion, sondern zugleich auch eine Schutzgebotsfunktion.[2] Der Staat muss die in den Grundrechten gewährleisteten Rechtsgüter schützen. Dazu zählt insbes. auch Art. 2 Abs. 2 GG: »Jeder hat das Recht auf Leben und körperliche Unversehrtheit« – nicht erst der geborene, sondern bereits der ungeborene Mensch. Dieses Recht hat er auch gegenüber seiner Mutter. Den Staat trifft also – nicht nur moralisch, sondern auch rechtlich, sogar grundgesetzlich vor jeder Verfassungsänderung abgesichert (Art. 79 Abs. 3 GG) – eine Schutzpflicht für das ungeborene Leben. Aber jeder weiß, dass hier ein Spannungsfeld zur Selbstbestimmungsfreiheit der Frau besteht. Das *BVerfG* hat die Problematik in seiner zweiten Entscheidung zum Schwangerschaftsabbruch dahingehend gelöst, dass es dem Gesetzgeber zwar gestattet sei, in der Frühphase der Schwangerschaft bei einem Abbruch auf eine strafrechtliche Sanktion zu verzichten – dies aber nur, wenn gesichert bleibe, dass es sich bei dem Schwangerschaftsabbruch um Unrecht handle und eine Beratung vorgeschaltet sei, die nach der Festlegung ihres Inhalts, ihrer Durchführung und der Organisation der Beratung einschließlich der Auswahl der an ihr mitwirkenden Personen wirksam und ausreichend sei, um eine Frau, die den Schwangerschaftsabbruch erwägt, für das Austragen des Kindes gewinnen zu können.[3] Ausdrücklich sagt das *BVerfG*: »Nur dann ist die Einschätzung des Gesetzgebers, mit einer Beratung könne wirksamer Lebensschutz erzielt werden, vertretbar.«

Was der einfache Gesetzgeber daraus gemacht hat, sieht allerdings etwas anders aus. Es gibt keine hinreichende Rechtsfolgengestaltung, aus der erkennbar ist, dass es sich um Unrecht handelt. Dabei geht es nicht um die Fragestellung

---

2 BVerfGE 39, 1 ff.
3 BVerfGE 88, 203 (281 f.).

einer strafrechtlichen Sanktion. Man kann die Frage auch anders stellen, nämlich ob jemand gegen seinen Willen gezwungen werden kann, an einem Schwangerschaftsabbruch mitzuwirken.

Der Gewissensschutz ist zwar ebenfalls grundrechtlich garantiert. Der Staat ist hier aber seiner Schutzpflicht bisher mit einer einzigen Ausnahme völlig unzureichend nachgekommen. Diese einzige Ausnahme bezieht sich auf den Schwangerschaftsabbruch. Nach § 12 SchkG ist niemand verpflichtet, an einem Schwangerschaftsabbruch mitzuwirken, sofern dies nicht notwendig ist, um von der Frau eine anders nicht abwendbare Gefahr des Todes oder einer schweren Gesundheitsschädigung abzuwenden. Für einen Arzt fällt – so das *BVerfG* – »das Recht, die Mitwirkung an Schwangerschaftsabbrüchen – mit Ausnahme medizinisch indizierter – zu verweigern, in den Schutzbereich seines durch das ärztliche Berufsrecht geprägten Persönlichkeitsrechts (Art. 2 Abs. 1 iVm. Art. 12 Abs. 1 GG)«. Doch muss diese Aussage geradezu als zynisch angesehen werden, wenn man berücksichtigt, dass dem Staat zugleich auferlegt ist, den ärztlichen Dienst so zu regeln, dass Schwangerschaftsabbrüche stattfinden. Die verfassungsrechtlich abgesicherte Bestimmung verhindert nicht, dass die Stelle eines Krankenhausarztes in einer Frauenklinink nur noch erhält und behält, wer ärztliche Hilfe bei einem Schwangerschaftsabbruch leistet, auch wenn es sich bei ihm um Unrecht handelt.

II.

Die Rechtsordnung beruht auf rechtsethischen Postulaten, ohne deren Kenntnis eine richtige Rechtsanwendung nicht gelingt. Das soll an zwei Beispielen verdeutlicht werden.

Für unser Schadensersatzrecht gilt das ethische Postulat »neminem laedere« (niemanden schädigen). Dieses Prinzip bildet zugleich die richtige Grundlage für die juristische Erfassung der Schadensersatzproblematik. Das rechtsethische Postulat steht aber in einem Spannungsverhältnis zu dem gleichfalls rechtsethischen Postulat der Handlungsfreiheit. Es bedarf hier also der Abgrenzung; denn nicht alles, was jemand als Schaden erleidet, kann einem anderen zugerechnet werden – erst recht nicht, wenn dessen Verhalten sogar sozialethisch erwünscht ist, wie das Angebot einer Leistung zu einem geringeren Preis als ihn der Konkurrent anbieten kann. Es geht also entscheidend um die Frage, wer das Gebot des »neminem laedere« einzuhalten hat. Es geht also um die Feststellung des Schuldners, die leicht zu beantworten ist, wenn eine Sonderordnung zu einer anderen Person bereits besteht. Die Frage ist dagegen schwierig zu beantworten, wenn eine Jedermann-Beziehung besteht. Hier muss erst ermittelt werden, wer als Schädiger überhaupt in Betracht kommt.

Auf diesem Unterschied beruht das System des Schadensersatzrechts. Wenn eine Sonderbeziehung vorhanden ist, besteht bei jeder Vermögensschädigung ein Anspruch auf Ersatz des Schadens, auch wenn er sich nicht auf die rechtsgeschäftlich zugesagte Leistung bezieht (§§ 241 Abs. 2, 311 Abs. 2 BGB). Besteht dagegen eine Jedermann-Beziehung, so ist grundsätzlich Voraussetzung, dass gegenüber dem Geschädigten eine unerlaubte Handlung vorliegt. Aber auch dies ist schwer zu beantworten. Weitere Abgrenzungen hat deshalb der Gesetzgeber dahin vorgenommen, dass die Verletzung eines Rechtsguts oder eines absoluten Rechts (§ 823 Abs. 1 BGB), die Nichtbeachtung eines Schutzgesetzes (§ 823 Abs. 2 BGB) oder, wenn man von §§ 824, 825 BGB absieht, eine sittenwidrige vorsätzliche Schädigung (§ 826 BGB) vorliegen muss.

Diese Abgrenzungen setzen Abwägungen voraus und erfordern eine Schrankenziehung. Wie sie zu erfolgen haben und wie sie verlaufen, darüber kann man geteilter Meinung sein. Das rechtsethische Postulat wird aber verfehlt, wenn es in einer Gesetzesgestaltung keine Berücksichtigung mehr erfährt. Ein Schadensersatzrecht, das das rechtspolitische Postulat des »neminem laedere« aus dem Auge verliert, ist Strafrecht und nicht mehr Schadensersatzrecht; es bedarf also einer anderen Rechtfertigung, weil sonst eine Perversion vorliegt.

Das andere Grundprinzip ist der Grundsatz der Vertragstreue. Die Vertragsfreiheit funktioniert nur, wenn man Wort hält. Das setzt Willensfreiheit voraus, und daher ist es ein Problem des Zivilrechts, ob bei Annahme eines Angebots jemand an seinem Wort auch festgehalten wird, wenn es auf einer fehlerhaften Willensbildung beruht. Das bedarf der juristischen Klärung. Sind insoweit aber die Voraussetzungen erfüllt, so bedeutet die Zusage einer Leistung, dass diese Leistung bereits dem Erklärungsgegner zugeordnet wird. Dann mag zwar gegenüber jedermann noch keine Rechtsänderung eingetreten sein; aber gegenüber seinem Vertragspartner gilt bereits etwas anderes. Rechtstechnisch trennt der deutsche Jurist durch das sog. Abstraktionsprinzip die Ebene des Schuldrechts vom Zuordnungsrecht. Aber wenn eine Sache verkauft ist, hat der Verkäufer nicht mehr die Rechte des Eigentümers gegenüber dem Käufer. Das weiß jeder Jurist; denn der Eigentumsherausgabeanspruch wird versagt, wenn ein Recht zum Besitz besteht, das kein dingliches Recht sein muss, sondern auch ein obligatorisches Recht sein kann.

III.

Als *Sir Karl Popper* sein grundlegendes Buch über »Die offene Gesellschaft und ihre Feinde« 1938 zu verfassen begann und 1942 seine erste Niederschrift beendete, wagte niemand zu hoffen, dass den freiheitlichen Ordnungen die Zukunft gehörte. Nationalsozialismus und Kommunismus waren die um Herrschaft ringenden Ideologien. Die von *Eric Hobsbawm* verfasste Weltgeschichte des 20. Jahrhunderts unter dem Titel: »Das Zeitalter der Extreme«[4] zeigt das mit aller Deutlichkeit und bedarf deshalb hier nicht des Nachweises.

Eine offene Gesellschaft kann aber nur funktionieren, wenn in ihr nicht Räuber und Parasiten die Herrschaft erlangen. In der letzten Bearbeitung seines Buchs aus dem Jahr 1992 schreibt Popper: »Für eines der ernsthaften Übel unserer westlichen Gesellschaften halte ich die Kriminalität – in ihren vielen Formen – zB. auch die großen und kleinen betrügerischen Missbräuche der Freiheit des Marktes. Die Kriminalität hat alarmierend zugenommen seit dem Zweiten Weltkrieg und sie ist nun ein ernsthaftes Problem in unserer offenen Gesellschaft.«[5]

Das Strafrecht ist deshalb ein notwendiges Übel. Aber sich allein auf die Strafverfolgungsbehörden zu verlassen, reicht nicht aus; denn man kann nicht jeden Vertragsschluss unter Staatskontrolle stellen, ohne die Grundlagen einer freiheitlichen Gesellschaftsordnung zu beseitigen. Vielmehr geht es also deshalb darum, jeden einzelnen für die Einhaltung der Moralnormen zu gewinnen. Man wird zwar nie erreichen, dass alle sie einhalten. Aber die Weisheit der Bibel lehrt, worum es geht: Bevor Gott Sodom zerstörte, rang *Abraham* mit ihm. Er sprach zu ihm: »Willst du denn den Gerechten mit dem Gottlosen umbringen? Es möchten vielleicht 50 Gerechte in der Stadt sein; wolltest du die umbringen, und dem Ort nicht vergeben, um der 50 Gerechten willen, die darin wären?« Der Herr sprach zu ihm: »Finde ich 50 Gerechte zu Sodom in der Stadt, so will ich um ihrer willen allen in dem Ort vergeben.« *Abraham* handelte weiter – Die Geschichte endet: »Ach zürne nicht, Herr, dass ich nur noch einmal rede. Man möchte vielleicht 10 darin finden.« Er aber sprach: »Ich will sie nicht verderben um der 10 willen.«

Wie aber lässt sich eine Antwort auf die moralische Frage geben? Die Enzyklika Johannes Paul II »Veritatis splendor« kann eine Hilfe bieten. Sie beginnt im ersten Kapitel mit Mt 19,16: Es kam ein Mann zu Jesus und fragte: »Meister, was muss ich Gutes tun, um das ewige Leben zu gewinnen?« Er antwortete: »Was fragst Du mich nach dem Guten? Nur einer ist »der Gute«. Wenn Du aber das Leben erlangen willst, halte die Gebote!« Der junge Mann erwiderte ihm: »Alle diese Gebote habe ich befolgt. Was fehlt mir jetzt noch?« – Jetzt kommen die Worte, auf die man das Gespräch nicht beschränken darf, wenn man nicht aus dem Auge verlieren will, was ihnen voransteht. Jesus antwortete ihm. »Wenn Du vollkommen sein willst, geh', verkaufe Deinen Besitz und gib das Geld den Armen; so wirst Du einen bleibenden Schatz im Himmel haben; dann komm' und folge mir nach (Mt 19,21). – Was muss ich Gutes tun? Das ist die eigentliche Fra-

---

[4] *Hobsbawm*, Das Zeitalter der Extreme: Weltgeschichte des 20. Jahrhunderts, 3. Aufl. 1999.
[5] *Popper*, Die offene Gesellschaft und ihre Feinde, 7. Aufl. 1992, S. X.

gestellung, nicht die Frage nach der Vollkommenheit. Dazu zählt, dass nach den Worten des Papstes »die im Naturgesetz festgelegte sittliche Ordnung menschlicher Vernunfterkenntnis grundsätzlich zugänglich ist«.

Im Dickicht der Gesetze und der Generalklauseln, die nichts anderes darstellen als ein Stück offen gelassener Gesetzgebung, geht aber letztlich jede Orientierung verloren. In seinem, wie er sagt, »wahrhaft goldenen Büchlein von der besten Staatsverfassung und von der neuen Insel Utopia« berichtet *Thomas Morus* über deren Bewohner: »Gesetze haben sie überaus wenige; denn dank ihrer Verfassung kommen sie mit ganz wenigen aus. Das tadeln sie dann auch in erster Linie bei anderen Völkern, dass dort unzählige Bände von Gesetzen und Kommentaren noch nicht genügen. Sie selber halten es dagegen für höchst unbillig, irgend jemanden auf Gesetze zu verpflichten, die entweder zu zahlreich sind als dass es möglich wäre, sie zu lesen, oder zu dunkel, als dass sie jedermann verstehen könnte.«

Damit wird präzise beschrieben, wie sich die Gesetzgebung auch im Arbeitsrecht darstellt. Die Grundregel im BGB, dass jede Arbeit ihres Lohnes wert ist (§ 612 Abs. 1) und dass bei Fehlen einer vertraglichen Bestimmung die übliche Vergütung als vereinbart anzusehen ist (§ 612 Abs. 2), gilt zwar, ist aber durch staatlich ermöglichte oder sanktionierte Beschäftigungsformen, wie Minijobs, 1-€-Jobs und Leiharbeit so überlagert, dass ihr Gerechtigkeitsgehalt für die Gestaltung der Arbeitswelt verloren gegangen ist. Nicht zuletzt gehört zu diesem Zerstörungswerk, wie *Rudolf Buschmann* zutreffend erkannt hat, die durch tarifdispositive Gesetze eröffnete Möglichkeit, durch TV von gesetzlichen Mindestregelungen zu Lasten der AN abzuweichen;[6] denn es eignet sich die »Aushandlung untergesetzlichen Tarifrechts schwerlich zur Mobilisierung der Gewerkschaftsmitglieder«.[7] Durch sie wird die Marktschwäche des einzelnen Arbeitnehmers nicht behoben, sondern verfestigt. Will er nicht ohne Beschäftigung bleiben, so muss er hinnehmen, was ihm geboten wird, auch wenn die Grenze der üblichen Vergütung im Betrieb unterschritten und damit die Angemessenheit als Element der Lohngerechtigkeit verfehlt wird.[8]

---

6 *Buschmann*, in: FS Richardi, 2007, S. 93 (95).
7 *Buschmann*, aaO, S. 99.
8 So bereits zur Üblichkeit im Betrieb als Element der Angemessenheit *A. Hueck*, Der gerechte Lohn in arbeitsrechtlicher Sicht, in: Heckel, Der gerechte Lohn, 1963, S. 21.

Prof. Dr. Jens M. Schubert
Über Ketten

Ketten sind als Schmuckstücke bei Damen und Herren sehr beliebt. Auch im Fußball, jedenfalls nach italienischer Interpretation (»Catenaccio«), wird die Kette als Abwehrriegel hoch geschätzt. Zur Befestigung von Schiffen oder zum Ziehen schwerer Objekte werden Ketten ebenfalls eingesetzt. In der Vergangenheit und in einigen Regionen der Welt heute noch werden sie dagegen unrühmlich verwendet – um Menschen zu fesseln. Dabei sind sichtbare wie unsichtbare Ketten bekannt. Zu letzteren gehören auch solche, die von »Sicherheitsdiensten« ausgeübt werden, um AN aus dem Ausland nicht nur zu sittenwidrigen Niedriglöhnen bei uns zu beschäftigen, sondern auch an abgelegenen Orten festzuhalten und von anderen Beschäftigten, gar Gewerkschaften oder Betriebsräten fernzuhalten. Amazonien liegt bei uns in Bad Hersfeld.

Doch nun zu den bekannteren Ketten im Arbeitsrecht, mit denen sich auch der Jubilar oft und eingehend beschäftigt hat. Schmuckstücke sind diese Ketten allerdings nicht, eher matt und unansehnlich. Es geht um Befristungsketten, um Ketten von Regelarbeit, Bereitschaftsdiensten und erneutem regulärem Dienst sowie um Ketten von Verleihung und Werkvertrag also Systemen, in denen das wirtschaftliche Risiko auf die Beschäftigten abgewälzt wird.[1] Wer sich dem Normalarbeitsverhältnis verpflichtet sieht,[2] kann diese Ketten nicht schön finden. Wer so wie der Jubilar dem europäischen Rechtskreis verbunden ist, kann darin auch keine Flexicurity (mit einem nennenswerten Anteil von Security) entdecken.[3]

Schauen wir uns diese Ketten genauer an. Da gibt es Befristungsketten mit 13,[4] ja 20[5] Kettengliedern, und *EuGH* sowie *BAG* wollen nur schauen, ob die Kette insg. noch ansehnlich ist. § 242 BGB soll nach *BAG* dabei helfen.[6] Eine ernsthafte Prüfung zur Wertbestimmung der Kette unterbleibt. Die Überprüfung, ob ein in-

---

1 Dieses Problem spielt auch bei den Grenzen zu § 12 TzBfG eine Rolle, vgl. BAG 7.12.05, 5 AZR 535/04, AuR 2006, 170.
2 Vgl. die Beschlüsse zum 68. DJT, AuR 2010, 467, vgl. auch *Voigt*, Signale des Juristentages gegen prekäre Beschäftigung, AuR 2010, 449, sowie das entsprechende bedeutende Gutachten von *Waltermann*. Daneben *Schubert*, NJW 2010, 2613.
3 Zu diesem Begriff vgl. das Grünbuch der Europäischen Kommission v. 22.11.06, Ein moderneres Arbeitsrecht für die Herausforderungen des 21. Jahrhunderts, KOM(2006), 708 endg.
4 *EuGH* 26.1.12, C-586/10, AuR 2012, 129 (Kücük).
5 *BAG* 24.8.11, 7 AZR 228/10, AuR 2012, 80.
6 *BAG* 18.7.12, 7 AZR 783/10, AuR 2012, 494.

stitutioneller Missbrauch vorliegt (*BAG*), ist zudem dogmatisch etwas Anderes als die vom *EuGH* geforderte Prüfung, ob ein sachlicher Grund für die Kettenglieder vorliegt. Diese Prüfung setzt viel früher an, während § 242 BGB dem Entstehen längerer Ketten nicht entgegensteht, der Maßstab des *BAG* ist also grobmaschiger, auch wenn die Argumentation des *EuGH* nicht zufriedenstellt und sich aus § 5 der Rahmenvereinbarung zur RL 1999/70/EG und der richtigen Einschätzung des *EuGH*, dass das Normalarbeitsverhältnis sozialtypisch ist, durchaus auch etwas Anderes (z. B. hinsichtlich des dauerhaften Vertretungsbedarfs) hätte ergeben können.[7] Eine Umgehung von Schutzprinzipien des Arbeitsrechts sind diese Befristungsketten allemal. Auf eine behauptete Brückenwirkung der Befristung hin zu einem unbefristeten Arbeitsverhältnis wird auf diese Weise schon gar kein Wert gelegt, und eine Unterstützung zur Gründung einer Familie liegt hierin auch nicht. Man muss eben flexibel sein. So wie an anderer Stelle das *BAG*, das nach dem Gesetz gar nicht zusammengehörige Kettenglieder miteinander verband (verlötete, verschmolz), nämlich die 3 Jahre zurückliegende Vorbeschäftigung mit einer neuen Beschäftigung beim selben AG.[8] Wächst da zusammen, was zusammen gehört? Die Auffassungen hierüber sind naturgemäß unterschiedlich.[9]

Im Arbeitszeitrecht dürfte es gar keine Ketten geben, denn zur Arbeitszeit gehören auch die Bereitschaftsdienste.[10] Bestrebungen auf unionaler Ebene dies zu begrenzen, sind innerhalb der Verhandlungen der Sozialpartner in der Union (Art. 154, 155 AEUV) über eine neue Arbeitszeit-Rahmenvereinbarung gescheitert.[11] Nicht zuletzt durch den unermüdlichen Einsatz des Jubilars.

Eine recht neue Kettenart, allerdings als Hohlkette ausgestaltet, zeigt sich in der Aneinanderreihung von Verträgen der Arbeitnehmerüberlassung und der Werkerstellung.[12] Nachdem die Schlecker-Drehtür aus dem Schmuckprogramm entfernt wurde (§ 3 Abs. 1 Nr. 3 S. 3 AÜG), mussten andere Modelle entwickelt werden. Die Designer sind bekannt, sie sitzen häufig in München. Bei diesen neuen Modellen sind die Kettenglieder **und** der Verschluss zu betrachten.

---

7 Vgl. *Schulze/Weitz*, AiB 2012, 219; DGB Info Recht Nr. 6, 2013; aA *Joussen* AP Nr. 9 zu RL 1999/70/EG.

8 *BAG* 6. 4. 11, 7 AZR 716/09, AuR 2011, 409 ff. mit Anm. *Wedel*; hierzu auch *Lakies* Verfassungswidrige Rechtsprechung zur Erleichterung der sachgrundlosen Befristung, AuR 2011, 190 ff. Vgl. aber auch ArbG *Gelsenkirchen*. 26. 2. 13, 5 Ca 2133/12, AuR 2013, 267 mit Anm. *Voigt* sowie *Müller-Wenner*, Sachgrundlose Befristung – Änderung der BAG-Rechtsprechung erwünscht, AuR 2013, 235.

9 *Däubler/Stoye*, AiB 2012, 14; *Lakies*, AuR 2011, 190. AA *Hunold*, NZA 2012, 431; *Wank*, RdA 2012, 361.

10 *Buschmann/Ulber*, Arbeitszeitgesetz, 7. Aufl., Einl. Rn. 15 mwN zur Rspr. des *EuGH*. Hier kämpft der Jubilar im Übrigen als ehrenamtlichen Richter beim 5. Senat des BAG.

11 Vgl. AuR 2013, 45 f., 79.

12 Vgl. *Jakob/Thannisch*, AiB 2013, 81; *Ulber*, AiB 2013, 285; *Klebe/Karthaus*, NZA 2012, 417; *Krause*, KJ, 2013, 119.

Schein-Werkverträge sind nicht etwa erlaubte Leiharbeit, sondern führen zu einem Arbeitsverhältnis mit dem »Entleiher«, also mit dem Besteller (in der Sprache des § 631 BGB).[13] Art. 5 Abs. 5 RL 2008/104/EG will nämlich solche Umgehungsmodelle nicht. Dabei gibt es auch schon Systeme, in denen der Unternehmer gar keine eigenen AN, sondern Subunternehmer einsetzt, die dann zudem die gesamte Last der Sozialversicherung tragen. Apropos Subunternehmer. Hier sind Ketten bekanntes Terrain, insbes. auf dem Bau. Es bedarf noch einiger Überzeugungsarbeit, um im Rahmen der geplanten Enforcement-RL zur Entsende-Richtlinie eine Generalunternehmerhaftung zu installieren. Nur sie kann Verschleierungen, auch durch Briefkastenfirmen, entgegenwirken.[14] Fehlt sie, muss für »Gesprengte Ketten«[15] gekämpft werden.

Aber halt!

Zum Schluss gibt es doch Ketten, deren Betrachtung lohnt. Ketten von wissenschaftlichen Taten, von zahlreich übernommenen, dem Arbeitnehmerschutzrecht verpflichteten Aufgaben und von geführten Verfahren zum Wohle von Beschäftigten und Gewerkschaften durch den Jubilar. Diese Ketten können und sollten verlängert werden. Übrigens nennt man solche wertvollen Ketten Colliers (Königsketten).

---

13 Über § 10 AÜG oder § 1 Abs. 2 AÜG vgl *LAG Baden Wüttemberg*, 1.8.13, 2 Sa 6/13.
14 *Schubert*, HSI-Schriftenreihe Band 6, Der Vorschlag der EU-Kommission für eine Monti-II-VO – eine kritische Analyse unter Einbeziehung der Überlegungen zu der Enforcement-Richtlinie, 2012.
15 Gesprengte Ketten, Spielfilm USA 1963, Regie: *John Sturges*, Hauptrollen: *Steve McQueen, James Garner, Richard Attenborough, Charles Bronson.*

Bert Balatro[1]

CGZP – Ein Rückblick auf sieben Jahre des Kampfes für schöne Tarifverträge

»Also gefrühstückt, gewaschen und los«[2]

2013! Das endgültige AUS für die christlichen Gewerkschaften in der Leiharbeit. Tapfer hatte man gestritten. Kosten und Mühen nicht gescheut; mancherlei war erreicht worden! Umsonst – nach sieben guten Jahren genügten drei Jahre des Niedergangs, um alles zu tilgen! Eine Schar von Arbeitsrichtern mit steinernen Herzen hat sie niedergerungen. Dunkle Mächte waren beteiligt! Ein Dolchstoß in den Rücken der christlichen Arbeiterbewegung. Die CGZP liegt am Boden, ALEB auf der Nase und Medsonet in Trümnern[3] ... Deutschland ist ärmer ohne sie. Hunderttausende müssen nun mit den Tarifverträgen linker Gewerkschaften leben, die ohne christliche Werte zustande gekommen sind. Viele denken mit Wehmut an die schönen Tarife zurück.

Wo sind die Genossinnen und Genossen heute, die Hunderttausende, die einst in den Reihen der CGZP stritten und litten? Spreu vor dem Wind?

In dieser bittern Stunde gilt es zurückschauen. Nur wenige Dokumente gibt es, die die Arbeit der Christlichen Gewerkschaftsbewegung besser vor Augen führen als der Bericht vom Maifest 2004 der CGZP in Gelsenkirchen – es war der Frühling der CGZP. Er stammt von *Martin Mendax*[4], der dabei war.

Hier der Bericht. Er wurde damals im Rundfunk gesendet; Sprecher war der unvergleichliche *Mendax* selbst. Wir geben ihn wortgetreu wieder:

»Ein Meer gelber Fahnen mit der offenen Hand der CGZP, dem alten Symbol. Hunderttausend Leiharbeitnehmer und Leiharbeitnehmerinnen aus allen Gauen des Landes im Uli-Hoeneß-Stadion in Gelsenkirchen. Ein sonniger 1. Mai.

Die einfachen Gesichter der Arbeitsleute zeigen die Freude. Es gilt einen Sieg zu feiern. Die große Gewerkschaftskapelle spielt Arbeiterlieder. Auf der Ehrentri-

---

1 Prof. *Dr. Bert Balatro*, LL.M. (Weilaghiri), seit 1954 Großordinarius am Excellenzcluster Frohnsdorf, Gelegentlich tritt auch unter dem Pseudonym *P. Schüren* in Erscheinung.
2 Ernst Jünger, Kriegstagebuch 1914–18, 2010. S. 134
3 Extrem subtiles Wortspiel für Eingeweihte – in einem solchen Beitrag einfach »de rigueur«!
4 Bekanntlich hat *Julian Assange* den Namen Mendax als junger Hacker (Racker?) genutzt. *Martin Mendax* ist indessen kein Pseudonym, sondern der Name eines einstmals bekannten Reporters, der über lange Jahre die Zeitläufte kommentierte und 2010 von sog. Buschmännern vollständig (»mit Haut und Haaren«) gegessen wurde.

Bert Balatro

bühne sind noch vier Sessel leer; auch die Plätze der Tarifkommissionen[5] in der Mitte des Stadions sind noch frei.

Die Spannung steigt. Da! Jetzt ertönt das zu Herzen gehende »*Bandiera gialla*«[6] – eine Gasse öffnet sich. An der Spitze der 130 Tarifkommissionen marschieren die Gewerkschaftsführer ins Stadion. Vorne mit Trompetenschall kommt *Gunter Smits*. Wer will den Jubel der Massen beschreiben. Er braust auf, die Fahnen werden geschwenkt.

In ihrer gelben Gewerkschaftskluft[7] folgen die Männer und Frauen der Tarifkommissionen im sicheren Gleichschritt den Gewerkschaftsführern. Die Verhandler marschieren an der Spitze ihrer kleinen Kolonnen. In der rechten Faust tragen sie alle die neuen Haustarifverträge der CGZP, die heute am Arbeiterfesttag an die Mitglieder in den Unternehmen übergeben werden. Ihre Gesichter zeigen die Spuren harter, nächtelanger Verhandlungen, aber auch den Stolz über das Errungene. Sie gaben alles; sie errangen viel!

Die Führer nehmen auf der Tribüne in ihren güldenen[8] Sesseln Platz. Die Tarifkommissionen nehmen im Stadion Aufstellung. Die Kapelle spielt. Jetzt! Die Verhandler mit den Tarifverträgen treten vor. Nun geht der große Arbeiterführer

---

5 Wenig ist von ihrer Arbeit überliefert; nur Prof. *Dr. Mathias Jacobs*, berichtet in seinem kurz vor dem schrecklichen Ende der CGZP veröffentlichen Gutachten (ZfA 2010, S. 27, 54) von der segensreichen Arbeit der CGZP-Tarifkommissionen. Seine unvergesslichen Worte lauten: »*Für die konkrete Tarifarbeit bestehen bundesweit regionale und betriebliche Tarifkommissionen, die von Leiharbeitnehmern gebildet werden. Deren Mitgliederzahl wird entsprechend dem Geltungsbereich der beabsichtigten Tarifverträge eines Tarifgebiets durch den Vorstand oder den vom Vorstand Beauftragten festgelegt. Die Tarifkommissionen vollziehen die tarifpolitische Willensbildung der CGZP-Mitgliedsgewerkschaften auf repräsentativer Basis. Sie werden grundsätzlich im Vorfeld von Tarifverhandlungen zusammengerufen und erarbeiten Empfehlungen für die Verhandlungskommissionen, die aus Vorstandsmitgliedern oder bevollmächtigten Mitgliedern der CGZP-Mitgliedsgewerkschaften bestehen und bei Bedarf um ehrenamtliche kollegen erweitert werden. Über den Inhalt und Verlauf von Tarifkommissionssitzungen wird der Vorstand der CGZP und die jeweilige Verhandlungskommission unterrichtet. Die Verhandlungsergebnisse bedürfen der Zustimmung der Tarifkommission sowie des Vorstands der CGZP bevor eine Unterzeichnung erfolgen kann.*« Nur mit solch durchschlagender und zugleich demokratischer Legitimation lassen sich Tarifergebnisse wie die erzielten erklären! Aber wo sind die vielen Menschen, die in diesen Kommissionen dienten? Hat man sie »verschwinden« lassen?
6 Gleiche Melodie wie das alte »Bandiera rossa«
7 Gelbe Capri-Hose mit einem Leibchen aus Bombasin, darüber die gelbe Filzjoppe und dazu einen sandfarbenen Zweispitz; die Frauen in einer gelben Burka.
8 Auch sehr schön das Lied des Schweren Transportbataillons 932 in dem der Verf. die Ehre hatte zu dienen:
Schwer mit den Schätzen des Orients beladen
zieht ein Schifflein am Horizont dahin.
Sitzen zwei Madel am Ufer des Meeres
flüstert die eine der andern leis ins Ohr
Frage doch das Meer, ob es Liebe kann scheiden,
frage doch das Herz, ob es Treue brechen kann. **(aus dem Gedächtnis zitiert)**

Gunter Smits[9] zum Rednerpult, er sammelt sich und ergreift das Wort. Mit einer Handbewegung bringt er die Menge zum Schweigen, die seinen Namen skandierte. Alle schauen auf sein asketisches Gesicht mit den großen, ehrlichen Augen. Die Stille von Hunderttausend.

Nun beginnt er. Seine helle Stimme ist fest und trägt weit: »*Vor einem Jahr*«, so hebt er an, »*kannte uns keiner. Heute haben wir das Leben von Hunderttausenden verändert. Sicheres Einkommen, Brot und vielleicht am Sonntag sogar ein Huhn im Topf*[10]*! Urlaub! In kranken Tagen ein wenig Geld. Es ist erreicht. Wir haben es erreicht*« Tosender, frenetischer Applaus, Fahnenschwenken … die Antwort der Massen.

Da! … und jetzt tritt der erste Verhandler zu Smits heran. Es ist eine junge Frau mit goldenen Locken, sie trägt eine schwarze Rüstung, heißt *Johanna* und kommt aus Bochum. Sie überreicht *Smits* den ersten Tarifvertrag. *Smits* drückt ihre Hand, ergreift die Blätter und ruft dem Heer der Genossinnen und Genossen zu. »*Das ist der erste Haustarifvertrag. Euer Recht*[11]*!*« Unter dem Jubel der Massen zeigt er das Papier. Jetzt wendet er sich an die *Artos*-Leute, die unter ihrem Zeichen, dem Brotlaib[12], an der Längsseite des Stadions stehen: »*Männer und Frauen aus der Artos-Unternehmensgruppe ich verkünde Euch die frohe Botschaft: Von nun an sollt ihr 4 Euro und 81 Cent in der Stunde verdienen, ihr sollt tagelang Urlaub haben, und wenn ihr krank seid, werdet ihr nicht eingeschläfert*[13]*, sondern bekommt auch etwas Geld.*«

Der Jubel ist jetzt unermesslich; der Beifall wieder frenetisch. Tränen treten den Artos-Leuten in die Augen. Geld **und** Brot und sonntags ein Huhn, damit hatten sie nicht gerechnet.

Smits erzählt von den Tarifverhandlungen, die »unter Tage« stattfanden – auf Zeche »Kaiser Wilhelm«. Ja, mit Grimassieren und Luftanhalten sowie dem Lackieren von Fußnägeln habe man die Artos-Manager so lange unter Druck gesetzt, bis die Front zerbrach und sie unterschrieben. Es war ein stiller Kampf im Berg. Und als der Sieg errungen war, da weinten alle und fielen sich in die Arme. Die Artos-Manager waren über ihren eigenen Schatten gesprungen. Das war vorher noch nie[14] so geschehen.

---

9 »we shall never see his like again« – sagte mal *Churchill* über *T.E. Lawrence* – passt hier aber auch.
10 »*Poule au pot*«
11 »*Unser Recht ist gutes Recht, Bonanza!*« – unvergessliches Liedgut zum Thema von *Ralf Paulsen*.
12 Artos (griechisch) = Brotlaib
13 Es gibt keine sicheren Nachweise dafür, dass es tatsächlich üblich war, erkrankte Arbeitnehmer zur Kostensenkung ruckizucki einzuschläfern. Möglicherweise kam es dazu erst bei mehrtägigen Erkrankungen; vielleicht wurden sie aber einfach fristlos gekündigt oder in den Arsch getreten.
14 *Lucky Luke* schießt zwar schneller als sein Schatten, aber er springt nicht über denselben.

Dann kam der Trenkwalder-Haustarif. Ein hünenhafter Verhandler, wie von *Breker*[15] gemeißelt, reichte ihn *Smits*. In Dirndln und Lederhosen standen die zehntausend Trenkwalder-Leute in der Südkurve. Harte Bergler zumeist, doch auch ihre Augen netzten Tränen, als sie aus *Smits* Mund hörten, wie fürstlich sie fürderhin entlohnt würden.

So ging es weiter. Management-2000, ein gewaltiger Verleiher und Sparfuchs, der mit 38 frisch gegeelten Junganwälten und dem Ruf »*Mir gebbet Nix*« zu den Verhandlungen in der Krypta des Kölner Doms erschienen war: ihnen war die sechsmalige Verlängerung sachgrundlos befristeter Arbeitsverträge abgetrotzt worden – nach sechzig Stunden Verhandelns. Erfolge allerorten.

Schließlich – nach vier Stunden der freien Rede – breitete *Smits* die ungewöhnlich langen Arme aus und rief den Massen zu, sie sollten nun hinknien ... und alle sanken auf die Knie: zum Te Deum.

Nach dem besonders brausenden Te Deum verstummte die Menge und Herr *Bondzio* erhob sich aus seinem goldenen Sessel. Er trat vor, der rundliche Recke, um den gemütlichen Teil zu eröffnen. »*Genossinnen und Genossen, heute ist ein Festtag. Die Sonne sinkt und wir laden zur Feier. Freibier für alle, jeder ein Glas. Nun wollen wir lachen und uns freuen. Unser Gast des Abends heißt »Mister Methane« – er soll Euch erheitern.*« Da klatschten sie in zweihunderttausend Hände.

Wer beschreibt den Jubel als der begnadete Flatulist zu später Stunde die Internationale vortrug. Keiner hatte jemals zuvor die Verdammten dieser Erde mit solchen Tönen geweckt. Er hatte ihren Geschmack zentimetergenau getroffen.«

*

Ja, das war 2004, liebe Leser. Und heute? Das Stadion heißt anders, Mr. Methane hat sich zur Ruhe gesetzt und die CGZP ist im A... Glücklich, wer sein Schäfchen im Trockenen hat. Nur *Gunter Smits* schließt noch Tarifverträge für die DHV.

---

15 Unvergesslich die 1963 von dem Meister geschaffene Portraitbüste von *Jan Cocteau*.

Prof. Dr. Gregor Thüsing

Bären in der Keksfabrik

– Arbeitswelt und Arbeitsrecht in Darstellung moderner Kinder- und Jugendliteratur –

Die Darstellung der Arbeitswelt in Kinderbüchern gab es schon immer, und sie ist inzwischen ein geläufiger Topos in kommentierender Lit.[1] Um diese Entwicklung aufzugreifen, soll im Folgenden ein genauer Blick auf eine als Pixi-Buch getarnte Fallsammlung arbeitsrechtlicher Probleme geworfen werden, die bislang der juristischen Fachwelt entgangen ist:

Diese Darstellung der Arbeitswelt greift ein geläufiges arbeitsrechtliches Thema auf, verdanken wir doch zahlreiche Entscheidungen des *BAG* Arbeitsverhältnissen gerade in einer Keksfabrik.[2] Der arbeitsrechtliche Bezug des Buches wird dem

---

[1] S. auch die Ausstellung des Heimatmuseums Brunsbüttel v. 29.5. – 22.08.10, »Was willst Du werden? – Die Arbeitswelt in Kinderbüchern aus vier Jahrhunderten«. Gerade in Kinderbüchern kann eine prägende Vorstellung der Arbeitswelt heranwachsenden Mädchen und Jungen vermittelt werden. Zur Frage, ob Kinderbücher einen Beitrag für eine genderbewusste Arbeit leisten können, siehe auch die Untersuchen unter www.gender-kinderbuch.de. Auf der anderen Seite ist auch das »Kinderbuch« in die jur. Lit. vorgedrungen, seit *Alff/Däublers* Betriebsratscomics Alles in Butter-Irrwitzige Geschichten aus dem Betriebsalltag, 2012.

[2] So die beiden Kündigungssachverhalte *BAG* 20.5.1999, 2 AZR 67/98, *BAG* 31.7.1986, 2 AZR 559/85.

Kenner damit sofort augenfällig. Und dies, obwohl die Geschichte noch recht allgemein anfängt ohne spezifisch arbeitsrechtlichen Kontext:

> Felix arbeitet in einer Keksfabrik. Sein Wecker klingelt immer um 5 Uhr morgens. Heute auch – obwohl er Geburtstag hat.
>
> So früh morgens gibt es noch keine Post. Von seiner Frau Jenny bekommt Felix trotzdem eine Geburtstagskarte.

Aber schon auf den nächsten Seiten wird jedoch dem Fachmann ersichtlich das Vergütungsrisiko auf dem Arbeitsweg problematisiert.

> Nach dem Frühstück fährt Felix zur Arbeit.

Was ist, wenn er zu spät kommt, weil sein Auto kaputt geht oder er aber im Stau stecken bleibt? Hat er einen Vergütungsanspruch nach § 615 BGB?[3] Die Fragen

---

3 Die richtige Antwort findet sich bei MüKo-*Henssler*, § 615 BGB Rn. 34: »Der Dienstpflichtige trägt das sog. *Wegerisiko*. Kann er auf Grund von Eisglätte, Verkehrssperren und -verboten oder dem

werden hier nur angedeutet. Die juristische Ausarbeitung bleibt dem Leser überlassen. Dies gilt dann auch für die Fortsetzung der Geschichte.

Gehört das Umkleiden schon zur Arbeitszeit, die zu vergüten ist? Nach allgemeiner Meinung kommt es hier zunächst auf die genaue Bestimmung des geschuldeten Arbeitsinhalts an.[4] Das *BAG* hat zunächst entschieden, dass für die Frage, ob die Zeit des Umkleidens zur vergütungspflichtigen Arbeitszeit zählt, die Verhältnisse im Einzelfall entscheidend seien; gehört das Umkleiden nicht zum Inhalt der geschuldeten Arbeitszeit, sondern dient dies nur der persönlichen Vorbereitung, so seien in 1. Linie die organisatorischen Gegebenheiten des jeweiligen Betriebs und die konkreten Anforderungen an den AN maßgebend, wie sie sich aus den betrieblichen Regelungen und Handhabungen tatsächlich ergeben.[5]

Aber noch andere Probleme werden deutlich angesprochen: »Wer die Mütze nicht aufsetzt, der wird verpetzt.« Die aktuelle Frage des *Whistleblowings* wird hier auf kindgerechte Art veranschaulicht. Kann der AG eine Verpflichtung statuieren – sei es durch arbeitsvertragliche Klausel oder wie hier durch allgemeinen Aushang –, dass Vertragsverstöße, insbes. gegen das ArbSchG, dem AG zu melden sind? Mit anderen Worten: Kann es die vertragliche Verpflichtung zum Denunzianten geben? Die Frage wirft zahlreiche, nicht nur AGB-rechtliche Prüfungspunkte auf, und zielt auf den Kernbereich von dem, was das Arbeitsverhältnis und die Stellung des AN ausmacht. »Sicherheit zuerst«, aber auch: »Der

---

Ausfall von Verkehrsmitteln, selbst wenn der Arbeitgeber einen Werksbus stellt, seinen Arbeitsplatz nicht erreichen, ist ihm die Leistung unmöglich«.
4 Für alle: HWK-*Thüsing*, § 612, Rn. 29 mwN.
5 BAG v. 22.03.1995 – 5 AZR 934/93.

schlimmste Lump im ganzen Land ist und bleibt der Denunziant«. Es spricht für die Qualität der Darstellung, dass sie bereits vor knapp 20 Jahren eine solche Problematik offen aufgreift.

Dass es sich ohnehin um einen fortschrittlichen Betrieb handelt, sieht man auch daran, dass es einen BR gibt, der ein schwarzes Brett hat: »Neues vom Betriebsrat«. Die Frage, welche Kommunikationsmittel dem BR zur Verfügung gestellt werden müssen, damit er seinen Informationspflichten gegenüber der Belegschaft nachkommen kann, gehört zu den beliebten Gegenständen von Beschlussverfahren, die moderne Kommentierungen oftmals mehr sammeln als ordnen können.[6] Das Internet ist hier nicht angesprochen, aber schwingt gleichsam schon gedanklich mit.[7]

In der riesengroßen Mixer-Maschine wird der Teig für die Kekse vermengt. Wenn Felix dann auf den grünen Knopf drückt, fließt Teig in eine große Schüssel. Nach zwei Stunden wird Felix von seiner Kollegin Katja abgelöst.

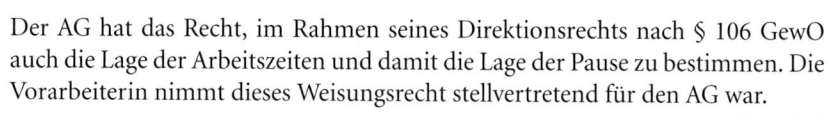

Der AG hat das Recht, im Rahmen seines Direktionsrechts nach § 106 GewO auch die Lage der Arbeitszeiten und damit die Lage der Pause zu bestimmen. Die Vorarbeiterin nimmt dieses Weisungsrecht stellvertretend für den AG war.

---

6 Exemplarisch: *Richardi/Thüsing*, § 40 BetrVG, Rn. 77 ff.
7 Zur Internetseite des Betriebsrats s. *Richardi/Thüsing*, § 40 BetrVG, Rn. 82 ff.

Bären in der Keksfabrik

Günther arbeitet an der Formmaschine. Hier wird der Keksteig gewalzt und dann zu vielen Bärchen geformt.

Die Pause verbringt Felix in der Kantine. Dort trinkt er eine Tasse Kaffee und liest in Ruhe seine Zeitung.

Herzlichen Glückwunsch, Felix!

Felix hat heute Geburtstag!

Ich weiß, wir haben noch eine Überraschung für ihn.

Danke, Anne.

Die Gestaltung der Pause steht im Belieben des AN. Er kann sie im Sozialraum verbringen mit seinen Kollegen, muss es aber nicht. Ganz im Gegenteil: Eine Verpflichtung des AN, während der Pause das Betriebsgelände nicht zu verlassen, könnte zumindest im Sinne des Arbeitszeitschutzes die Frage aufwerfen, ob dann die Pause nicht doch Arbeitszeit wäre.[8]

Nach der Pause sieht Felix, daß der Ofen kaputtgegangen ist. Nun können erst mal keine Kekse mehr gebacken werden.

Margret bittet Felix, in der Versandabteilung mitzuhelfen, bis der Ofen repariert ist.

---

[8] S. hierzu das Verfahren des *EuGH* in der Rs. C-258/10 mit Anm. *Thüsing*, ZESAR 2010, 373–375 (Förster im bulgarischen Wald).

Der kaputte Ofen wirft die Frage nach der Haftung auf. Wenn es Felix war, der ihn aus leichter Unachtsamkeit beschädigt hat, dann profitiert er von den Regeln des innerbetrieblichen Schadensausgleichs. Dieses – zurückgehend bis in braune Ursprünge[9] – ist inzwischen durch die Rspr. des *BAG* immer feiner ausziseliert worden. Der Grund dafür bleibt unverändert derselbe: Da der AN die Umstände seines Tätigwerdens oft nicht beeinflussen kann und er sein Geld für die Arbeit nicht für seine Haftung bekommt, wird die allgemeine Haftung für Fahrlässigkeit als zu streng empfunden. Daher wurde zunächst für gefahrgeneigte Arbeiten, inzwischen allgemein die besondere Arbeitnehmerhaftung entwickelt, die gesetzlich nicht geregelt, aber in Bezug genommen wurde (s. zB. § 16d Abs. 7 S. 2 SGB II, § 5 Abs. 5 S. 3 AsylbLG, § 36 S. 3 SGB IX, § 13 S. 2 JFDG, § 13 BFDG). Zu beachten aber ist, dass die Haftungsbeschränkung nur im Verhältnis zwischen AN und AG wirkt, nicht aber gegenüber Dritten. Bei Ansprüchen Dritter gegenüber dem AN kann dieser allerdings eventuell beim AG Rückgriff nehmen.

Wenn *Felix* nun angewiesen wird, in der Versandabteilung mitzuhelfen, stellt sich überdies die alte Frage, inwieweit eine Tätigkeit, die außerhalb der arbeitsvertraglichen Verpflichtung steht, zumindest kurzfristig aufgrund einer wie auch immer näher zu konturierenden Notfallkompetenz des AG dem AN dennoch im Rahmen eines erweiterten Direktionsrechts nach § 106 GewO übertragen werden kann. Es gelten hier aber die gleichen Regeln wie bei der vorübergehenden Übertragung einer höherwertigen Tätigkeit, zu der das *BAG* in den vergangenen Jahren oftmals Stellung genommen hat.[10] Man mag diese Rspr. als nicht ganz stimmig kritisieren, die Praxis wird sich jedoch weiterhin daran zu orientieren haben.

---

9 Das ArbG *Plauen* (ARS 29,62 ff) hatte bereits die wesentlichen Gesichtspunkte genannt. Das *RAG* hatte sich ihm angeschlossen (ARS 30, 1 ff.).
10 S. nur *BAG* 17.1.06, 9 AZR 226/05; *BAG* 17.4.02, 4 AZR 164/01.

Bären in der Keksfabrik

| Dort werden die fertigen Kekse in Schachteln sortiert. | | Felix hilft, die Keksschachteln in große Kartons zu packen und diese dann auf Paletten zu stapeln. |

Auch das Diskriminierungsrecht bleibt in dieser Fallsammlung nicht ausgespart. Man sieht deutlich, dass weibliche Mitarbeiterinnen andere Kleidung als männliche Mitarbeiter tragen: das karierte Rosa gegenüber dem leuchtenden Weiß. Kleidungsvorschriften haben vielerlei arbeitsrechtliche Relevanz.[11] Nun hat jüngst noch das LAG *Köln* entschieden, dass männliche Piloten auch dann zum Tragen einer Pilotenmütze verpflichtet werden können, wenn den weiblichen Piloten freigestellt ist, ob sie die Pilotenmütze tragen.[12] Eine Geschlechterdiskriminierung liegt darin nur, wenn die Ausgestaltung der geschlechtsspezifischen Dienstkleidung eine unterschiedliche Wertschätzung der Geschlechter erkennen lässt.[13] Diese Bewertung ist richtig und gilt auch für Bären in der Keksfabrik.

---

11 S. hierzu *Thüsing*, Kleiderordnungen, JZ 2006, 223 *ff.*
12 LAG *Köln* 29. 10. 12, 5 Sa 549/11.
13 LAG *Köln* unter Bezugnahme auf Müko-BGB/*Thüsing*, 12. Aufl. 2012, § 3 AGG Rn. 2.

Gregor Thüsing

> Mit dem Gabelstapler fährt er die Paletten zu den Lastwagen, und die bringen die leckeren Kekse in alle Geschäfte.

Die Folie weckt arbeitsrechtliche Assoziationen an die verschiedenen Entscheidungen zur Haftung von Unfällen mit Gabelstaplern.[14] Ebenso erinnert man sich an die Frage der Scheinselbständigkeit von Speditionsmitarbeitern.[15]

> Der Ofen ist repariert, und es kann wieder gebacken werden. Felix geht zurück an den Mixer.

> Felix ist froh, als es Zeit für die Mittagspause ist. Am Getränkeautomat trifft er Günther.

---

14 S. zB. LAG *Mecklenburg-Vorpommern* 2.11.10, 5 Sa 105/10; LAG *Hessen* 19.5.09, 12 Sa 399/05.
15 Hierzu bereits *Reiserer*, Schluß mit dem Mißbrauch der Scheinselbständigkeit, BB 1999, 366–370.

Bären in der Keksfabrik

Die Kollegen haben eine tolle Geburtstagsparty für Felix vorbereitet.

Dann müssen alle zurück an die Arbeit.

Der Arbeitsrechtler sieht sofort, worum es geht: Eine Überraschung für »Geburtstagskinder« kann regelmäßig im Betrieb praktiziert werden und so stellt sich dann die Frage der betrieblichen Übung, ob eine Arbeitsbefreiung für Überbringung etwaiger Kollegengeschenke der jeweiligen ausdrücklichen Erlaubnis des AG bedarf oder zu einem arbeitsvertraglichen Recht erstarrt ist. Über die betriebliche Übung wurde schon viel geschrieben[16] und es ist eine Frage des Einzelfalls, ob hier eine Bindung – sei es aus Vertrauen, sei es aus konkludenter arbeitsvertraglicher Einigung – anzunehmen ist.

Am Ende des Arbeitstages hat Felix es eilig, nach Hause zu kommen.

Auf dem Heimweg hält Felix noch beim Supermarkt, um Honigmüsli zu kaufen.

---

16 S. *Bepler*, RdA 2004, 226; *Thüsing*, NZA 2005, 718; *Waltermann*, RdA 2006, 257.

Der Arbeitstag ist vorbei und hier stellt sich klar die Frage des Arbeitsunfalls auf dem Heimweg: Soweit der AN auf seinem Heimweg einen Umweg zu einem Supermarkt macht und es dort zu einem Unfall kommt (durch umgestürzte Kekskartons!), mag er versichert sein oder er ist es nicht. Die Rspr. zu Umweg auf dem Arbeitsweg ist reichhaltig (auch rechtsvergleichend). Überzeugende Trennlinien haben sich nicht herausbilden können.[17]

Der AN dieser Fallsammlung hat sich mit dem von ihm hergestellten Produkt ganz und gar identifiziert und es hat ihm große Freude bereitet, es herzustellen. Nicht anders ist es mit dem Jubilar: Auch er arbeitet mit Hingabe für sein Produkt, das deswegen auch die besondere Qualität erhalten hat, die die AuR heute auszeichnet. Sein langjähriges Wirken hat und wird weiterhin bleibende Folgen hinterlassen. Auch in diesem Sinne: *ad multos annos!*

---

17 S. hierzu *Thüsing*, Die Versicherung des Wegeunfalls gemäß § 8 Abs. 2 SGB VII, SGB 2000, S. 595 ff.

Dr. Daniel Ulber

Vom »Schrecken der deutschen Sprache«[1]: Das sogenannte »Vorbeschäftigungsverbot«

Nicht nur der Verfasser hat die sprachliche Genauigkeit von *risor silvaticus* und die Präzision und Sorgfalt, mit der er selbst kleinste Ungenauigkeiten oder Doppeldeutigkeiten in Texten aufgespürt hat, zu schätzen gelernt. Wer um die Sensibilität für sprachliche Nuancen und den liebevollen Umgang mit der dt. Sprache, den der Jubilar stets gepflegt hat, weiß, dem erscheint es angezeigt, sich in seiner Festgabe mit seiner Schattenseite der dt. Sprache zu befassen.

Hier geht es um ein Phänomen, das *Mark Twain* als den »Schrecken der deutschen Sprache« bezeichnet hat. In seinen Reiseberichten »Unterwegs und Daheim« beschreibt *Twain*, wie er beim Erlernen der dt. Sprache einige »überraschende Merkwürdigkeiten« feststellte.[2] Nicht alles was *Twain* kritisiert, dürfte bei *risor silvaticus* auf Gegenliebe stoßen. Aber die Einschätzung, dass selbst kleinste sprachliche Veränderungen massive Wirkung auf Text und Textbedeutung haben können, dürfte sicherlich seine Zustimmung finden. Dies betrifft insbes. die Auseinandersetzung von *Twain* mit einer »Merkwürdigkeit« der dt. Sprache:

> *»Ein Normalsatz in einer deutschen Zeitung ist eine überraschende Merkwürdigkeit; er nimmt eine Viertelseite ein und enthält sämtliche Redeteile dieser Sprache, nicht in einer geregelten Ordnung, sondern durcheinander. Er besteht hauptsächlich aus zusammengesetzten Wörtern, von dem Verfasser eigens für seinen Zweck gebaut und nirgends im Wörterbuch zu finden; oft sechs bis sieben Worte an einem Stück ohne Nähte und Einschnitte; ...«*[3]

Ob *Twain* diese Kritik gegenüber gegenwärtigen rechtswissenschaftlichen Texten oder Urteilen aufrecht erhalten würde, lässt sich nicht sagen. Seine Anmerkungen zum zusammengesetzten Wort aber stimmen nachdenklich. Zusammengesetzte Wörter – für *Twain* schon sprachlich eine Merkwürdigkeit – bieten im ju-

---

1 *Twain*, Unterwegs und Daheim, Kap. 8, verfügbar über das Projekt Gutenberg-De, gutenberg.spiegel.de.
2 Der Verf. ist ganz sicherlich ebenso verantwortlich für die eine oder andere Missachtung von *Twains* Mahnungen, wie die hier kritisierte Rspr.
3 *Twain* a. a. O.

ristischen Kontext ein erhebliches Potenzial für mehr oder weniger ästhetische Sprachkonstruktionen. Was Twain aber am zusammengesetzten Wort besonders kritisiert ist, dass es »*vom Verfasser eigens für seinen Zweck gebaut*« sei. Diese Zwecke aber können unterschiedlicher Natur sein. Bestenfalls dienen sie der genauen Bezeichnung. Ihr Zweck kann aber auch sein, den Blick auf die eigentliche Natur einer Sache eher zu verbauen.[4] Je nachdem wer der Architekt des Begriffs ist, kann er also Implikationen in das Wort legen und sein Vorverständnis durch die Wahl der Komponenten ausdrücken.

1. Das »Vorbeschäftigungsverbot« als schreckliches Wort

Die Notwendigkeit einer Auseinandersetzung mit dieser Frage zeigt die akt. Rspr. des *BAG* zum sog. »*Vorbeschäftigungsverbot*«.[5] Auch dieses Wort erfüllt alle von *Twain* hervorgehobenen Besonderheiten zusammengesetzter Wörter. Es steht nirgends im Wörterbuch. Zwar beinhaltet es nicht 6 oder 7 aber doch immerhin 3 Bestandteile. Und es ist ganz sicher von seinen Urhebern alleine zu einem bestimmten Zweck gebaut. Worin dieser besteht, dem soll hier nachgegangen werden.

Das »*Vorbeschäftigungsverbot*« dient der Rspr. zur Qualifizierung einer vom Gesetzgeber angeordneten Rechtsfolge im TzBfG. In § 14 Abs. 2 S. 2 TzBfG findet sich eine Regelung, die eine (sachgrundlose) Befristung nach (§ 14 Abs. 2) S. 1 für unzulässig erklärt, wenn mit demselben AG »bereits zuvor« ein befristetes oder unbefristetes Arbeitsverhältnis bestanden hat. Der Inhalt der Regelung ist also, die Unwirksamkeit der Befristungsabrede[6] in einem Arbeitsvertrag anzuordnen, wenn diese nicht durch einen Sachgrund getragen ist und der AN bereits zuvor beim AG, mit dem der Arbeitsvertrag geschlossen werden soll, beschäftigt war. Bemerkenswerterweise bezeichnet die Rspr. diese Rechtsfolge in der Entscheidung, die ihre Rechtsprechungswende zur Auslegung von § 14 Abs. 2 S. 2 TzBfG verfassungsrechtlich absichern soll, geradezu gebetsmühlenartig als »*Vorbeschäftigungsverbot*«.[7]

---

4 Vgl. dazu zB. *risors*, Lingua Oeconomici Imperii, AuR 2007, 45.
5 *BAG* 21. 9. 11, 7 AZR 375/10, AuR 2012, 98; Vgl. aber zuletzt *BAG* 18. 7. 12, 7 AZR 451/11, AuR 2012, 493 »Anschlussverbot«, ähnlich *BAG* 6. 4. 11, 7 AZR 716/09, AuR 2011, 409 ff. und die frühere Rspr.
6 Und nicht etwa des Abschlusses eines Arbeitsvertrages oder der Beschäftigung eines AN.
7 *BAG* 21. 9. 11, 7 AZR 375/10, AuR 2012, 98, beinhaltet den Begriff (ohne Leitsatz) 27! mal.

2. Die Zusammensetzung »vor«-»Beschäftigung«-»Verbot«

Zerlegt man dieses zusammengesetzte Wort in seine drei Bestandteile »*vor*«, »*Beschäftigung*« und »*Verbot*«, so zeigt sich, dass eigentlich keiner dieser Teile den Inhalt von § 14 Abs. 2 S. 2 TzBfG zutreffend abbildet.

a) »*Verbot*«

Zunächst zum Verbot: Benutzt man ganz im Einklang mit dem *BAG* zur Ermittlung einer Wortbedeutung den Duden, so steht dort unter »*Verbot*«: »*1. Befehl, Anordnung, etwas Bestimmtes zu unterlassen, 2. Anordnung nach der etwas nicht existieren darf.*«[8]
§ 14 Abs. 2 S. 2 TzBfG verbietet aber nichts. Jedenfalls verbietet er nicht die Beschäftigung eines AN, denn einen Befehl, die Beschäftigung des AN zu unterlassen, beinhaltet die Norm nicht. Sie verbietet auch nicht den Abschluss eines Arbeitsvertrages. Sie verbietet noch nicht einmal die Befristung eines Arbeitsvertrages. Und sie verbietet auch nicht die sachgrundlose Befristung eines Arbeitsvertrages. § 14 Abs. 2 S. 2 TzBfG hat die Rechtsfolge, dass eine Befristungsabrede in einem Arbeitsvertrag, in der eine sachgrundlose Befristung enthalten ist, als unwirksam gilt, wenn der AN bereits zuvor mit dem AG ein Beschäftigungsverhältnis eingegangen war. Mit einer Unterlassungsklage ist diese Rechtsfolge nicht herbeizuführen. Und die Norm verbietet es auch nicht, unwirksame Befristungsabreden zu treffen. Es handelt sich also bereits nicht um ein Verbot.

b) »Beschäftigung« und »Beschäftigungs«-»verbot«

Dementsprechend ist auch dann, wenn man die beiden hinteren Teile des Wortes zusammenzieht und sich der Frage zuwendet, ob die Norm ein »Beschäftigungsverbot« beinhaltet, dieser Begriffsteil falsch. Unter »*Beschäftigung*« findet man im Duden Folgendes: »*1. a) Tätigkeit, mit der man seine Arbeits- oder Freizeit ausfüllt, b) bezahlte Tätigkeit, berufliche Arbeit, 2. das Sichbeschäftigen, 3. das Beschäftigen, Beschäftigtsein; Anstellung*«.
Die Beschäftigung des AN wird durch § 14 Abs. 2 S. 2 TzBfG selbstverständlich nicht verboten. Ein Beschäftigungsverbot ist auf das Unterlassen der Tätigkeit gerichtet. Dies ist aber das genaue Gegenteil der Rechtsfolge des § 14 Abs. 2 S. 2 TzBfG. Dieser erlaubt dem AN nämlich seine Tätigkeit iSv. 1. b) fortzusetzen. Genau genommen wird die Beschäftigung nicht nur erlaubt, sondern sogar zu

---

[8] Duden, Wörterbuch, Verbot.

Gunsten des AN vorgeschrieben, wenn die Befristungsabrede unwirksam ist.[9] Dann kommt es zu der Beschäftigungspflicht, die im Grundsatz dem Arbeitsvertrag als Dienstvertrag innewohnt. Der Zweck der Norm ist gerade nicht die Beschäftigung des AN zu verbieten, sondern ganz im Gegenteil ihm ein unbefristetes Beschäftigungsverhältnis zu verschaffen.

c) »vor«

Auch wenn man nun noch den 3. Wortteil »vor« hinzunimmt, wird die Sache nicht besser. Im Duden findet sich hier ua.[10]: (...) 2. a) *drückt aus, dass etwas dem genannten Zeitpunkt oder Vorgang [unmittelbar] vorausgeht; früher als; bevor das Genannte erreicht ist.*« In der sprachlichen Zusammenstellung »vor«-»Beschäftigungs«-»Verbot« würde man eigentlich erwarten, dass das Wort ein Verbot bezeichnet, das sich auf eine bereits »vor«-her liegende, abgeschlossene Beschäftigung bezieht.[11] Wenn nämlich die Vorbeschäftigung verboten ist, so müsste dies konsequenterweise bedeuten, dass das Gesetz ein Verbot beinhaltet, in einem bereits abgeschlossenen, vergangenen Zeitraum beschäftigt worden zu sein.[12] Ein »vor«-Beschäftigungsverbot verbietet die vorherige Beschäftigung. Dies hat der Gesetzgeber sicher nicht angeordnet. Denn eine solche Anordnung wäre Unsinn. Der Begriff »Vorbeschäftigungsverbot« konterkariert also bereits sprachlich das vom Gesetzgeber verfolgte Konzept der Norm. Denn dieses will eine wirksame Dauerbeschäftigung erreichen. Will man schon im Duden nicht vorhandene Wortkonstruktionen bilden, so handelt es sich vielleicht eher um eine »*Nachbeschäftigungserlaubnis*«[13] zu Gunsten des Arbeitnehmers, der eigentlich aufgrund der Befristung seines Arbeitsverhältnisses arbeitslos würde, aber – nach Ablauf der unwirksamen sachgrundlosen Befristung – weiter gegen Entgelt arbeiten darf.

3. Vom Zweck, zu dem das Wort »gebaut« ist

Ist also der Begriff Vorbeschäftigungsverbot eine Falschbezeichnung, so stellt sich die Frage, woher das Bedürfnis kommt, einen solchen Begriff zu erfinden und eine Norm mit diesem zu etikettieren. Wozu ist es also von seinen Erfindern

---

9 »*Beschäftigungspflicht*«, nach *Creifelds*, Wörterbuch der deutschen Sprache, 20 Aufl. 2011: Eine (privatrechtliche) Pflicht des AG den AN im Rahmen des Arbeitsverhältnisses zu beschäftigten.
10 Die Weglassungen sind im Duden, Wörterbuch, nachzulesen.
11 *Hunold*, NZA 2012, 431 (432).
12 *Hunold*, NZA 2012, 431 (432).
13 Auch dies ist ein schreckliches Wort.

»gebaut«? Dies hat zunächst einmal einen redlichen Hintergrund. Beim *BAG*, ebenso wie bei einem Teil des Schrifttums, herrscht ein Unbehagen gegenüber den mittelbaren Folgen, die die Rechtsfolge des § 14 Abs. 2 S. 2 TzBfG in der Praxis zeigt.[14] So wird befürchtet, dass AG AN, die bereits früher bei ihnen beschäftigt waren, nicht einstellen würden, wenn ihnen andere AN zur Auswahl stünden, die zuvor noch nicht bei ihnen beschäftigt waren.[15] Das *BAG* und dieser Teil des Schrifttums sehen also eine Diskriminierung des bereits zuvor beschäftigten AN als Rechtsfolge der Norm an.[16] In der Lesart des BAG wendet sich die Norm also gegen denjenigen, dessen Schutz sie eigentlich intendiert.[17] Zu der Frage, ob dieser Problemzugriff richtig oder im Arbeitsrecht nicht geradezu gefährlich ist[18], soll an dieser Stelle nichts gesagt werden. Aber über den Hintergrund der Etikettierung der Norm mit dem Begriff des »*Vorbeschäftigungsverbots*« soll noch einmal kurz nachgedacht werden.[19] Wenn die Verwendung des Begriffes nicht in der zutreffenden Umschreibung der Rechtsfolgen der Norm liegt und auch nicht liegen kann, so muss seine Verwendung einen anderen Hintergrund haben. Möglicherweise entspricht dieser Begriff mit seiner Komponente des »*Beschäftigungs*«-»*Verbots*« nämlich viel eher der emotionalen Einstellung, die der Norm des § 14 Abs. 2 S. 2 TzBfG entgegengebracht wird. Und er soll möglicherweise auch den Leser vereinnahmen, diese Norm nicht als Arbeitnehmerschutzvorschrift anzusehen, sondern ihr die neg. Konnotation eines »*Beschäftigungsverbots*« verleihen. Denn Verboten steht man doch eher kritisch gegenüber?[20] Das Wort »*Beschäftigungsverbot*« hat – wenn man sich über seine Funktion keine weiteren Gedanken macht – auch keinen guten Klang.[21] Vielleicht ist die Begriffsverwendung von dem Gefühl getragen worden, man müsse eine Rechtfertigung liefern dafür, dass es hier um etwas »Böses« geht. Die Entscheidung ist sich also trotz der bemerkenswerten und zu würdigenden Sorgfalt, mit der sie sich mit dem Diskussionsstand zur Auslegung von § 14 Abs. 2 S. 2 TzBfG befasst[22], nicht ganz frei von einer interessengeleiteten Problemdefinition.

---

14 *BAG* 21.9.11, 7 AZR 375/10, AuR 2012, 98; *Preis*, NZA 2005, 714 (715); *Persch*, ZTR 2011, 404.
15 *BAG* 6.4.11, 7 AZR 716/09, AuR 2011, 409; *Preis*, NZA 2005, 714 (715); Ebenso *Hunold*, NZA 2012, 431 (433).
16 *BAG* 6.4.11, 7 AZR 716/09, AuR 2011, 409; *Persch*, ZTR 2010, 2 ff.
17 *Wendeling-Schröder*, AuR 2012, 92 (93).
18 *Junker*, EuZA 2013, 3 (17); *Krause*, JA 2012, 468 (470).
19 Ratlos *Hunold*, NZA 2012, 431 (432), der sich konsequenterweise weigert, den Begriff zu verwenden.
20 Das Satzzeichen ist bewusst gewählt. Wer den Arbeitsschutz als öffentliches Gefahrenabwehrrecht in den Blick nimmt, ist für das eine oder andere Verbot vermutlich nicht undankbar.
21 Auch wenn Beschäftigungsverbote in der Praxis vom Gesetzgeber aus guten Gründen genutzt werden.
22 Worauf *Linsenmaier*, FS Bepler, S. 373 (376) mit Recht hinweist.

Dem entspricht auch die ständige Wiederholung des Begriffes in der Entscheidung, in der das *BAG* das »*Vorbeschäftigungsverbot*« seiner unterstellten, beschäftigungshemmenden Wirkung beraubt hat.[23]

4. Die Paradoxie der Rechtsprechung

Über die Richtigkeit, der den Entscheidungen zu Grunde liegenden verfassungsrechtlichen Annahmen, soll hier geschwiegen werden.[24] Ebenso über die ausgebrochene Methodendiskussion.[25] Aber auf eine bemerkenswerte prozessuale Implikation, der Annahme, die Norm beinhalte ein »Vorbeschäftigungsverbot«, sei hingewiesen. Für den Arbeitsrichter, der sich einer Entfristungsklage eines sachgrundlos befristet Beschäftigten gegenüber sieht, der bereits zuvor bei seinem Vertragsarbeitgeber beschäftigt war, ergibt sich nämlich eine überaus paradoxe[26] Situation. Würde er der Entfristungsklage stattgeben, so käme es gegenüber dem Kl., wenn man der Rspr. des *BAG* folgen würde, zu einer Grundrechtsverletzung durch Klagestattgabe.

5. Schreckliche Folgen des zusammengesetzen Wortes: Die fehlerhafte Problemdefinition

In der Diskussion um die verfassungsrechtliche Fragestellung wird darüber hinaus eines ausgeblendet. Sieht man die Zulassung der sachgrundlosen Befristung im TzBfG als Ausnahme, ja sogar als etwas »*im Prinzip Unerwünschtes*«[27], das der Gesetzgeber nur für einen begrenzten Personenkreis zulassen wollte, so wird die Problematik komplexer. Denn die Aufhebung von § 14 Abs. 2 TzBfG insgesamt wäre verfassungsrechtlich zulässig.[28] Wenn aber der vollständige Ausschluss der sachgrundlosen Befristung von Arbeitsverträgen verfassungsrechtlich unproblematisch ist, dann hat die Rspr. einen Widerspruch aufzulösen, wenn sie den Gesetzgeber daran hindert, diese Möglichkeit nur eingeschränkt zuzulassen.[29] Konsequenz der gesetzgeberischen Zielsetzung wäre, wenn das »*Vorbeschäftigungsverbot*« ungeeignet ist die mit ihm verfolgten Ziele zu erreichen, nicht die

---

23 *BAG* 21.9.11, 7 AZR 375/10, beinhaltet den Begriff (ohne Leitsatz) 27! mal.
24 Vgl. dazu *Junker*, EuZA 2013, 3 (16ff.).
25 Dazu zuletzt *Wank*, RdA 2012, 361ff.
26 *Krause,* JA 2012, 468 (470).
27 *Junker*, EuZA 2013, 3 (18).
28 *Junker*, EuZA 2013, 3 (18).
29 *Junker*, EuZA 2013, 3 (18).

Aufhebung des Vorbeschäftigungsverbots. Diese kann man nur dann zur Konsequenz erklären, wenn man aus der eigentlich vom *BAG* geprüften Gleichheitsproblematik eine Frage der Berufsfreiheit macht.

6. Doch lieber nur zwei Wörter? Das »*Anschlussverbot*«

Die verunglückte Wortkonstruktion hat das *BAG* unlängst auch erkannt. Nunmehr ist (wieder) von »*diesem auch als Vorbeschäftigungsverbot bezeichneten Anschlussverbot*«[30] die Rede, freilich ohne zu versuchen, mit diesem weniger martialischem Terminus noch einmal einen verfassungsrechtlichen Begründungsversuch zu unternehmen. Auch an anderer Stelle ist nunmehr vom »*Verbot der Vorbeschäftigung*«[31] die Rede – immerhin eine Formulierung, die kein »gebautes Wort« ist. Ob das *BAG* den Begriff »*Vorbeschäftigungsverbot*« weiter verwenden will, bleibt offen. Aber dass es an seiner mit dem Begriff entwickelten Rechtsprechung festhält, darf man wohl erwarten.

7. Fazit

Wer die Liebe von *risor silvaticus* zu der, von *Twain* als so schrecklich empfundenen, dt. Sprache teilt, der wird den Begriff des »*Vorbeschäftigungsverbots*« jedenfalls nicht verwenden. Das Problem liegt freilich nicht nur in der Wahl der Begriffe. Die Diskussion um die (verfassungkonforme) Auslegung des § 14 Abs. 2 S. 2 TzBfG ist in vollem Gange. Es besteht die Vermutung, dass sich *risor silvaticus* oder sein Pseudonym hierzu noch äußern wird. Ganz sicher in weniger schrecklicher Sprache als der Verfasser sie verwendet, weil er bei diesem Beitrag nicht auf die sprachliche Vorabkritik eines Lesers zurückgreifen kann, den er – nicht nur für diese stets konstruktive Kritik – so zu schätzen gelernt hat. Als Fazit bleibt: Der Begriff des »*Vorbeschäftigungsverbots*« ist nicht nur iS. *Twains* ein Schrecken der dt. Sprache. Der Begriff und seine Wahl sind nicht zufällig. Sie sind Ausdruck eines bestimmten Vorverständnisses einer Norm und ihrer Ziele. Und er versucht, ein Verständnis einer Norm zu schaffen, das den Weg für eine ganz bestimmte Rezeption ihrer Wirkungen schafft. Dieser Vorwurf ist natürlich gemein. Niemand – auch nicht der Verfasser – wird auf das »Bauen« von Wörtern zu seinen Zwecken verzichten wollen und können. Und so steht es jedem frei, auch ihm in diesem Text ein fehlerhaft »gebautes« Wort nachzuweisen. *risor silvaticus* wird an dieser Stelle sicherlich schon eines gefunden haben.

---

30 *BAG* 18.7.12, 7 AZR 451/11, AuR 2012, 493.
31 *Linsenmaier*, FS Bepler (2012), S. 373 (374 f.).

*Zwischen den Starken und den Schwachen
unterdrückt die Freiheit
und befreit das Gesetz.*
(Jean-Jacques Rousseau)

Jürgen Ulber

Das Arbeitszeitrecht nach 30 Jahren der Deregulierung

Ein jeder hat seine eigenen Erfahrungen und Erlebnisse mit *Rudolf Buschmann*. Als ich ihn im beruflichen Zusammenhang persönlich kennenlernte, war dies die Zeit der sog. »Wende« in den 1980er Jahren. Eine Zeit, die für einen Wertkonservativen geradezu eine Revolution darstellte. Dies betrifft zum einen die Substitution kollektiver Verantwortung zugunsten eines individualisierenden Prinzips des »jeder ist seines Glückes Schmied«. Es betrifft aber auch die grundlegenden Eingriffe in den Arbeitsschutz der AN. Dieser wurde seither kontinuierlich unter den Vorbehalt gestellt, dass Interessen der Kapitalverwertung einem Schutz der AN nicht entgegenstehen dürfen. Für die Arbeitsrechtsgesetzgebung – und insbes. das Arbeitsschutzrecht – ist seither der Grundsatz handlungsleitend, dass die kollektive Verantwortungslosigkeit oberste Maxime staatlichen Handelns sein muss. Die Sozialpflichtigkeit des Eigentums (Art. 20 Abs. 1 GG) ist dabei im Rahmen der Gesetzgebung eine unbekannte Größe geworden. Und auch in Lit. und Rspr. sucht man vergeblich nach Überlegungen, ob und inwieweit die sog. unternehmerische Entscheidungsfreiheit verfassungsrechtlichen Schranken unterliegt, wenn es darum geht, die Vernichtung von Arbeitsplätzen – und damit von Existenzen – über Formen des Outsourcing nahezu schrankenlos und möglichst mitbestimmungsfrei zuzulassen[1].

Für einen »Wertkonservativen«, wie den Jubilar, lässt sich diese grundlegende Veränderung der Funktion des Arbeitsrechts, dem Alleinbestimmungsrecht des AG Grenzen zu ziehen und der Schutzbedürftigkeit abhängig Beschäftigter Rechnung zu tragen, nicht vereinbaren. Der Verstoß gegen die Grenzen, die das Sozialstaatsgebot der Verfassung einer uneingeschränkten Ausbeutung der Arbeitskraft setzt, musste auf seinen Widerstand stoßen. Und dabei war er nicht allein. Es war das sog. BeschäftigungsförderungsG 1985, das uns zusammenführte und

---

Fußnoten ohne Verfasserangabe beziehen sich auf *Rudolf Buschmann*
1 Vgl. Schüren/Hamann/*Schüren*, AÜG, § 14 Rn. 575.

mit dem eine langjährige gemeinsame Autorentätigkeit begann. Die Zusammenarbeit mit ihm war und ist von einem Verständnis geleitet, das durch eine produktive Auseinandersetzung und ein gemeinsames Verständnis von den Strukturen dieser Gesellschaft und daraus folgenden (auch rechtlichen) Problemen gekennzeichnet ist. Bei unseren arbeitsteiligen Kommentierungen konnten wir wechselseitig aufeinander verweisen, ohne zum jeweiligen Zeitpunkt die Ausführungen des anderen oder gar das fertige Manuskript vorliegen zu haben.

Das BeschäftigungsförderungsG 1985 markiert in besonders deutlicher Weise die veränderte Perspektive im Bereich des Arbeitsrechts. War die Gesetzgebung in den 1970er Jahren und bis Anfang der 1980er Jahre noch davon geprägt, dem Schutzbedürfnis der AN und ihren sozialen Sicherungsinteressen Rechnung zu tragen, lautete nun das Motto: Arbeitsrecht im Arbeitgeberinteresse.[2] Mit der neuen Formel der Flexibilisierung und Deregulierung[3] des Arbeitsrechts wurde eine Arbeitsrechtsgesetzgebung eingeläutet, bei der die Entrechtung des AN als Befreiung von den Zwängen des Arbeitsrechts verkauft und der Abbau von Schutzrechten mit dem angeblichen Abbau von Arbeitslosigkeit gerechtfertigt wird. Wer wie *Rudolf Buschmann* kein Freund von dummen Sprüchen ist, hat die Verlogenheit dieser Argumentation früh durchschaut. In einem gemeinsam mit *Lorenz Schwegler* verfassten Artikel[4] gelangt er an Hand empirischer Daten zu dem Urteil, dass das Gesetz einerseits sein Ziel, die Förderung der Beschäftigung, völlig verfehlt habe; andererseits weist er jedoch auch darauf hin, dass die regelungsimmanenten Ziele des Gesetzes, unterwertige Beschäftigungsformen zu fördern und hoffähig zu machen, erreicht wurden. Eine Einschätzung, die noch heute auf alle Reformen zutreffend ist.[5] Der Jubilar kritisiert zu Recht, dass der Gesetzgeber bei Verabschiedung des ArbZG bewusst darauf verzichtet hat, arbeitsmarktpolitische Erfordernisse zu berücksichtigen.[6]

Der gemeinsame Basiskommentar Flexibilisierung: Arbeitszeit Beschäftigung[7] war eine 1. Reaktion auf diese Neuorientierung. Er ist geprägt von der kritischen Auseinandersetzung um die Auflösung des Normalarbeitsverhältnisses und den Deregulierungstendenzen im Arbeitsrecht. Wer die betrieblichen Realitäten 2013 betrachtet, wird feststellen, dass die gesellschaftliche Analyse, die seinerzeit in

---

2 *Herschel*, Die Gefährdung der Rechtskultur, AuR 1985, 265; J. *Ulber.*, Arbeitsrecht im Arbeitgeberinteresse, AiB 1986, 267.
3 Deregulierung/Rechtsabbau – Referentenentwurf eines Gesetzes zur Einführung eines Dienstleistungsabends, AiB 1988, 124.
4 Fördert das BeschäftigungsförderungsG die Beschäftigung?, BB 1986, 1355.
5 Vgl. auch: Bilanz eines gescheiterten Gesetzes – Das arbeitsrechtliche BeschäftigungsförderungsG 1996 in: Arbeitsrecht und Arbeitsgerichtsbarkeit, FS zum 50-jährigen Bestehen der Arbeitsgerichtsbarkeit in Rheinland-Pfalz, 1999, 543–562.
6 *Buschmann/Ulber*, ArbZG, § 1 Rn. 4.
7 *Buschmann/Ulber*, Basiskommentar Flexibilisierung: Arbeitszeit-Beschäftigung, 1989.

diesem Kommentar getroffen wurde, auch heute noch zutrifft. Die analytischen Fähigkeiten von Rudi sind denn auch eine seiner hervorstechendsten Eigenschaften. Exemplarisch zeigt sich dies insbes. bei seinen Kommentierungen zur Teilzeitarbeit und zur kapazitätsorientierten Arbeitszeit. Aber auch seine Arbeiten zur Befristung, zum Jobsharing, zum Franchise[8] oder zur Scheinselbständigkeit[9] sind in diesem Zusammenhang zu erwähnen. Die von ihm gesetzten Schwerpunkte Arbeitszeit und Beschäftigung sollten dann auch in den folgenden Jahren und bis heute die gesellschaftliche und arbeitsrechtliche Auseinandersetzung prägen. Dies gilt vor allem hinsichtlich der Arbeitszeit, die in den folgenden Jahren den Schwerpunkt seiner Autorentätigkeit bildete.

Bei der Teilzeitarbeit und bei den gesetzlichen Regelungen zum Ladenschluss, die er großenteils für verfassungswidrig hält[10], ist der Jubilar sicherlich seit mehr als 30 Jahren einer der anerkanntesten Autoren.[11] Seine Kommentierungen in »TZA, Das Recht der Teilzeitarbeit, Kommentar für die Praxis«, belegen dies in eindrucksvoller Weise. Dabei ist nicht nur der Praxisbezug hervorzuheben, der sich auch darin zeigt, dass er das individuelle und kollektive Arbeitsrecht immer als Einheit betrachtet hat. Seine Mitarbeit am DKKW-Kommentar zum BetrVG[12] sowie die Vielzahl von Aufsätzen zur Mitbestimmung des BR[13] sind hierfür ebenso ein Beleg, wie seine Veröffentlichungen zum Tarif- und Arbeitskampfrecht.[14] Juristisch und dogmatisch sauber herausgearbeitete Positionen kennzeichnen seine Arbeiten. Seine Kritik an der jeweils hM. beschränkt sich dabei nicht auf arbeitgebergesteuerte Zitierkartelle[15], sondern bezieht für ihn selbstverständlich auch die Rspr. ein. Seine Grundhaltung beschreibt er dabei selbst: »Juristische Überlegungen zur Teilzeitarbeit gehen ins Leere, wenn sie von den real existierenden Teilzeitformen abstrahieren und ein Idealbild – etwa aus der Perspektive des zur Entscheidung aufgerufenen Richters – zum Maßstab erheben«.[16] Es sind denn auch die gesellschaftlichen und betrieblichen Realitäten und die Notwendigkeit von deren Veränderung, die sein schriftstellerisches

---

8 Franchise-Arbeitnehmer, AiB 1988, 51; Rechtsweg – Franchisenehmer, AuR 1997, 500.
9 Scheinselbständige Kurierfahrer, AiB 1989, 129.
10 Vgl. Kritische Anmerkung zu der Entscheidung des *BVerfG* 16.1.02, 1 BvR 1236/99, AuR 2002, 465.
11 ZB. bei zum Thema Ladenöffnungszeiten und Einzelhandel; vgl. AiB 1981, 16f. u. 171f.; DB 1982, 1059.
12 Vgl. §§ 21ff., 78ff., 96ff.
13 ZB. Zum Gesetzesvorrang bei der betrieblichen Arbeitszeitgestaltung, in: Arbeitsrecht im sozialen Dialog, FS für Hellmut Wißmann zum 65. Geburtstag, 2005, 251
14 Konsequenzen für den Arbeitskampf. Nachlese der Aussperrungsentscheidungen v. 10.6.1980 und vom 22.12.1980, BlStSozArbR 1981, 97; Streikrecht für beamtete Lehrer, AuR 2012, 38.
15 Wechselnde Lichterscheinungen in der juristischen Publizistik – S. 125 in: FS Passion Arbeitsrecht – Erfahrungen einer unruhigen Generation, 2009.
16 *Buschmann/Ulber* (Fn. 6), S. 139.

Schaffen bestimmen. Seine Kommentierungen sind insoweit immer auch begleitet von konzeptionellen Überlegungen zur gewerkschaftlichen und betrieblichen Interessenvertretung und von praxisorientierten Handlungshilfen zur Durchsetzung von Arbeitnehmerinteressen.[17]

Wenn man also ein Rechtsgebiet benennen will, dass der Jubilar seit den 1980er Jahren maßgeblich mitgeprägt hat, ist es sicherlich die Arbeitszeit. Der gemeinsame Basiskommentar[18] ist mittlerweile in der 7. Auflage erschienen und gehört heute zur Pflichtliteratur jedes Betriebs- und Personalrats. Die 1. Auflage erschien dabei am 1.7.1994, dem Tag, an dem das neue ArbZG die vormalige AZO ablöste. Deutlicher als in den vormaligen Deregulierungsgesetzen hatte der Gesetzgeber 1994 keine Scheu mehr, die Zielsetzung einer Durchdringung des Arbeitsschutzrechts von ökonomischen Interessen des Kapitals[19] auch offen zu bekennen: in § 1 Nr. 1 ArbZG wird der Zweck des Gesetzes ua. damit umschrieben, die Rahmenbedingungen für flexible Arbeitszeiten zu verbessern«. Es verwundert daher nicht, wenn in den verschiedenen Normen des Gesetzes immer wieder der Zusatz» wenn dies aus betrieblichen[20] oder im öff. Interesse liegenden[21] Gründen« oder auch zum Erhalt der Wettbewerbsfähigkeit[22] erforderlich ist« auftaucht, um Ausnahmen von Arbeitsschutzbestimmungen zuzulassen. Wozu dies in der betrieblichen Realität geführt hat, wissen wir: durch verfassungswidrige Bestimmungen zur Sonn- und Feiertagsarbeit[23] wird die Sonn- und Feiertagsruhe immer mehr aufgeweicht und ihrer sozialen und kulturellen Funktion beraubt. Und die Regelungen zur flexiblen Arbeitszeit führten zu einer Arbeitszeitgestaltung in den Betrieben, bei denen sich die Arbeitszeit der AN i.E. nach den betrieblichen Bedürfnissen richtet. Der Jubilar weist zu Recht auf die Ökonomisierung des Arbeitsschutzes im Zuge der Deregulierung der gesetzlichen Bestimmungen zur Arbeitszeit hin.[24]

Zu dieser Ökonomisierung gehört nach Vorstellungen des Gesetzgebers auch, den AN von Zwängen des kollektiven Arbeitsrechts zu befreien und die Schutzwirkung des TV einzuschränken. Ausdruck hiervon sind insbes. die in § 7 ArbZG aufgenommene Bestimmungen, mit denen die Möglichkeit eröffnet wird, den gesetzlichen Arbeitsschutz durch TV zu Lasten der AN einzuschränken oder zu beseitigen. Auch hier zeigen sich grundlegende Veränderungen, die mit der De-

---

17 Vgl. Teilzeit- und Befristungsgesetz, Handlungshilfen für Betriebs- und Personalräte, 2007.
18 *Buschmann/Ulber*, ArbZG, Basiskommentar, 2011.
19 Gemeine Marktwirtschaft, AuR 1996, 285.
20 Vgl. § 6 Abs. 4; § 7 Abs. 5, §§ 6, 13 ArbZG.
21 § 15 Abs. 2 ArbZG.
22 § 13 Abs. 5 ArbZG.
23 *Buschmann/Ulber*, ArbZG, § 13 Rn. 22.
24 *Buschmann/Ulber*, ArbZG, § 7 Rn. 2.

regulierungsgesetzgebung hinsichtlich der Funktionszuweisungen kollektiver Schutznormen verbunden sind. Nach dem überkommenen System kollektiver Normsetzung waren Normen des Arbeitsschutzes grundsätzlich zwingend. Dem TV kam die Funktion zu, für die AN günstigere Regelungen zu vereinbaren, die ihrerseits durch Betriebsvereinbarungen (BV) weiter verbessert werden konnten. § 7 ArbZG geht insoweit ebenso wie zB. § 9 Nr. 2 AÜG von einem ganz anderen Modell der Arbeitrechtspyramide aus. Über die Schaffung von Normen des tarifdispositiven Gesetzesrechts wird den Tarifvertragsparteien die Funktion zugewiesen, gesetzliche Normen des Arbeitsschutzes zu Lasten der Beschäftigten zu verschlechtern.[25] Und im Rahmen einer Politik der Deregulierung versteht es sich von selbst, dass Verschlechterungen bei mangelnder Tarifbindung auch durch BV oder – als Ausdruck der Vertragsfreiheit des AN – im Rahmen einzelvertraglicher Regelungen zugelassen werden.[26] Zu Recht kritisiert der Jubilar die bestehende Regelung zum opt-out als gemeinschaftsrechtswidrig[27], und beleuchtet die Grenzen, die der betrieblichen Normsetzungsbefugnis bei der Umsetzung von TV auf der Grundlage tarifdispositiven Gesetzesrechts gesetzt sind.[28] Im historischen Verlauf haben Normen des supranationalen und europäischen Gemeinschaftsrechts[29] auch die nat. Arbeitsschutzgesetzgebung immer stärker durchdrungen. Der Jubilar hat dies im Unterschied zu weiten Teilen von Schrifttum und Rspr. schon früh erkannt. Bereits 1976 widmete er sich in seinem Aufsatz »Zulässigkeit und Rechtsfolgen des Beamtenstreiks im Bereich des europäischen öD«[30] Problemen, die mit dem Zusammenwachsen der Staaten der EU und der zunehmenden Globalisierung verbunden sind. Er ist nicht europaskeptisch, sondern sieht als Internationalist in grenzüberschreitenden Arbeitsschutzstandards, Chancen für den Abbau von Konkurrenz zwischen den AN. Die Rspr. des *EuGH* hat er stets kritisch begleitet, hat jedoch immer auch angemahnt, dass die nationale Gesetzgebung und auch die Rechtsanwender den Arbeitnehmerschutz, den das Gemeinschaftsrecht insbes. beim Abbau von Diskriminierungen bietet, stärker zu berücksichtigen.[31] Seine Skepsis gegenüber dem provinziellen Denken von Gesetzgebung und Rspr. war dabei immer berechtigt. Exemplarisch zeigt sich ua. an seiner frühzeitigen Kritik an der dt. Haltung und der Rspr. des

---

25 Abbau des gesetzlichen Arbeitnehmerschutzes durch kollektives Arbeitsrecht? In: FS Richardi zum 70. Geburtstag 2007, 93.
26 *Buschmann/Ulber*, ArbZG, § 7 Rn. 5f.
27 *Buschmann/Ulber*, ArbZG, § 7 Rn. 24c.
28 Keine Erzwingbarkeit von Opt-Out-Arbeitszeitbetriebsvereinbarung, Anm. zu LAG *Hamburg* 17.12.08, 5 TaBV 8/08, AuR 2010, 338.
29 *Buschmann/Ulber*, ArbZG, Einl. Rn. 29ff.; Internationales Arbeitszeitrecht, in: FS Etzel zum 75. Geburtstag 2011, 103.
30 EuR 1976, 62–63.
31 *EuGH* zur Diskriminierung von teilzeitbeschäftigten Frauen, AiB 1986, 153.

Das Arbeitszeitrecht nach 30 Jahren der Deregulierung

BAG[32] zur Behandlung von Bereitschaftsdienst als Arbeitszeit[33]. Schon bevor der *EuGH* feststellte, dass Bereitschaftsdienst nach der RL Arbeitszeit 2003/88/EG ist[34], hat er diese Position in der Kommentierung zu § 7 ArbZG, aber auch in sonstigen Publikationen deutlich gemacht. Dasselbe gilt auch für Opt-out-Klauseln. Es lässt sich nie abschätzen, welche Wirkungen von seinen – auch rechtspolitischen – Aktivitäten bei der Umsetzung von Gemeinschaftsrecht in nationales Recht ausgingen. Eins steht aber fest: Die Kritik des *BVerfG* an der Rspr. des *BAG*[35], nach der selbst offensichtliche Verstöße gegen das Gemeinschaftsrecht nicht einfach unberücksichtigt bleiben dürfen[36], braucht der Jubilar an seinem Wirken nicht zu fürchten.

Obwohl ein engagierter Gewerkschafter, zeichnet sich der Jubilar bei seinem ganzen Schaffen dadurch aus, nie ein »schlanker Gewerkschafter« zu sein, dessen Selbstverständnis und Wirken in der Umsetzung von Gewerkschaftstagsbeschlüssen besteht. Er ist ein Querdenker, macht sich mit seinen kritischen Stellungnahmen nicht bei allen beliebt und sieht sich deshalb häufig selbst Widerständen ausgesetzt. Ein den eigenen Überzeugungen nicht entspr. Wirken ist ihm nicht möglich. Dies gilt nicht nur für Positionen, die er in seinen vielfältigen Publikationen und in seinen Beiträgen auf den DJT vertreten hat. Es gilt auch für seine Tätigkeiten im operativen Geschäft, im gewerkschaftlichen Rechtsschutz ebenso wie in seiner langjährigen Tätigkeit als Redakteur bei »Arbeit und Recht«. Als Vordenker, der durch seine produktive Phantasie gesellschaftliche, ökonomische und betriebliche Entwicklungsverläufe antizipieren kann, traf er oft auf Unverständnis. Er ist seinen Weg dennoch immer gegangen. Sowohl bei der frühzeitigen Einbeziehung des internat. Rechts in die Themenschwerpunkte von »AuR«, als auch bei der Führung von Gerichtsverfahren, die von vielen als aussichtslos bezeichnet wurden. Insofern verhielt er sich wie Leonidas in der Schlacht bei den Thermopylen: »wenn man den Himmel vor lauter Speeren des Feindes nicht mehr sehen kann, muss man eben im Dunklen kämpfen«.

Dem Jubilar gerecht zu werden, ist nicht einfach. Die Facetten seiner Persönlichkeit sind zu vielschichtig, passen nicht zu den tradierten Normen eines unpolitischen Juristen. Er ist eben *Rudi Buschmann*, ein kleiner Rebell. Dennoch auch geprägt von den humanistischen Erziehungsidealen Humboldtscher Sophistik, von *Kant, Hegel* und *Marx* sowie einem breit gefächerten Bildungshintergrund.

---

32 *BAG* 18.2.03, 1 ABR 2/02, AuR 2003, 298.
33 AiB 2003, 449 und AuR 2003, 1.
34 *EuGH* 3.10.00, Rs. C-303/98, SIMAP, AuR 2000, 465.
35 *BAG* 21.5.08, 8 AZR 84/07, AuR 2008, 310, 402; zu vorst. Entscheidung sowie umfassend zu »Massenentlassung und Arbeitnehmerbeteiligung im dt. und europäischen Mitbestimmungsrecht« s. *Weber*, AuR 2008, 365.
36 *BVerfG* 25.2.10, 1 BvR 230/09, AuR 2010, 179.

Jürgen Ulber

Deutlich wird dies etwa in seiner jüngsten Besprechung der Entscheidung des *BGH* zum »strafbaren Vorenthalten und Vorenthalten von Arbeitsentgelt – Non olet?«.[37] Eine Absage an jeden Autonomieanspruch der Rechtswissenschaft und die Mahnung an den Arbeitsrechtler, das Arbeitsrecht nicht isoliert anzuwenden, sondern auch in seinen historischen Bezügen sowie seinen Bezügen zu anderen Rechtsgebieten, wie Straf- und Gemeinschaftsrecht, zu berücksichtigen. Sicher, er ist ein typischer Intellektueller, der natürlich auch die Tasten eines Klaviers beherrscht. Aber er besitzt auch den nötigen Humor, um Verstöße des Gesetzgebers gegen verfassungsrechtlich verbriefte Rechte erträglicher zu machen.[38] Die Arroganz und Überheblichkeit, mit der Teile des Bildungsbürgertums auf andere herabblicken, ist ihm fremd. Wichtigstes Anliegen war ihm immer, jeder Form von Diskriminierung engagiert und mit unermüdlichem Arbeitseifer entgegenzutreten. Immer mit Blick nach vorne. Und so endet eine Würdigung seines Schaffens mit dem letzten Satz eines seiner Rundschreiben, die er in den 1980er Jahren als Jurist in der Abt. Arbeitsrecht bei der Hauptverwaltung der damaligen Gewerkschaft HBV verfasst hat: »Keine Atempause – Geschichte wird gemacht, es geht voran!«[39]

---

37 *BGH* 12.9.12, 5 StR 363/12, AuR 2013, 88 m. Anm. *Buschmann*.
38 Das Märchen vom Mann im Monde, AuR 2011, Sonderheft zum 70. Geburtstag von Michael Kittner, 430.
39 Dieses Zitat beruht auf den Angaben meiner Frau Marion, einer langjährigen gewerkschaftlichen Mitstreiterin von Rudi.

Primus successor et antecessor secundus[1]

Die Funktionen von Abkürzungen am Beispiel der juristischen Fachzeitschrift »AuR«[2]

»Abkürzung« wird durch die Abkürzung »Abk.« abgekürzt und in der freien Internetenzyklopädie Wikipedia wie folgt definiert:
Als Abkürzung (auch Abbreviatur) wird die gegenüber der ursprünglichen Länge verkürzte Darstellungsform eines Wortes oder einer Wortgruppe bezeichnet.[3]

I. AuR[4] ua.

Arbeit und Recht hat im Januarheft 1998 im Anschluss an einen Beitrag von *risor silvaticus*[5] 45 Jahre nach der Erstausgabe seine eigene Abk. von ArbuR auf AuR verkürzt. Mit dieser Abkürzungsabkürzung hat AuR – unter der Verantwortung des Jubilars – auch etwas zwar nichts Außergewöhnliches, aber dennoch nicht Selbstverständliches geschafft. Die Abk. ist in den Sprachgebrauch übergegangen, wie zum Beispiel (zB.) EU für Europäische Union. So ist der Titel der Veranstaltung, auf der die vorliegende Festschrift an den Jubilar *Rudolf Buschmann* übergeben werden wird: Campus Arbeitsrecht – 60 Jahre AuR.

AuR selbst verwendet mehr allgemeine (allg.) Abk. als die Zeitschrift Jahre alt ist.[6] Spitzenreiter (nach persönlicher Einschätzung des Autors) ist (nicht nur im juristischen Bereich) jedoch ein Kommentar zum Bürgerlichen Gesetzbuch (BGB).[7] Der Palandt verfügt über einen 15-seitiges zweispaltiges Abkürzungsverzeichnis; von aA (anderer Ansicht) bis zZt (zur Zeit). Im Duden[8] sind es gerade einmal knappe drei übersichtliche zweispaltige Seiten.

---

1 Der *erste Nachfolger und zweite Vorgänger* (des Jubilars als verantwortlicher Redakteur von »Arbeit und Recht«) veröffentlicht zu Ehren des Jubilars erstmals nicht unter dem Pseudonym Rechtsanwalt *Peter Voigt*, Hannover, inzwischen IG BCE HV, Abt. Arbeits- und Sozialrecht.
2 Der Titel ist in Anlehnung an den Beitrag von *Engelen-Kefer*, Die Funktion juristischer Fachzeitschriften in sozialen Auseinandersetzungen am Beispiel »Arbeit und Recht«, welchen der Jubilar in AuR 1994, 123, anlässlich des 40. Geburtstages von AuR veröffentlichte, als Hommage an diesen zu betrachten.
3 http://de.wikipedia.org/wiki/Abk%C3%BCrzung (abgerufen am 7.6.13).
4 Gemeint ist mit AuR – wie bekannt sein dürfte – die fachwissenschaftliche Zeitschrift mit einer über sechzigjährigen Tradition »Arbeit und Recht«.
5 *Risor silvaticus*, Deregulierung des Eherechts, AuR 1998, 17 ff. = NJW 1998, Heft 28, XXIV–XXVI = S. 200 ff. in dieser Festschrift.
6 Im Jahresregister 2013 waren es 68 allg. Abk.
7 Palandt, 72. Auflage 2013.
8 Duden, Die deutsche Rechtschreibung, 2009.

II. Sinn und Zweck von Abk.

1. Im Allgemeinen

Üblicherweise dienen Abk. der Platzersparnis. Ohne Abk. könnte zB. AuR seinem Leserkreis (bei gleichem Umfang) weniger Informationen mitteilen. Alternativ müsste der Seitenumfang vergrößert werden, was zwangsläufig die Kosten in die Höhe triebe und – im Fall von AuR, die ein qualitatives Luxusgut unter den arbeitsrechtlichen Fachzeitschriften ist – die Zeitschrift zudem preislich zu einem Luxusgut in der juristischen Fachliteratur werden ließe.

Weitere Alternative (Alt.) bei einem Abkürzungsverzicht in AuR bei Erhaltung der qualitativen Informationsmenge wäre eine weitere Verkleinerung der Schriftgröße. Dies würde nach Ansicht des Autors jedoch zur Unlesbarkeit der gedruckten Ausgabe führen. Daher sind Abk. in AuR aus Sicht der Leser_innen und wissbegierigen Arbeitsrechtler_innen unverzichtbar. Andere Werke wie bspw. der Palandt könnten ohne (radikale) Abk. nicht mehr handhabbar als ein Band herausgegeben werden.[9] Dies produziert zB. folgendes Satz-/Buchstabengebilde: RSicherh für die VertrPart u zeitsparde Beweiserleichterg im RStreit.[10]

2. Im Besonderen

AN wird von AG gekündigt. Kl. klagt vor dem ArbG. Bekl. legt Beruf. vor dem LAG ein und Kl. gewinnt die Rev. vor dem *BAG*. So könnte mit in AuR üblichen Abk. kurz über einen arbeitsrechtlichen Verfahrensablauf berichtet werden. Aber nicht nur in der Kürze liegt die Würze, auch andere Vorteile dieser AuR-Abk. sind nicht von der Hand zu weisen. Dies wird im Folgenden verdeutlicht.

Am 7.6.13 berichtete die Hannoversche Allgemeine Zeitung (HAZ) unter der Überschrift »Guten Tag, Herr Professorin!« auf der Titelseite über die Uni Leipzig. Diese hat in ihren Statuten die männliche Form abgeschafft. Somit gibt es in (den Statuten) der sächsischen (sächs.) Messestadt keine Studenten und Professoren mehr, sondern diese heißen nun – ob Mann ob Frau – Studentinnen und Professorinnen. Dies sorgte für viel Aufmerksamkeit; obgleich es in umgekehrter Form weiterhin durchaus üblich ist, lediglich in einer Fn. darauf hinzuweisen, dass die verwendete männliche Bezeichnung auch für die weibliche Form gelten solle. Die Vorgehensweise der Uni Leipzig führte gar zu Beschwerden (zB. Vor-

---

9 Mit über 3000 Seiten im Dünndruck bei einem Gewicht von 2350 g hat der Palandt (72. Auflage 2013) die Grenze der Handhabbarkeit erreicht.

10 *Weidenkaff* in Palandt, § 623 BGB RN 1 zum Zweck der Schriftformerfordernis bei Beendigungen von Arbeitsverhältnissen.

wurf der Männerdiskriminierung). Andere Universitäten, zB. in der niedersächsischen (nds.) Messestadt Hannover, nennen in ihren Statuten weiterhin immer sowohl die männliche als auch die weibliche Bezeichnung (Professorinnen und Professoren; Studentinnen und Studenten). Dies verursacht nicht nur einen höheren Papierverbrauch und schadet dem Lesefluss (was beides im Fall von Statuten jedoch durchaus vertretbar wäre), sondern unterschlägt auch die intersexuellen Menschen. Diese kaum wahrgenommene, aber existente Minderheit wird in der Gender-Diskussion ohnehin zu Unrecht oftmals unterschlagen. Dies ist in AuR nicht möglich, denn AuR kürzt geschlechtsneutral und somit gendergerecht ab; ua. Prof. (Professorin und Professor in Einzahl und Mehrzahl sowie auch intersexuell: Professor_in), AN (Arbeitnehmerin und Arbeitnehmer, Ein- und Mehrzahl, intersexuell) AG (Arbeitgeber und Arbeitgeberin, EZ u. MZ, intersexuell) und Studentinnen und Studenten und intersexuelle Studierende als Stud. Wobei beim letzten Bsp. in der Mehrzahl der Begriff »die Studierenden« mA. Gendergerechtigkeit, auch im Hinblick auf intersexuelle Menschen, herstellt – dank Abk. ist dies jedoch gar nicht nötig.

II. Fazit

Für die hohe Qualität bei begrenzter quantitativer Kapazität sind Abk. nicht nur sinnvoll sondern zwingend erforderlich, auch die Handhabbarkeit wird durch konsequente Nutzung von mögl. Abk. gesichert. Hinzukommt durch die klug gewählten Abk. in AuR wie zB. für Prof. und AN eine mA. gute Lösung der sog. Genderproblematik, zumindest im Schriftdeutsch und das ist doch mehr als ein Anfang. Bei der Abk. AG für Arbeitgeber_in in AuR könnte jedoch durchaus über eine Alt. nachgedacht werden, um die (Gelegenheits-) Leser_innen aus dem Gesellschaftsrecht nicht zu sehr zu verwirren. Selbst wenn dies aller Voraussicht nach zu einer Verlängerung der Abk. – zB. von AG zu ArG – führen wird.

Reinhard Vorbau

Grundsätzliche Zustimmung ist die höflichste Form der Ablehnung oder: Auf der Suche nach dem perfekten Text

Ob die Erkenntnis aus dem 1. Teil des Titels eine tatsächliche ist, ob sie überhaupt erwähnenswert sein sollte und überhaupt, was diese Phrase mit *Rudolf Buschmann* zu tun hat, man weiß es nicht, noch nicht, aber sie wird uns die kommenden Minuten begleiten. Mit dem 2. Teil ließe sich schon etwas mehr assoziieren, da wir wissen, *Rudolf Buschmann* ist nicht nur ein Mann des Wortes, sondern noch viel gewaltiger, ein Mann des geschriebenen Wortes.

Rudolf Buschmann kannte ich noch gar nicht, da hatte ich schon soviel von ihm gehört. Ein Einzelgänger, ein Macher, höchst kompliziert, unnahbar, eigensinnig, störrisch aber intelligent, hochintelligent – so wurde vermutet – und einer aus Norddeutschland, das flößte alles zusammen Respekt ein, großen Respekt. So stellte ich mir einen stiernackigen Mann mit glattrasiertem Rundschädel vor, dem vielleicht nicht so schnell und unüberlegt die Hand gegeben werden sollte, allein aus Selbstschutz.

Diese Vorstellung entpuppte sich bei näherer Betrachtung als reines Fantasieprodukt, *Rudolf Buschmann* war und ist noch heute asketisch schlank, wohl behaart an Kopf und Kinn, feinsinnig im Geist und äußerst sanftmütig. Gesprochen hatte ich trotzdem nicht mit ihm, obwohl ich es mir sehr gewünscht hatte, denn so weit wie er wollte ich es auch einmal bringen, bewundert hatte ich ihn also schon, bevor ich ihm begegnete.

Das war so in den 90er Jahren, und nun muss ich noch hinzufügen, des letzten Jahrhunderts. Er saß in dieser Zeit in der Bundesrechtsstelle des DGB in Kassel und war für das Arbeitsrecht zuständig. Für Revisionen war der gewerkschaftliche Rechtsschutz noch nicht postulationsfähig, indes galt es, die Rspr. des höchsten Arbeitsgerichtes zu beobachten. Nun die juristische Observation der Arbeitsergebnisse des *BAG* allein hätte schon vielen gereicht und eine Vollzeitstelle ausgefüllt. Gleichwohl, *Rudolf Buschmann* war mit dieser Tätigkeit wenig ausgelastet, er nahm die ehrenamtliche Richtertätigkeit am *BAG* auf und schrieb fleißig Artikel, juristische Abhandlungen und kommentierte Urteile. Auch das wäre eine gut ausfüllende Tätigkeit gewesen, aber nicht *für Rudolf Buschmann*. Er kümmerte sich zusätzlich um die Rspr. des *EuGH* mit arbeits- und sozialrechtlichen Bezügen, analysierte und bereitete sie für die dann gebotene gewerkschaftliche Nutzung auf und übernahm 1992 schließlich die Leitung der Fachzeitschrift Arbeit und Recht, die just in diesem Jahr 2013 ihren 60igsten Geburtstag feiert.

Seine Affinität für europäisches Arbeits- und Sozialrecht hat seine Ursprünge in den 1970er Jahren. Mitte der 1970er arbeitete *Rudolf Buschmann* in Brüssel. Die Kommission der Europäischen Gemeinschaft ermöglichte ihm ein Praktikum in ihrem Arbeitsbereich. Diese Tätigkeit führte dazu, dass ihn das Thema Europa nicht mehr loslassen sollte. Seine ausgeprägten Sprachkenntnisse in der englischen und französischen Sprache setzt er bis heute gekonnt ein, so dass er in diesen Sprachen sowohl Klageschriften als auch Schriftsätze fertigt, ja sogar plädiert.

So war es den Zuschauern im April 2012 in Luxemburg vor dem *EuGH* vergönnt *Rudolf Buschmann* plädieren zu sehen und zu hören. Er, eingekleidet nicht von Gucci, das wäre nie sein Stil, doch eingehüllt, sozusagen ummantelt, von einer mit goldenen Kordeln geschmückten italienischen Anwaltsrobe, gekrönt von einer Perücke aus feinem Biberhaar, beeindruckte sowohl das Gericht als auch die Zuhörerschaft, zumal er seine Ausführungen im Englischen gekonnt vortrug. Nun, wie kam *Rudolf Buschmann* zu einer italienischen Anwaltsrobe? Und wieso diese Perücke? Hätte er nicht das gute Stück (also die deutsche Rechtsanwaltsrobe) nutzen und sein ausreichend gut gefülltes Haupthaar präsentieren können?

Hätte, hätte er schon können, aber er hatte seine Robe in Kassel gelassen. Vor dem *EuGH* tritt man als Prozessvertreter natürlich in Robe auf, und das Gericht stellt jedem die Wahl der Robe frei, Hauptsache es handelt sich um ein Kleidungsstück, das vor den Gerichten in der EU gebräuchlich ist. Das Gericht hält auch eine treffliche Anzahl von Roben vor, so dass die Prozessvertreter aus dem Fundus wählen können. Alles fein säuberlich in geschlossenen Schränken verwahrt. Ja und die schwarze Robe mit den goldenen Kordeln, die machte was her. Doch die Robe war es nicht allein, eine Perücke war dazu ebenso zu tragen, weiß wie Schnee und nicht unbeträchtlich von Gewicht.

Hier kommt wirklich einiges zusammen. Vor einem Gericht zu plädieren verlangt von jedem Akteur ein Höchstmaß an Konzentration und Vorbereitung. Wenn es sich dann auch noch um ein Gericht handelt, dass von äußerst versierten und international anerkannten Juristinnen und Juristen besetzt ist, wird die persönliche Anspannung noch größer. Ist schließlich die Verhandlung in einer anderen Sprache als der gebräuchlichen Muttersprache gehalten, treibt dies die Beanspruchung des Betroffenen in richtige Höhen. Jedes Wort muss verstanden werden, es muss erkannt werden, welche prozessualen Handlungen ad hoc geboten sind, ob die Klageanträge zu überarbeiten oder anzupassen sind. Dann aber noch die Coolness zu besitzen, eine nette Perücke und eine sehr schmucke Robe zu alledem als Körperschmuck zu nutzen, lässt doch einen Neidfaktor entstehen. Eine Zuschauerin, die der Verhandlung aus beruflichem Interesse folgte (eine Juraprofessorin aus einer norddeutschen Großstadt) sagte dazu nur, »was für ein schöner Mann und klug ist er auch«.

Das Verfahren wäre sogar gewonnen worden, ja wenn, wenn nicht der Mandant sich nicht noch dazu entschlossen hätte mit seinem AG einen Vergleich zu schließen.

So sehr *Rudolf Buschmann* es versteht sein Wissen schriftlich und mündlich – ja ich habe es nicht vergessen, er hat auch einen Lehrauftrag an der Uni Kassel – akribisch und wissenschaftlich gekonnt darzubieten, so war er lange Zeit nicht in einem Team eingebunden. Erst seit 2011 gehört er dem Gewerkschaftlichen Centrum für Revision und Europäisches Recht in Kassel an. Diesem Wechsel hat er grundsätzlich zugestimmt, seine besondere und herausragende Stellung im gewerkschaftlichen Rechtsschutz hatte er und brauchte er nicht aufgeben. Im Gegenteil, er führte nunmehr auch die Klagen vor dem *EGMR* und ist eingebunden in international relevante Gremienarbeit. Er avancierte in dieser Zeit zu einem bemerkenswerten und geschätzten Teamplayer. Wo der Gewerkschaftliche Rechtsschutz ihn brauchte, international aber auch national, bei Vorträgen und Weiterbildung, ist er mit großartigem Engagement dabei, begeistert die jungen Juristinnen und Juristen im gewerkschaftlichen Rechtsschutz für die internationalen Themen und ist ebenso in der rechtspolitischen Gestaltung gefordert.

Nach wie vor prägt *Rudolf Buschmann* die Fachzeitschrift Arbeit und Recht. In Zusammenarbeit mit dem geschäftsführenden Herausgeber und dem begleitenden Beirat ist er stets auf der Suche nach dem perfekten Text. Den wird es trotz höchster Anspannung und intensivster Suche nicht geben, es reicht wenn er verständlich ist und davon versteht *Rudolf Buschmann* ebenso wie sein exklusiver Autor *risor silvaticus* nicht nur einiges.

Es bleibt der erste Teil der Überschrift noch offen. Mit *Rudolf Buschmann* haben wir nicht nur einen hochversierten Juristen mit messerscharfem Verstand. Ein weiteres signifikantes Merkmal ist seine Höflichkeit. Den Gesprächspartner, sein Gegenüber zu verletzen ist nicht seins, ein Nein kommt eher selten über seine Lippen. Ein Nein wäre auch allein zu kurz. Auf der Suche nach dem Konsens forscht er nach dem größtmöglichen Nenner und dieser wird sodann umfassend dargelegt. Wer nun dem Gedanken verfallen würde, es sei jetzt alles geregelt, würde kräftig irren, denn nach der Darstellung der grundsätzlichen gemeinsamen Erkenntnisse werden die Ausnahmen präsentiert. Die beim Gesprächsparten zunächst freudig entflammte Hoffnung, gerichtet auf eine endlich erzielte Einigung, wird zum Zweifel und dieser wandelt sich alsbald in die Erkenntnis, dass wohl Gemeinsamkeiten bestünden im vorliegenden Punkt nichts aber auch gar nichts zu holen ist. Zum Verzweifeln für den Gesprächspartner, aber eben höflich und perfekt, eben *Rudolf Buschmann*.

Prof. Dr. Rolf Wank

Der EuGH – das (un)bekannte Wesen

Als dt. Jurist hat man gelegentlich Mühe, ein Urteil des *EuGH* nachzuvollziehen. Man studiert EUV und AEUV sowie Art. 23 GG und »ist so klug als wie zuvor« (Achtung! Plagiat). Wie wäre es mit einem anderen Zugang – über Sprichwörter und Prinzipien? ZB. »Viele Köche verderben den Brei«, das »Prinzip der Organisation«, das »Peter-Prinzip« und das »Murphy-Prinzip«?

I. Viele Köche verderben den Brei

Versuchen wir einmal, den *EuGH* dadurch zu verstehen, dass wir seine Richter verstehen. Sehen wir uns zum Vergleich den Lebensweg der *BAG*-Richter an. Sie stammen fast alle aus der Arbeitsgerichtsbarkeit (oder aus der ordentlichen Gerichtsbarkeit, oder sie kommen von Sozialgerichten). Sie haben alle langjährige Erfahrung als RichterIn und zudem besondere Erfahrung in der Materie Arbeitsrecht. Innerhalb des *BAG* sind sie Senaten zugewiesen, die auf spezielle Bereiche des Arbeitsrechts zugeschnitten sind, wie Kündigungsrecht oder Urlaubsrecht. »Die Gerichtssprache ist Deutsch.« (gemeinfreies Gesetzeszitat).[1] Verhandlungen vor dem *BAG* werden auf Deutsch geführt, und zwar auf Hochdeutsch. Probleme kann es allenfalls mit Dialekten geben. Alle Richter sind innerhalb derselben Kultur aufgewachsen und sozialisiert worden, auch in derselben Rechtskultur, und bauen – mehr oder weniger – auf derselben jur. Methode auf. Jedes Problem, das vor einen *Senat* gelangt, können die Richter sofort einem bestimmten Problemkreis zuordnen. Nunmehr stellen wir uns einen Richter am *EuGH* vor (zur Sicherheit sei gesagt, dass natürlich auch immer Richterinnen mit gemeint sind).[2] Jurist ist er schon, und auch ein gewisses Alter hat er schon erreicht. Aber richterliche Erfahrung braucht er nicht zu haben. Nehmen wir an, er ist ein renommierter Prof. für Verfassungsrecht an einer schwedischen Uni. An seiner

---

[1] In diesem Beitrag wird auf Fußnoten verzichtet. Nachdem sich der Autor in AuR 2007, 430 zum Schlachtruf »Nieder mit den Fußnoten!« bekannt hat, wäre ein anderes Vorgehen ein »widersprüchliches Verhalten.« Um dem Plagiatsvorwurf zu entgehen, wird die Form des »name-dropping« gewählt oder Plagiate werden als solche bezeichnet.

[2] Um dem drohenden Vorwurf des »Selbstplagiats« zu entgehen: Einzelne der folgenden Gedanken hat der Autor bereits in der koreanischen Labor Law Review vol. 26, March 2009, p. 103–128 veröffentlicht. – Auch »diese Fußnote ist keine Fußnote« (vgl. *Magritte*).

wissenschaftlichen Qualität besteht kein Zweifel. Prof., zumal Jura-Prof., können sich auch schnell und gut in fremde Materien einarbeiten (Wie könnte ich das infrage stellen!). Nun gelangt ein Fall aus dem dt. Arbeitsrecht auf seinen Schreibtisch. Er kämpft nun an mehreren Fronten, der Sprachfront, der Arbeitsrechtsfront und der Verfahrensfront – und natürlich an der Kollegenfront.

1. Die Sprachfront

Eigentlich ist die EU freundlich zu den nationalen Sprachen. Zurzeit hat die EU 27 Mitglieder (Stand 4/2013; vielleicht sind es ja inzwischen 30). Allerdings benötigt man keine 27 Amtssprachen. So wird bspw. nicht nur in Dt., sondern auch in Österreich Deutsch gesprochen. (Exkurs: In den Beitrittsverhandlungen hat sich Österreich etwa 50 Wörter vorbehalten, die anstelle der in Dt. verwandten Ausdrücke in Österreich in EU-Texten amtlich verwendet werden dürfen. Aber wer weiß das schon.) Nicht nur die Engländer, sondern auch die Malteser sprechen Englisch. (Allerdings reduziert sich dadurch die Zahl der Amtssprachen nicht, denn die Malteser haben als 2. Amtssprache Malti, das somit eine der Amtssprachen der EU ist (wenn der acquis communautaire vollständig in Malti übersetzt werden soll, dürfte das eine Lebensaufgabe für die gesamte maltesische Bevölkerung sein.) Kurz gesagt, die EU hat nur 22 Amtssprachen. Zurück zu unserem *EuGH*-Richter. Er spricht Schwedisch, die Beisitzer Spanisch und Malti. Verständlich, dass die interne Gerichtssprache Französisch ist (im Bsp. schwedisches Franz., spanisches Franz. und maltesisches Franz.). Immerhin, der Prozess mit den Parteien wird in der Landessprache geführt; der schwedische Berichterstatter hört also Deutsch sprechende Parteien an (deren Ausführungen durch Drehen am Kopfhörer in andere Sprachen übertragen werden). Wer versucht hat, die Ausdrücke AN, Arbeiter, Angestellter und Arbeitnehmerähnlicher in andere Sprachen zu übersetzen, denkt unwillkürlich an »stille Post«. So bedeutet »worker« in älteren englischen Gesetzen »Arbeiter«, in heutigen Gesetzen »Arbeitnehmerähnlicher«. *Däubler* hat sich einmal der Mühe unterzogen, den Übersetzungen des Ausdrucks »Weltanschauung« in den verschiedenen Sprachen der EU nachzuspüren. Von politischer Alltagsmeinung bis Quasi-Religion ist alles vertreten. Im Bsp. hat der schwedische Richter, der fließend Englisch spricht, in einem Crash-Kurs auch noch Franz. gelernt, um sich auf sein neues Amt vorzubereiten. Wenn er im Beratungszimmer noch überlegt, wie seine Argumentation auf Franz. heißt, sind seine Beisitzer gerade mit ihrer Abstimmung fertig geworden.

2. Die Arbeitsrechtsfront

Unser schwedischer Richter beherrscht, wie gesagt, schwedisches Verfassungsrecht perfekt. Nun muss er aber einen Fall aus dem Arbeitsrecht entscheiden. Im Studium gab es in Schweden zwar auch Arbeitsrecht, aber nur als Wahlfach, und dieser Kursus ist schon lange her. Seitdem hat er sich nur noch mit Verfassungsrecht beschäftigt. Von den blumigen Formulierungen der Verfassung muss er überwechseln auf ausdifferenzierte Tatbestandsmerkmale, also gleichsam von Buttercreme auf Schwarzbrot. Erfreut registriert er, dass ihm der Generalanwalt eine Lösung über allg. Grundsätze des Gemeinschaftsrechts anbietet, die eine Beschäftigung mit den Quisquilien des Arbeitsrechts vermeiden hilft. Wohl bemerkt, es handelt sich um einen Fall aus dem dt. Arbeitsrecht. Hier gibt es beim *BAG* einen *Senat*, der sich nur mit Kündigungsrecht befasst. Um der Welt zu demonstrieren, dass man jede noch so feine Nuance dieses Rechtsgebiets beherrscht, haben die Richter des *Senats* das Feld mit einem dichten Netz von Tatbestandsmerkmalen überzogen, von denen der schwedische Verfassungsrichter nicht einmal zu träumen vermag. Nun könnte man meinen, dass der *EuGH* seine dt. Fälle aus dem Arbeitsrecht nur vom *BAG* serviert bekommt. Die Schöpfer des Gemeinschaftsrechts haben jedoch in ihrer Weisheit jedem Arbeitsrichter in Dt. das Recht eingeräumt, sein arbeitsrechtliches Hobby dem *EuGH* vorzutragen; natürlich gefärbt durch seine Brille und nur mit dezentem Hinweis auf die entgegengesetzte, bewährte Rspr. des *BAG*. So aufbereitet, gelangt das dt. Arbeitsrecht vor den schwedischen Verfassungsrechtler, der sich der Ansicht des Arbeitsrichters in Aurich nur voll anschließen kann.

3. Die Verfahrensfront

Der zu entscheidende Fall kommt allerdings nicht wie der unstreitige Sachverhalt im 1. dt. Staatsexamen auf den Tisch des Richters, sondern er entwickelt sich in einem Verfahren vor dem *EuGH*. Da kann es schon passieren, dass 2 RA einen Fall inszenieren, um sich auch einmal mit einem *EuGH*-Fall in die Geschichtsbücher einzutragen; so bleibt der Name des Kl. – ungeschwärzt – der juristischen Nachwelt erhalten. Zudem vertieft der dt. Arbeitsrechtler seine Biologie-Kenntnisse und weiß, dass es nicht nur Spinat gibt, sondern auch *Mangold*. Selbst wenn das Possenspiel offensichtlich ist, verzichtet der *EuGH* auf eine Nachprüfung. Auch das Verfassen des Urteils ist eine Sache für sich. In einem rechtswissenschaftlichen Beitrag kann man das Für und Wider darstellen, im Urteil muss man sich seiner Sache sicher sein und auf den Punkt kommen. Zudem sollte man der jur. Öffentlichkeit erläutern, aufgrund welcher Argumente das Gericht zu seinem Ergebnis gekommen ist. In der Anfangszeit des *EuGH* hat sich dieser weitgehend an franz. Recht ausgerichtet; dh. ein knappes Urteil (wenn auch aus mehr als einem Satz), und so gut wie gar keine Begründung. Inzwischen werden *EuGH*-Urteile immer »deutscher«. Der *EuGH* bringt auch Begründungen. Allerdings verhält er sich manchmal wie die Verfasser schlechter Klausuren: Was unproblematisch ist, wird breit ausgeführt, über den entscheidenden Punkt huscht man mit einem kurzen Satz hinweg. Wichtig ist bei Urteilen – wie vor allem engl. Richter, nicht aber alle *EuGH*-Richter wissen – das distinguishing. Oberste Gerichte sollten sich vor generalisierenden und nicht vom Fall veranlassten Aussagen hüten. So ist es sicher richtig, dass nach EU-Antidiskriminierungsrecht die Schwangerschaft einer Bewerberin grundsätzlich kein Einstellungshindernis sein darf. Etwas anderes muss aber für die befristet eingestellte Schwangerschaftsvertretung gelten. Wenn man aber in einer Glosse die wegen Diskriminierung klagende, ebenfalls für den AG nicht zur Verfügung stehende schwangere Schwangerschaftsvertretung erwähnt,[3] kann man sicher sein, dass dieser Fall tatsächlich eintritt und dass das Gericht, sagen wir das LAG *Köln* – unter Berufung auf die kategorischen Aussagen des *EuGH* – den Schmerzensgeldanspruch zuspricht.

4. Die Kollegenfront

Wie bei jedem groß geratenen Gericht entscheidet auch beim *EuGH* selten das Plenum, sondern meist eine Kammer. Hier treffen Richter aus den verschiedensten Mitgliedstaaten aufeinander. Jeder hat einen anderen kulturellen und rechtskulturellen Hintergrund. Der engl. Richter argumentiert vielleicht eher in Fällen als im Rahmen einer Systematik, der ital. Richter bevorzugt vielleicht den Stil des Essays, der dt. Richter orientiert sich vielleicht am Wortlaut der Tatbestandsmerkmale. Für den einen hat der Staat immer recht, für den anderen nie. Das Urteil ist dann vielleicht ein mixtum compositum von Rechtsansichten, und jeder Leser kann sich das ihm Genehme heraussuchen. Aber es gibt ja noch den Generalanwalt. Dieser braucht nur mit sich selbst ins Reine zu kommen und kann insofern einen stromlinienförmigen Vorschlag anbieten. Verständlich, dass das Gericht sich dessen Vorschlag idR. zu Eigen macht und ihn – zum Nachweis der eigenen Befassung mit der Sache – mit den unterschiedlichen nationalen richterlichen Bausteinen anreichert. So lebt der schwedische Richter nach diesem Urteil in Frieden mit seinen Kollegen.

---

[3] Die Fußnote zur FS Richardi entfällt.

II. Das Prinzip der Organisation

Auch wenn man nicht *von Gierkes* Mystik folgt, muss man anerkennen, dass Organisationen ein Eigenleben führen. Im dt. Gesellschaftsrecht kennen wir die Vorgründungsgesellschaft (den nasciturus), die Gesellschaft in Gründung (das Kleinkind), die werbende Gesellschaft (den Jugendlichen und den Erwachsenen) und schließlich die Gesellschaft in Liquidation, die sterbende Gesellschaft (unkommentiert). Dementsprechend gibt es, wie die Organisationssoziologen (ohne Fn; ich erinnere mich noch an meine Lektüre von *Mancur Olson* in seiner »Logic of Collective Action«) herausgefunden haben, allg. Grundsätze über das Verhalten von Organisationen. Einer dieser Grundsätze lautet: Gib einer Organisation den kleinen Finger, und sie nimmt sich die ganze Hand. Übertragen: Schaffe einen *EuGH* beschränkt auf Grundfragen des Gemeinschaftsrechts, und er entscheidet über jede Einzelfrage und jeden Einzelfall innerhalb der EU. Eigentlich ist die EU eine völkerrechtliche Organisation. Dementsprechend gelten ihre Rechtsakte in einem Mitgliedstaat nur insoweit, als dieser ihr Rechte einräumt. Demgegenüber hat der *EuGH* schon früh den »Vorrang des Gemeinschaftsrechts« kreiert. Nach dem *EuGH* steht damit eine drittrangige EU-RL über dem dt. GG. Damit auch kein Spielraum für nationales Recht verbleibt, hat der *EuGH* darüber hinaus zumindest das Primärrecht grundsätzlich mit »unmittelbarer Wirkung« ausgestattet. Um zu verstehen, was das bedeutet, muss man sich mit dem Stufenbau der Rechtsordnung beschäftigen. Er entspricht einem Ur-Bild der Menschheitsgeschichte, man denke nur an die Pyramide von Sakkara oder die von Chichen Iza (poetische Gemüter bevorzugen *Meyers* römischen Brunnen). Danach gibt es Rechtsvorschriften mit verschiedenem Rang. An der Basis der Pyramide finden wir das sog. einfache Recht. Es heißt so, weil es sehr detailliert und sehr kompliziert ist und weil man mit seiner Hilfe konkrete Antworten auf seine Rechtsfragen erhält. Auf einer 2. Stufe gibt es einfaches Recht allg. Art, sozusagen das Muttergesetz zu den Einzelgesetzen. Im Arbeitsschutzrecht der EU gibt es zB. die Rahmen-RL Arbeitsschutz (Inhalt, kurz gesagt: Der AG muss den Arbeitsschutz beachten) und dazu etwa 20 sog. Einzel-RL zum Arbeitsschutz (Inhalt zB.: Die Sekretärin darf nicht zu lange ohne Pause am Bildschirm arbeiten; Einzelheiten bzgl. der Arbeitszeit bspw. bei *risor silvaticus* zum ArbZG). Über allem wölbt sich die Verfassung – in Dt. das GG, in der EU etwas, das nicht Verfassung heißen darf, also sagen wir Primärrecht. Es besteht seinerseits aus geschriebenem Recht, nämlich dem EUV, dem AEUV, der Grundrechte-Charta, und ungeschriebenen allg. Grundsätzen des EU-Rechts, darunter die vom *EuGH* entwickelten Grundrechte. Der Sinn dieser pyramidalen Anordnung ist klar: Anzuwenden ist immer nur das Recht der untersten Stufe. Die darüber gelagerten Stufen dienen nur der Kontrolle, ob das Basis-Recht unter das Dach passt. Was macht man aber, wenn man als *EuGH*-Richter einen Fall zu entscheiden hat, für den es zwar eine EU-RL gibt, aber deren Umsetzungsfrist noch nicht abgelaufen ist? Löst man ihn nach Primärrecht, so kann man ihn sofort entscheiden, und das Urteil gilt auch noch unmittelbar. Man braucht also nur einen Rechtssatz des Primärrechts zu erfinden (man nennt ihn dann einen »allg. Rechtsgrundsatz«, weil er ja zumindest nach dem Urteil allg. gilt). Das Urteil verstößt dann zwar gegen den »allg. Rechtsgrundsatz, dass jeweils das Recht der untersten Stufe anzuwenden ist« (on file with author), so dass wenn eine RL existiert, diese anzuwenden ist und nicht irgendein Primärrecht; aber wer kontrolliert schon den *EuGH*?

Das *BVerfG* meint allerdings, in 2 Fällen dem *EuGH* nicht folgen zu müssen, bei einer Kompetenzüberschreitung und bei EU-Recht, das die Identität Dt. verletzt. In dem oben angedeuteten Fall meinte das *BVerfG*, die Entscheidung des *EuGH* sei zwar ultra vires ergangen; aber der Fehler sei nicht so gravierend, dass er zur Nichtbeachtung des Urteils berechtige. Derart ungehindert, schreitet der *EuGH* auf seinem Wege fort. In einem schwedischen Fall wandte sich ein Fischer gegen eine Doppelbestrafung nach Steuerrecht und Strafrecht. Anwendbar war rein schwedisches Recht, ua. Umsatzsteuerrecht. Da Umsatzsteuerrecht aber auch irgendetwas mit EU-Recht zu tun hat, hielt der *EuGH* seine Zuständigkeit für begründet und entschied nach der Grundrechte-Charta. Die Verfasser dieser Charta, wohl nicht so vertraut mit dem Prinzip der Organisation, glaubten ernsthaft, mit restriktiven Formulierungen den *EuGH* bremsen zu können.

III. Das Peter-Prinzip

Befassen wir uns noch einmal mit den *EuGH*-Richtern, diesmal nach dem Peter-Prinzip (dieses Prinzip wurde von einem gewissen *Lawrence J. Peter* entdeckt). Es lautet: »In a hierarchy every employee tends to rise to his level of incompetence«. Freundlicher formuliert: Im Laufe seiner Karriere erreicht jeder irgendwann die Stelle, bei der es auf seine ursprünglichen Fähigkeiten nicht mehr ankommt. Nehmen wir einen Lehrer, der hervorragend mit Schülern umgehen kann. Aufgrund dieser Fähigkeit wird er zum Oberstudienrat und muss sich jetzt mit dem Erarbeiten von Stundenplänen beschäftigen. Das macht er so gut, dass er zum Oberstudiendirektor der Schule ernannt wird. Jetzt muss er überwiegend Verwaltungsaufgaben wahrnehmen und sich mit Lehrern und Eltern verständigen. Schüler unterrichtet er nur noch selten. Zurück zu unserem schwedischen Verfassungsrechtler. Schwedisches Verfassungsrecht kommt in seiner *EuGH*-Tätigkeit nie zur Anwendung, dafür gibt es aber Prozessführung zum slowenischen Zollrecht, zum spanischen Betäubungsmittelrecht – und eben zum dt. Arbeitsrecht; alles Rechtsgebiete, in denen er nicht gerade beheimatet ist; und das alles nur, weil er sich als wissenschaftlicher Experte im schwedischen Verfassungsrecht hervorgetan hat.

IV. Murphys Gesetz

Wie ein gewisser *Edward A. Murphy jr.* festgestellt hat: »Alles, was schiefgehen kann, wird auch schiefgehen.« Wenn ein Butterbrot vom Tisch fällt, so fällt es auf die Butterseite (Experimente haben ergeben, dass eine Mindestfallhöhe von 80 cm Voraussetzung ist). Wenn eine Organisation gegen die Prinzipien »Viele Köche verderben den Brei«, das »Prinzip der Organisation« und das »Peter-Prinzip« verstoßen kann, dann verstößt sie auch dagegen. Nun gelten Gesetze ja nicht immer. Und so gilt auch Murphys Gesetz nicht für den *EuGH* (disclaimer: und auch nicht für diesen Beitrag[4]). Die Richter des *EuGH* haben eine verantwortungsvolle, schwierige Aufgabe. Q.e.d.

---

4 Ähnlichkeiten mit lebenden Personen und entschiedenen Fällen sind (meist) zufällig; die genannten Rechtsvorschriften und Zitate treffen manchmal zu. Wie schon *Tucholsky* richtig sagte: Vor Satiren muss man warnen; daher: »Achtung! Satire!«

Käpt'n Karl Kutter*

Beifang – wo Kutter und Kollektivrecht ineinanderfließen

Berufsfischer kennen das Problem leider nur zu gut: Wenn sie auf hoher See ihre Netze unter Bedingungen einholen, die aus dem Blickwinkel des gesetzlichen Arbeitsschutzes immer einmal wieder grenzwertig sind, finden sich dort nicht nur ausgewachsene und leckere Fische[1], die es kaum erwarten können ein Fischstäbchen[2] zu werden, sondern als Beifang[3] auch ganze Schwärme mit kleinen Jungfischen. Die süßen Kleinen müssen nach den Grundsätzen ordentlicher Fischfangwirtschaft sofort wieder schonend ins Meer zurückgeführt werden. Diese Differenzierung ist keine unzulässige Diskriminierung aufgrund des Alters respektive der Jugend iSv. § 7 Abs. 1 iVm. § 1 AGG. Diese Feststellung leitet sich schon aus § 6 Abs. 1 AGG ab, der festlegt, dass das Gesetz persönlich nur auf Beschäftigte anwendbar und damit gerade nicht auf unbeschäftigte Fische. Insoweit kann, bezogen auf die Fischwirtschaft, der allg. bekannte Rechtsgrundsatz »Hund iSd. Gesetzes ist auch eine Katze«, gerade nicht analog in die Formel »Beschäftigter im Sinne des AGG kann auch ein Jungfisch sein,« umgewandelt werden.

Neben für den menschlichen Verzehr noch ungeeigneten Jungfischen finden sich in den Netzen engagierter Fischer oft zahlreiche weitere Gegenstände, die dort eigentlich gar nicht hingehören wie etwa Plastiktüten, Haftminen, entwichene Torpedos, Geldkoffer, Pfandflaschen usw. Diese Form des Beifangs stellt Fischer vor eine Reihe von rechtlichen Problemen. Bezogen auf die Plastiktüten entsteht aus ökologischer Sicht die Anforderung, diese zu sammeln, zu glätten und nach der Rückkehr in den Hafen an einen Recyclinghof zu überführen. Bzgl. so gefährlicher Dinge wie Haftminen oder Torpedos entscheiden sich die Möglichkeiten der weiteren Verwendung leider in (allerdings sehr seltenen Fällen)

---

* Käpt'n Karl Kutter is normaly known als Prof. Dr. Peter Wedde.
1 Vgl. etwa die bebilderte Übersicht unter http://www.fische.info/Speisefische/.
2 Vgl. zur Geschichte der Fischstäbchen http://de.wikipedia.org/wiki/Fischst%C3%A4bchen; vgl. im Übrigen Anm. 1.
3 »*Beifang bezeichnet: in der Biologie als Beifang (Fischerei) den ungewollten Teil des Fischfangs, in der Rechtsgeschichte ein aus einer Herrlichkeit ausgegliedertes Recht (Jurisdiktion, Gerichtssprengel: »sein eigen herlicheit und beyfangh«), so z. B. ein begrenztes Gebiet, Hof, eine Mühle oder Ähnliches. Daraus konnte sich eine Bauerschaft entwickeln. Die Bezeichnung steht also für einen alten Gerichtsbezirk, das an einen Grundbesitzer gebundene Patrimonialgericht, als Alternative zu den Gogerichten, siehe Geschichte von Bockum-Hövel«*, vgl. http://de.wikipedia.org/wiki/Beifang [Anm. des Autors: wikipedia zitieren geht ja nun eigentlich gar nicht – aber anderswo ist das nicht so schön definiert].

final beim 1. Kontakt zu Ungunsten der Finder. In allen übrigen Fällen eröffnen sich je nach Erhaltungszustand unterschiedliche Vermarktungsperspektiven. Ist ein gefischter Geldkoffer gut gefüllt, sind bei der Einzahlung der Beträge bei einer Bank die Vorgaben des Geldwäschegesetzes (GWG) zu beachten. Bei gefundenen Pfandflaschen kann auf hoher See hingegen üblicherweise davon ausgegangen werden, dass der ehemalige Besitzer sein Eigentum aufgegeben hat und dass sie damit herrenlos gemäß § 959 BGB geworden sind. Der Einlösung nach der Rückkehr an Land steht damit nichts entgegen.

Insg. ist festzustellen, dass sich Beifang nicht für die eigentlichen Zwecke – nämlich Fischstäbchen – verwenden lässt. Es gibt für die Verwendung von Beifang in der Praxis regelmäßig nur 2 Möglichkeiten: Zurück dahin, wo er hergekommen ist oder für eigene Zwecke verwerten.

Eine ähnliche Situation besteht bzgl. des Beifangs in Betrieben, UN und Konzernen. Das Beifangproblem ist inzwischen allgegenwärtig. Es tritt früher oder später bspw. in fast jedem betrieblichen Netzwerk auf. Auch in den Maschen und an den Knotenpunkten betrieblicher Abläufe verfängt sich oft das eine oder andere Teil, das dort eigentlich nicht hingehört. Kaffee- oder Teeküchen sind ebenfalls betroffen. Wer hat hier beim Griff zur Tasse noch nicht das Erlebnis gehabt, Beifang in Form von Benutzungsspuren des Vorgängers zu entdecken. Diese Situation führt unmittelbar zu der Frage nach einschlägigen Mitwirkungs- und Mitbestimmungsrechten, die BR zur Bewältigung der sich hiermit verbindenden Probleme zur Verfügung stehen. Sind diese in den Tiefen des BetrVG zu entdecken, gilt es, sie schnell herauszuangeln, um AG hiermit an den Haken nehmen zu können – wenn dieses Bild erlaubt ist.

Wie wirksam Mitbestimmungsrechte sein können, zeigt sich an einem Urthema aus dem Bereich des betrieblichen Beifangs: den Taschenkontrollen. Betriebliche Regeln hierzu gibt es vielfach. Sie (die Taschenkontrollen) können zulässig sein, wenn die Persönlichkeitsrechte der betroffenen Beschäftigten im Ergebnis einer Interessenabwägung gewahrt werden.[4] Aus dem Mund eines Anglers gesprochen bedeutet das etwa, dass nur an jedem 20. Haken ein Wurm sein darf, damit 19 Fische ungeschoren davonkommen. Aber zurück zum Haken bzw. zum BetrVG: BR wissen natürlich, dass ihnen zur Regelung von Taschenkontrollen mit § 87 Abs. 1 Nr. 1 BetrVG ein wirksames Mitbestimmungsrecht zur Verfügung steht. Dies gilt, wenn es um Fragen der Ordnung des Betriebes und des Verhaltens der AN im Betrieb geht. Auf dieser Grundlage können sie sowohl Regelungen zur Häufigkeit von Kontrollen als auch zur Art der Durchführung

---

4 Zu diesem Thema wirklich umfassend *Klebe* in Däubler/Kittner/Klebe/Wedde, BetrVG, 13. Auflage, Frankfurt 2012, § 87 Rn. 67 mit ganz vielen Nachweisen.

mitbestimmen. Damit ist dem Blick in Handtaschen, Aktenkoffer und Rucksäcke der Weg geebnet.

Wichtig ist aber, dass bei zulässigen Taschenkontrollen in den Netzen der fischenden Wach- und Schließdienste nur selten unterschlagenes Eigentum des AG hängen bleibt, sehr oft aber Beifang in verschiedenen Gestalten. Neben »Klassikern« wie Zigaretten, Tabletten, Schlüsseln, Flachmännern und -frauen wird immer wieder von Funden wie portablen Gemüsebeeten zur Auffrischung des Kantinenessens, Minikühlschränken für vegane Kaffeesahne oder Trimm-Dich-Bänken berichtet. Im öff. Bereich hört man, dass individuelles Klopapier (vierlagig und extra weich), (immer noch) Ärmelschoner und hier und da Kopfstützen auf der Beifangliste stehen.

Ähnlich wie auf dem Meer gilt es auch bei Taschenkontrollen, den Beifang strukturiert zurückzuführen. BR sind deshalb bei der Ausübung ihrer Mitbestimmung gut beraten, wenn sie durch entspr. Regelungen in einer Beifang-Betriebsvereinbarung (BBV) sicherstellen, dass der kontrollierte Inhalt sich nachher wieder genau dort findet, wo er vorher war. Es gilt insoweit in Anlehnung an eine alte Fußballerweisheit der Grundsatz »Nach der Kontrolle muss wie vor der Kontrolle sein«. Werden Taschenkontrollen unternehmens- oder konzernweit einheitlich durchgeführt, können sie unter Beachtung der §§ 50 und 58 BetrVG als Beifang-Unternehmensbetriebsvereinbarung (BUBV) oder als Beifang-Konzernbetriebsvereinbarung (BKBV) abgeschlossen werden. Handelt es sich um Taschenkontrollen auf See, sind ggf. die besonderen Vorschriften in den §§ 114ff. BetrVG zu beachten.

Unzulässig ist es aber – und dies ist ein entscheidender Unterschied zur Situation im Fischereiwesen – Beifang für eigene Zwecke zu verwenden. Auch wenn der Reiz bspw. für einen kontrollierenden Raucher ohne eigene Zigaretten groß sein kann. Für Taschenkontrollen gilt uneingeschränkt »Was raus kommt, muss auch wieder rein«. Insoweit gilt ein absolutes Beifangverwertungsverbot. Dies speist sich im Übrigen aus den rechtlichen Grundsätzen, die der *2. Senat* des *BAG* in seiner Entscheidung zum »Sachvortragsverwertungsverbot« aufgestellt hat. Dort heißt es »*Ordnungsgemäß in den Prozess eingeführten Sachvortrag muss das entscheidende Gericht berücksichtigen. Ein »Verwertungsverbot« von Sachvortrag kennt das deutsche Zivilprozessrecht nicht.*«[5] Aus dieser Feststellung kann man im Rahmen einer umgekehrten Analogie nur folgern, dass dem deutschen Zivilrecht ein Beifangverwertungsverbot im Gegensatz zu einem Sachvortragsverwertungsverbot gerade nicht fremd ist. Ordnungsgemäß in Taschen eingeführte Gegenstände darf der AG nicht zu Lasten der Beschäftigten verwerten.

---

5 *BAG* 13.12.07, 2 AZR 537/06, AuR 2008, 398.

Komplexer als bei Taschenkontrollen gestaltet sich die kollektivrechtliche Situation, wenn elektronische Netze zum Einsatz kommen. Werden diese vom AG eingesetzt, bleibt in den Schleppnetzen immer viel hängen. Neben für Fischstäbchen verwertbaren Fischen – dh. also neben für Abmahnungen oder Kündigungen ausreichendem Fehlverhalten von Beschäftigten – findet sich in E-Mail-Netzen immer wieder viel Beifang wie bspw. Anhänge mit ziemlich peinlichen Fotos vom letzten Betriebsausflug, E-Mail-Inhalte, die berufliches oder privates Fremdgehen aufdecken oder die auf unerwünschte Kontakte zum BR hinweisen. Akt. Untersuchungen[6] zeigen, dass derartiger Beifang in elektronischen Netzen praktisch immer herumschwimmt.

Setzen AG für den Fischfang in elektronischen Netzen neue DLP-Systeme[7] ein, führt dies zu einem Generalproblem. Dies lässt sich an einem Bild verdeutlichen: Elektronische Netze kann man sich auch als einen großen Fischteich vorstellen, in dem Informationsfische auf verschiedenen Wegen von einem Ufer ans andere schwimmen. Das ist so gewollt, weil Informationen ja zwischen Ufern (=Betrieben) ausgetauscht werden müssen. Problematisch wird es aber, wenn ein böser Angler seinen Haken unbefugt in den Teich hängt, um gefangene Fische danach in den bereitstehenden Kescher zu füllen. Nun könnte man den Teich etwa durch einen hohen Zaun vor solchen illegalen Datenanglern schützen (bspw. durch Verschlüsselung und Einschränkung von Übermittlungsmöglichkeiten). Aber das wäre natürlich teuer und aufwändig. Deshalb ist es besser, wenn man alle Menschen, die an einem Ufer des Teichs arbeiten, ständig darauf kontrolliert, ob sie eine Angel in der Tasche haben.

Und genau so funktionieren DLP-Systeme in elektronischen Netzen: Sie kontrollieren ständig, welche Informationen AN dort hin und her schicken. Ist etwas nicht normal, schlagen sie automatisch Alarm. Nicht normal kann eine E-Mail aus einer Forschungsabteilung an die chinesische Botschaft sein, die eine Bilddatei enthält. Da könnte ein böser Spion geheime Pläne übermitteln. Es könnte aber auch sein, dass es sich nur um den Visumsantrag für eine Dienstreise zu einer Messe in China handelt. Das wäre dann nicht böse.

BR werden von AG in vielen Fällen darum gebeten, dem Einsatz von DLP-Systemen zuzustimmen, um das Böse entdecken zu können. Diese Bitte ist weder selbstlos noch bedeutet sie, dass AG das Mitbestimmungsrecht nach § 87 Abs. 1 Nr. 6 BetrVG beim Fischen aktiv anerkennen. Dieses ist vielmehr auch ohne An-

---

[6] Eine akt., aber leider nicht zitierbare Studien der (zumeist im Hintergrund arbeitenden) NennenswertenSchnüffelArbeitsgemeinschaft (NSA) steht fest, dass so etwas in elektronischen Netzen einfach immer passiert.

[7] Wer DLP-Systeme noch nicht kennt, sollte den Beitrag von *Höller* in Computer und Arbeit 8/9.2013 auf Seite 9 lesen. Der macht schlauer.

erkennung immer dann gegeben ist, wenn technische Einrichtungen zur Verhaltens- und Leistungskontrolle bestimmt sind, dh. nach der Rspr. des *BAG* auch nur dafür geeignet.[8] Einer Anerkennung durch AG bedarf das Recht nicht. Die Bitte der AG zielt also nicht auf mehr Mitbestimmung, sondern ist der Tatsache geschuldet, dass es für den Einsatz von elektronischen DLP-Schleppnetzen aus datenschutzrechtlicher Sicht keine Rechtsgrundlage gibt. Diese brauchen AG aber dummerweise nach § 4 Abs. 1 BDSG, um Daten ihrer Beschäftigten erheben, verarbeiten oder nutzen zu dürfen. Aus der für den Beschäftigtendatenschutz einschlägigen Regelung in § 32 Abs. 1 S. 1 BDSG lässt sich ein solches Recht nicht ableiten, weil der generelle Einsatz von DLP-Systemen nicht erforderlich ist. Weil aber DLP-Systeme nach Aussagen von AG für den Betrieb (und damit auch für die AN) nur das Beste wollen, stimmen BR der Einführung hier und da zu – und schaffen damit durch den Abschluss von Betriebsvereinbarungen erst eine Rechtsgrundlage iSv. § 4 Abs. 1 BDSG.

Dumm nur, dass mit den elektronischen Schleppnetzen der DLP-Systeme vom AG nicht nur Hechte, Haie und andere gefährliche Fische aus den digitalen Fluten gezogen werden, sondern dass sich dort als Beifang auch ganz harmlose Kois, Golffische usw. finden. Oder technisch gesagt: Das elektronische Schleppnetz ermöglicht nicht nur die Entdeckung von Geheimnisverrat, der in Betrieben manchmal vorkommt, sondern als Beifang bspw. auch eine unzulässige private Nutzung eines nur für dienstliche Zwecke bestimmten E-Mail-Systems.

Das auch für BR akzeptable Ziel, gefährliche Haifische bzw. Straftäter fangen zu wollen, erzeugt praktisch immer »elektronischen Beifang«. Würden die hierbei entdeckten kleinen Fische einfach wieder ins Meer geworfen, gäbe es kein Problem. Schwirig wird es, wenn der AG hierbei entdeckte »leere Pfandflaschen« für eigene Zwecke verwerten will. Anders als auf See sind Informationen in den elektronischen Netzen nämlich nicht herrenlos. Sie gehören vielmehr eindeutig zu Menschen und können deshalb auch gegen diese verwendet werden. Und das wollen BR nicht. Deshalb sind sie gut beraten, wenn sie den Einsatz von DLP-Schleppnetzen nur zulassen, wenn geklärt ist, dass der Beifang im Regelfall unbeachtet zurück in das digitale Meer geworfen wird. Ausnahmen können nur für wirklich gefährliche Dinge wie digitale Minen und Torpedos gelten. Finden sich diese etwa in Form von schweren Straftaten in den Maschen eines elektronischen Schleppnetzes, sollten BR aber verhindern, dass AG selbst Justiz spielen. Besser wäre es, wenn sie in diesen Fällen unter der überall zu erreichenden Nr. 110 jemanden anrufen, der sich damit wirklich gut auskennt.

---

8 *BAG* 6.12.1983, 1 ABR 43/81, AuR 1984, 288, 257 ff. mit Anm. *Wolgemuth*, 263 ff. mit Anm. *Kohte*.

Beifang – wo Kutter und Kollektivrecht ineinanderfließen

Was bedeutet das nun alles für die Praxis: Fischerei muss sich auf See und im Betrieb auf die Fische beschränken, die zum Verzehr bestimmt sind. Kleine Fische müssen geschont werden und gehören unversehrt dahin zurück, woher sie gekommen sind. Fischer wissen das aus Erfahrung. AG fehlt diese Erfahrung oft. Deshalb müssen BR darauf hinarbeiten, dieses Erfahrungsdefizit durch Betriebsvereinbarungen aufzuheben. Damit nicht nur auf See klare Verhältnisse herrschen, sondern auch in Betrieben.

Dr. Johanna Wenckebach

Karrierefreiheit statt Barrierefreiheit

Oder: Frauenquote? Lieber nie als zu spät!

Als wäre es nicht genug, dass die Gewerkschaften vor über 30 Jahren die paritätische Mitbestimmung der Arbeitnehmerschaft im Aufsichtsrat durchsetzten. Im Jahre 2013 wollen nun auch noch die Frauen anteilig einbezogen werden in die Steuerung des wirtschaftlichen Geschicks unseres Vater(!)lands. Zum Glück konnten sie bisher über einige Jahrzehnte im Zaum gehalten werden, so dass Schlimmeres verhindert wurde (der Frauenanteil an Führungspositionen auf der Ebene des Top-Managements beträgt 5,5 %[1]) – trotz einiger Unbelehrbarer, die an den Grundsätzen zu rütteln versuchten, dass vor dem Gesetz alle gleich sind und jede ihres Glückes eigene Schmiedin ist. Wo kämen wir dahin, wenn am Ende auch noch behinderte Menschen Zugang zu allen öffentlichen Gebäuden oder gar dem öffentlichen Nahverkehr verlangen?

Es war ein freundlicher, ein anerkennender Akt des Gesetzgebers, als Art. 3 GG um Abs. 2 S. 3 ergänzt wurde. Dies berechtigt jedoch niemanden zur Hysterie! Im Folgenden deshalb eine (er)nüchtern(d)e Analyse der Argumente für die Karrierefreiheit.

I. Problemstellung

Behauptungen, dass diskriminierungsfreie UN effizienter wirtschaften[2], müssen erst einmal bewiesen werden. Schlüssiger scheint eher das Argument aus dem englischen Recht, nach dem Homosexuelle aus der Armee auszuschließen sind, da ihre Mitarbeit im Militär dessen Kampfkraft mindere.[3] Der *Court of Appeal* wies Klagen gegen die entspr. Politik des Verteidigungsministeriums ab. *Sir Thomas Bingham* machte deutlich: »(...) the existing policy cannot (...) be stigmatised as irrational«[4]. Es verwundert, dass diese gerichtlich bestätigte Logik noch nicht auf Frauen in Führungspositionen übertragen wurde – hier hat man wohl den

---

[1] *Kocher/Laskowski/Rust/Weber* in FS Heide Pfarr, 117.
[2] *Achatz* in Abraham/Hinz, Arbeitsmarktsoziologie, Probleme, Theorien, empirische Befunde, 2. Auflage, Wiesbaden 2008, 263, 269 mwN.
[3] So die Rechtfertigung der entsprechenden Politik des damaligen britischen Verteidigungsministeriums im Fall *R v Ministry of Defence ex p. Seymour Smith* [1996] All ER 257 (CA).
[4] *R v Ministry of Defence ex p. Seymour Smith* [1996] All ER 257, 266 (CA).

Wald vor Bäumen nicht gesehen, denn die Argumente liegen auf der Hand; schließlich ist es (auch) biologische Erkenntnis, dass Männer evolutionsbedingt kampflustiger sind als Frauen.[5] Ihnen liegt es seit Jahrmillionen im Blut, sich gegen Konkurrenten durchzusetzen. Dieser Kampfkraft verdanken wir wirtschaftliche Erfolge – und nun eine Frauenquote? Das käme der Selbstaufgabe gleich. Ökonomen sehen laut des IW[6] große Gefahren für die Wettbewerbsfähigkeit Dt., sollte die Quote (jemals) kommen: Nicht nur, dass der Wettbewerb verzerrt würde: Zu befürchten sei, dass »Anreize zur Bildung von Humankapital sinken«[7] und auch hier ist die Logik offensichtlich: Frauen werden sich, gänzlich unproduktiv, auf der Quote ausruhen – ihre Beförderung wird ja Gewissheit – während »dies entsprechend bei der benachteiligten Gruppe [den Männern, Anm. d. Verf.] zu resignativem Verhalten führen oder sich in einer höheren Wahrscheinlichkeit eines Betriebswechsels niederschlagen«[8] könnte. Nun könnte – unter Anwendung dieser »Resignations-These« auf die aktuelle Situation – argumentiert werden, Frauen könnten aufgrund ihrer Benachteiligungssituation womöglich jetzt schon demotiviert sein, so dass eine Quote das weibliche Humankapital zumindest nicht weiter minimieren würde. Allerdings würde eine Frauenquote Männer direkt diskriminieren – Beweis obsolet. Ob die aktuell vorliegende, faktische Geschlechterquotierung dagegen auf eine Frauendiskriminierung zurück zu führen ist, das soll erst einmal bewiesen werden.[9] Schließlich begegnet das Konzept struktureller Benachteiligung ohnehin »erheblichen Bedenken, da es letztlich Ausdruck eines marktwirtschaftsfeindlichen Wirtschaftsverständnisses ist«[10].

In den Blick dürfen bei den wirtschaftlichen Risiken allerdings keinesfalls nur Frauen genommen werden: Auch bei Männern in Frauenrollen bedarf es keines statistischen Beweises, um ein Fehlen von Kampfkraft zu begründen, das Benachteiligungen rechtfertigt. Wer länger als 2 Monate Elternzeit beantragt – oder, je nach Branche, überhaupt erklärt, seine »Vätermonate« (§ 4 Abs. 2 S. 3 BEEG) in Anspruch nehmen zu wollen – outet sich ebenso als Schwächling, wie die Evolutionsbiologie es für Frauen längst bewiesen hat. Männer, die Erziehungsaufgaben bereitwillig übernehmen, bringen es – dazu möge man den Jubilar befragen –

---

5 *Bischof-Köhler*, Von Natur aus anders – Die Psychologie der Geschlechtsunterschiede, 2006.
6 Institut für Wirtschaftsforschung (IW), INSM WiWo Politikcheck April 2013; abrufbar unter http://deutschland-check.de/im-test-eu-richtlinienentwurf-zur-einfhrung-einer-geschlechterquote-in-der-eu.html, zuletzt geprüft am 19.6.13.
7 IW April 2013, s. Fn.428.
8 IW April 2013, s. Fn.428.
9 Seitens der Arbeitsgerichtsbarkeit ist hier kaum etwas zu befürchten; siehe *Wenckebach* in KJ 2011, 370 ff.
10 *Adomeit/Mohr*, AGG, 1. Aufl. 2007, § 5 Rn.12.

allenfalls noch zum Chefredakteur einer Zeitschrift, die das Funktionieren des Marktes ohnehin in Frage stellt.
Um die Verweichlichung und damit ein Abweichen vom Erfolgskurs zu verhindern, sind rechtspolitisch auf breiter Front kluge Schachzüge gefragt. Für die Quote gilt: Aufgeschoben[11] ist leider nicht aufgehoben. Und dabei ist eine Frauenquote in Aufsichtsräten nur der Gipfel eines für die MS Deutschland höchst gefährlichen Eisbergs. Wenn Frauen bereits an »gläserne Decken« stoßen, ist es jedenfalls schon zu spät. Präventive Maßnahmen müssten deshalb frühzeitig eingreifen und am besten schon Einstellungen erfassen – nicht erst Kündigungen. Ein schwerer Fehler also, dass nur Kündigungen, nicht aber Einstellungen aus dem Anwendungsbereich des Allgemeinen Gleichbehandlungsgesetzes (AGG) gestrichen wurden, Vgl. § 2 Abs. 4 AGG.
Die »Herdprämie« ist natürlich keine schlechte Idee um zu verhindern, dass Frauen bzw. Männer mit frauenspezifischem Verhalten sich ins Berufsleben einmischen und dort womöglich auch noch anfangen, ihren Lohn mit denen (echter) männlicher Kollegen zu vergleichen. Wichtig unter Präventionsgesichtspunkten sicherlich nach wie vor auch die arbeitsmarktpolitische Wirkung des Ehegattensplittings im Steuerrecht.[12] Aber auch mithilfe des Arbeitsrechts kann Schlimmeres verhindert werden:

II. Arbeitsrechtliche Stellschrauben

Wichtig zum Ausbremsen von Anhängern eines marktwirtschaftsfeindlichen Wirtschaftsverständnisses (s. o.) und deren Forderungen nach einer Vereinbarkeit von Beruf und Familie, ist beispielsweise das TzBfG. Diejenigen, die Teilzeitarbeit beantragen, sollten schon sehen, was sie davon haben – Verantwortung kann jedenfalls unter solchen Umständen wohl kaum übernommen werden. Eine Fortbildung von Teilzeitkräften kommt Geldverschwendung gleich. Aber wenn frau bemerkt, dass es irgendwie nicht weiter geht (erst Recht nicht aufwärts), hat die Falle schon zugeschnappt. Pläne, nach einer womöglich kürzeren Familienphase einfach wieder Vollzeit arbeiten zu wollen, weiß § 9 TzBfG zu ver-

---

11 Ein vom Bundesrat bereits gebilligter Gesetzesentwurf, der eine für 2023 eine Quote von 40 % in den Aufsichtsräten großer UN forderte, ist am 18. 4. 13 im Bundestag gescheitert.
12 *Sacksofsky* in Hohmann-Dennhardt/Körner/Zimmer: Einfluss des Steuerrechts auf die Berufstätigkeit von Müttern, 363 ff.

hindern; flankiert durch die Rechtsprechung des *BAG* zum Teilzeitanspruch, der nur unbefristet beantragt werden könne.[13]

Zwar wurde vereinzelt vertreten, dass durchaus gute Gründe für eine offenere Interpretation des § 8 TzBfG sprechen.[14] Und diese Argumentation wurde aufgegriffen, sogar erst kürzlich.[15] Doch Anlass zur Sorge sind solche Anwandlungen kaum. Die hM. hat ihnen bereits »»den Ehrentitel aA«[16] verliehen, und es entspricht im Übrigen auch der Meinung der (noch) Herrschenden, dass Teilzeitarbeit auch in Zukunft nur dauerhaft beantragt werden kann.[17] Irgendwo hat auch die Karrierefreiheit ihre Grenzen.

Auch beim Übergang zurück ins Berufsleben nach der Elternzeit ließe sich noch einiges ausgleichen, wo der Kündigungsschutz der Elternzeit ein Aussieben der arbeitsunwilligen Familienwesen noch verhindert (falls sie nicht freiwillig aufgeben; Stichwort Resignation, s. o.). Im Zweifel bieten sich Versetzungen auf Stellen mit weniger Verantwortung, Einkommen und Aufstiegschancen an.

Des Weiteren ist zu beachten: Wer als AG bei der Lage der Arbeitszeit nachgibt, hat schon verloren.[18] Auch hier gilt das beschriebene Motto kluger Betriebspolitik: Hart bleiben!

III. Verfassungsrecht, insbesondere das Rheinische Grundgesetz

Nun berufen sich einige Weltverbesserer auf Art. 6 GG, insbesondere auch, um die Rechte berufstätiger Väter zu stärken.[19] Aber warum sollte diese Norm – etwa hinsichtlich der Ausübung des arbeitgeberseitigen Weisungsrechts (§ 106 GewO) oder bei der Begrenzung arbeitnehmerseitiger Gestaltungsrechte durch betriebliche Gründe (zB. § 8 TzBfG) – mehr bewirken können, als Art.3 II GG das zugunsten der Frauengleichstellung tut? Vielmehr gilt:

---

13 *BAG* 12.9.06, 9 AZR 686/05 AP Nr. 17 zu § 8 TzBfG.
14 *Buschmann* in TZA, § 8 TzBfG Rn.27.
15 *Kohte*, AuR 2007, 413, 415; zuletzt *Kocher/Groskreutz/Nassibi/Paschke/Schulz/Welti/Wenckebach/Zimmer*, Das Recht auf eine selbstbestimmte Erwerbsbiographie, 2013.
16 *Kohte*, AuR 2007, 413, 415.
17 Während »Arbeit und Recht« noch im Mai 2013 einen Kommentar zu den Plänen einer Reform des Teilzeitrechts druckte (*Wenckebach*, Teilzeitarbeit: Vorwärts immer, rückwärts nimmer?, AuR 2013, 189), holte die FDP bereits die ambitionierten Ministerinnen aus BMFSFJ und BMAS wieder auf den (natürlich harten) Boden der Tatsachen zurück: Kein Rückkehrrecht auf eine Vollzeitstelle; keine befristete Reduzierung der Arbeitszeit.
18 Fallbeispiele aus der Praxis, in denen diesbezüglich Vorsicht geboten ist bei *Paschke*, AuR 2012, 11ff.
19 Bspw. *Buschmann* in: Geschlechtergerechtigkeit (FS für Heide Pfarr), 442ff.

»Privatwirtschaftliche Gleichstellungsgesetze existieren aufgrund durchgreifender (unions-) verfassungsrechtlicher Bedenken nicht«[20]. Und gegen so detaillierte Argumente lässt sich wohl kaum etwas erwidern. Auch hier zählt eben vor allem der Durchgriff.

Wer sich trotz dieser eindeutigen Rechtslage vor verfassungsrechtlichen Vorgaben fürchtet, gründe eben einen Betriebskindergarten. Der kann ja zur Not auch Oma und Opa aufnehmen – anstelle von Pflegezeit.

Und die sich noch einen Betriebsrat leisten, könnten es freilich etwas schwerer haben – vorausgesetzt, dieser nimmt seine Aufgabe, die Beschäftigten bei der Vereinbarkeit von Familie und Beruf zu unterstützen (§ 80 I Nr. 2b BetrVG[21]) ernst. An dieser Stelle sei diesbezüglich nur auf einschlägige Präventionsmaßnahmen verwiesen. Personalabteilungen sollten generalpräventiv in jedem Falle im Werkvertragsrecht geschult werden.

Zu wenig beachtet erscheint mir bei der vorliegenden Diskussion allerdings das rheinische Grundgesetz (rhGG). Eine wichtige Auslegungshilfe bei gleichstellungsrechtlichen Fragen bietet gleich der erste Artikel: »Et kütt wie et kütt.« Was nützen da angemessene Vorkehrungen?[22] In Fällen, in denen dennoch Anspruch auf Beförderungen erhoben wird, weil etwa mittelbar diskriminierende Auswahlkriterien (§ 3 II AGG) vermutet werden[23], so verhilft spätestens bei der Berechnung des Schadensersatzes (§ 15 AGG) Art.4 rhGG: Wat fott es, es fott. Sollte jemand auf die Idee kommen, eine Verletzung von Persönlichkeitsrechten geltend zu machen und deshalb einen Ersatz immaterieller Schäden fordern, so wäre Art.7 rhGG zu beachten: Wat weels de maache? IdS:

IV. Fazit und Ausblick

Angesichts des hier aufgezeigten, doch recht breiten Handlungsspektrums insbes. im Arbeitsrecht bleibt Hoffnung, dass die Brüderlichkeit weiter die Voraussetzungen der Gleichheit bestimmt und damit auch in Zukunft die Freiheit sichert. Die Frauen wissen vermutlich auch, dass sie nicht in den Aufsichtsräten gebraucht werden – sondern zuhause! Es geht ja nicht nur um die Babys und um die pflegebedürftigen Großeltern – in Zeiten steigender Jugendarbeitslosigkeit müssen auch die jungen Erwachsenen liebevoll zuhause umsorgt werden, und es

---

20 *Adomeit/Mohr*, AGG, 2. Aufl. 2011, § 5 Rn.8.
21 Dazu etwa *Nebe* in jurisPR-ArbR 36/2009, Anm.1 und *Kohte/Schulze-Doll* in jurisPR-ArbR 46/2009, Anm.5.
22 Dies übersehen Kocher/Wenckebach, Soziales Recht 2013, 17 ff.
23 Eine (!) hat es immerhin schon auf dem Rechtsweg versucht: BAG 22.7.10, 8 AZR 1012/08; sie streitet noch heute.

gibt sogar rechtswissenschaftliche Erkenntnisse darüber, dass all dies nur die Frauen bieten können[24].

Abschließend sei mir noch eine persönliche Bemerkung gestattet: Da ich mich als Teilzeitbeschäftigte Mutter mit Doktortitel weder den »Emanzen« und/oder »Rabenmüttern« noch den »Heimchen am Herd« gänzlich zugehörig fühlen kann, verliere ich bisweilen doch einen sehnsuchtsvollen Gedanken an den Titel »Quotenfrau«. Es wird zwar darauf hingewiesen, dass die Einführung einer Frauenquote die »Gefahr einer Stigmatisierung«[25] auslöst. Aber ist nicht die Freiheit, sich unter verschiedenen Stigmatisierungen eine auszusuchen, auch eine Freiheit? Solche Überlegungen vermögen freilich nur selten vom Genuss der großen Karrierefreiheit abzulenken.

---

24 Adomeit/Mohr, AGG, 1. Aufl., Einl. Rn.169.
25 So »könnte der Eindruck entstehen, dass letztlich das Geschlecht und nicht die Eignung und Qualifikation eines Kandidaten die entscheidende Rolle bei der Auswahl gespielt habe«, IW April 2013, siehe Fn.428.

Jurij Serenus[1]

Aus dem Nichts

Kurzrezensionen fiktiver juristischer Texte

Dem verehrten Jubilar sei eine bescheidene Auswahl erfundener Besprechungen ebenso fiktiver Texte dediziert, die ihm Kurzweil bereiten soll. Die rezensierten Schriftwerke und Autoren sind mit Ausnahme des Textauszugs vor 1. frei erfunden; es sei versichert: freier als der mephistophelische Höfgen des *Klaus Mann*! Nicht fiktiv, sondern vollständig real sind hingegen sämtliche Fußnoten-Zitate, wiederum bis auf eine einzige Ausnahme. Ob mit den Rezensionen nicht existierender Publikationen eine *creatio ex nihilo* gelungen ist, die *Lukrez* für unmöglich hält, da aus nichts niemals etwas anderes werden könne, als wiederum nichts[2], lege ich in das Ermessen des Publikums.

In der Manier von *risor silvaticus* sei ein Exzerpt aus einem belletristischen Meisterwerk vorangestellt, mit dem sich diese kleine Anthologie, für die nur die methodische Idee »geklaut« wurde, natürlich um keinen Preis der Welt vergleichen möchte oder gar kann. Wer kennt den Autor und das Werk, dem folgende Zeilen entnommen sind?[3]

»Joachim Fersengeld, Perycalypsis (Editions de minuit – Paris), ... Da man aber nach dem Tod der von Religion und Zensur erlassenen Verbote alles oder Beliebiges sagen und nach dem Verschwinden aufmerksamer, um jedes Wort zitternder Zuhörer irgend etwas irgend jemandem zubrüllen kann, ist die Literatur mit ihrer ganzen humanistischen Verwandtschaft eine Leiche, deren hartnäckig fortschreitender Zerfall von der engsten Familie verheimlicht wird. ...

... Man muß eine Humanity Salvation Foundation gründen, eine Stiftung zur Rettung der Menschheit, als Einlage von sechzehn Billionen mit Goldparität, die mit vier vom Hundert jährlich verzinst wird. Aus dieser Stiftung muß man alle Schaffenden bezahlen: Erfinder, Gelehrte, Techniker, Maler, Schriftsteller, Dichter, Dramatiker, Philosophen und Projektierer, und zwar auf folgende Weise. Wer nichts schreibt, nichts projektiert, nichts malt, nichts vorschlägt und nichts patentieren

---

1 Der Autor dieses Beitrags publiziert herkömmlicherweise unter der Benennung »*Andrej Wroblewski*«.
2 De Rerum Natura II, 287.
3 Bereits hier sei verraten: es handelt sich bei dem Autoren natürlich nicht um *Fersengeld*; dieser und seine »Perycalypsis« sind Fiktion, in einem ungewöhnlichen Sinne »Science Fiction«.

lässt – *bezieht ein lebenslanges Stipendium in Höhe von 36 000 Dollar jährlich. Wer irgend etwas von dem Erwähnten tut, erhält entsprechend weniger.*
Die »Perycalypsis« enthält eine vollständige Zusammenstellung der Abzüge für alle Formen schöpferischer Tätigkeit. Bei einer Erfindung oder zwei Büchern pro Jahr erhält man keinen Groschen mehr; bei drei Titeln muß man bereits für das Geschaffene selber draufzahlen. Infolgedessen wird nur ein echter Altruist, nur ein Asket des Geistes, der seine Nächsten liebt, sich selbst aber kein bisschen, noch irgendetwas schreiben. Dagegen wird die Produktion verkäuflichen Mülls aufhören; das weiß Joachim Fersengeld aus eigener Erfahrung, denn er hat seine »Perycalypsis« auf eigene Kosten – *mit Verlust!* – *herausgebracht. ...«*

1. Besprechung von Dr. Sieghelm Hirschenbüttel: Politik des Rechts

Ein überaus heißes Eisen ist dem Juristen stets die Politik. »Ein garstig Lied! Pfui! Ein politisch Lied! Ein leidig Lied!«[4] *Hirschenbüttel* packt das Eisen an. Obschon bekanntermaßen im Vollbesitz einer gediegenen juristischen Ausbildung, ja Bildung, beeindruckt er auf den 843 S. seines *opus eximium* durchgehend mit dezidiert politischer Herangehensweise. Zu weit ginge es, sich anlässlich der Lektüre des ersten großen Hauptteils mit der Zwischenüberschrift »Das Recht als Politik« an die *Petrus Damiani* zugeschriebene Wendung von der Philosophie als Magd der Theologie (*philosophia ancilla theologiae*) erinnert zu fühlen. Die Rangordnung steht für *H.* freilich außerhalb jeglichen Zweifels: Das Recht ist ihm einzig und allein Teilaspekt der Politik und verfügt weder über eine eigene Geschichte[5], noch über eine dem Politischen gegenüber unabhängige Existenz bzw. Existenzberechtigung. Letzteres erscheint angesichts der gegenüber der Politik andersartigen Funktionen des Rechtssystems und dessen unmittelbaren Zusammenhängen insbes. mit sozialen und ökonomischen Verhältnissen doch als stark überzogen und einseitig. Über bloßen Rechtspositivismus weit hinausgehend »dekonstruiert« er mit Akribie das »Glasperlenspiel« juristischer Dogmatik, um die im Kern der Materie schlummernde Energie reiner politischer Dezision freizusetzen. Wobei sich allerdings die von *H.* nicht gestellte Frage aufdrängt, ob die Politik souverän entscheiden kann oder vielmehr ihrerseits gesellschaftlich bedingt ist. Der politische Wille bedarf immer der sozialen Macht zu seiner Realisierung. Diese Macht kann nicht zirkulär »aus sich selbst« resultieren, sondern

---

4 *Goethe*, Faust, Auerbachs Keller in Leipzig, Zeilen 2092, 2093.
5 *Marx/Engels*, Deutsche Ideologie, MEW Bd. 3, 63: »Nicht zu vergessen, dass das Recht ebenso wenig eine eigene Geschichte hat wie die Religion«.

nur aus konkreten Kräftekonstellationen. Politik und Recht wären, um ein historisches Bsp. aus Norddeutschland zu erwähnen, ohne die revolutionäre Meuterei der in Wilhelmshaven (29.10.1918) und Kiel (3./4.11.1918) von Bord gegangenen Matrosen, anders verlaufen. TVG und BetrVG sind Sprösslinge jener Zeit (neudeutsch: children of the revolution).[6]

Das tut der Leistung von *H*. keinen Abbruch: Bornierter juristischer Selbstüberschätzung und Autonomiegespinsten wird besonders im 2. großen Hauptteil des Werkes der Zerrspiegel vorgehalten, um sie dergestalt »*bis zur Kenntlichkeit*« zu verwandeln.[7] Das ist löblich angesichts gescheiterter Versuche professoraler Arbeitsrechtskodifizierung im Auftrage begüterter Politikstiftung. *H*. tut auch wohl daran, eine selbstverliehene »Kompetenz« des Richters als »Gegengesetzgeber« abzulehnen (wo der Gesetzgeber bei Regelungsnotwendigkeit untätig ist, muss freilich wie im Falle des Arbeitskampfrechts die Judikative in die Bresche springen). Neulich erfanden höchste Arbeitsrichter sogar ein neues juristisch-politisches Prinzip, mit dem sich gesetzlicher Arbeitnehmerschutz auflockern, vielleicht sogar auflösen lässt. Der Richter gewährt »Schutz vor dem Schutz des Gesetzes«. *H*. bezweifelt, ob diese »Negation der Negation« als dialektischer Genie-Streich vor der Verfassung bestehen kann. Es mute seltsam an, ein Gesetz, dass zum Schutz der AN vor prekärer Beschäftigung unter bestimmten Voraussetzungen aus einem befristeten ein unbefristetes Arbeitsverhältnis macht, teilweise unangewendet zu lassen – aus Gründen des Arbeitnehmerschutzes. Geschützt werde das Recht, bei der Konkurrenz um offene Stellen keinen Nachteil durch besseres Schutzniveau zu riskieren. Letztlich stecke dahinter die alte politische Idee, Arbeitslose gegen »Arbeitsplatzbesitzer« auszuspielen, oder schöner geredet: »die Beseitigung von Arbeitsrechtsvorschriften als Einstellungshindernissen«.[8] Auch im eur. Unionsrecht sieht *H*. Grenzüberschreitungen der Judikative und teilt die Ansicht, dass es ggf. nötig ist, »eine überambitionierte judizielle EU-Governance in die Schranken zu weisen«.[9] *H.s* Ausführungen müssen nicht Jeden in jeder Einzelheit überzeugen. Für wissenschaftlich tätige, noch mehr aber für praktizierende Juristinnen und Juristen tut sich hier ein reicher Quell wichtiger Anregungen auf. Wenn im 1. Teil beim »Zurechtstutzen« des Juristischen das rechte Maß überschritten und andererseits ein zu unkritisches Bild des Politischen gezeichnet wird, regt auch dies immerhin zur Auseinandersetzung an. Ein Standardwerk zu einem grundlegenden Spannungsverhältnis? Gewiss. »Die

---

6 Titel eines Popsongs von *T. Rex*, 1972.
7 *Bertolt Brecht*, Gedichte in einem Band, Frankfurt/M. 1981, S. 475.
8 Zur Problematik und empirischen Haltlosigkeit dieses recht*politischen* Ansatzes bereits *Buschmann*, AuR 1986, 210 und *derselbe* in Arbeitsrecht und Arbeitsgerichtsbarkeit (FS 1999), 543 ff.
9 *Höreth*, ZfP 2013, 48, 69.

Zukunft gehöre weder den Politikastern, noch den Juristikastern!«, sprach der Rezensent respektive Kritikaster.

2. Dr. Ilona Ringelsatz: Humor und Poesie im Recht, Rechtsphilologischer Sendbote Nr. 123, S. 45 ff.

Wer kennt sie nicht, die dichtenden Juristen? Richter, die in Reimform richten. R. hat es geschafft, für ihren neuesten Sendbotenbeitrag eine umfassende Kompilation und Bibliographie derartiger Hervorbringungen anzufertigen. Die durch juristisches Tagewerk nicht zu vollständiger Spaßresistenz verödeten Zunftgenossinnen und -genossen werden applaudieren. Abgerundet wird ihr kleiner Almanach durch Kuriositäten der Rechtspraxis, unfreiwillige bisweilen derbe Scherze eines *l'humour noir*, zB. die wahre Begebenheit, dass ein AG einer AN für das Schreiben, mit dem er ihr die Kündigung ausspricht, auch noch die Zustellkosten in Rechnung stellt. Sogar Poesie findet sich im Rechtswesen, denn im Kampf ums Recht entwickelt sich die »Poesie des Charakters« (*Jhering*). Freilich kann sich des Poeten Ross seine Reiter wie Gegner nicht aussuchen: »Doch, mein Pegasus, du weilest/ Viel zu lang bei dem Kolumbus – / Wisse, unser heutger Flugritt/ gilt dem gringern Mann, dem Cortez.«[10] Anders als der Titel ihres Aufsatzes suggeriert, geht es R. nicht nur um Humor und Lyrik **im** Recht, sondern im letzten Teil umgekehrt auch um den Widerhall des Juristischen in der komischen und poetischen Lit. Von *Corneille*, *Jakob Grimm* (»Von der Poesie im Recht«), über *Goethe*, *E.T.A. Hoffmann*, *Heine* wird der Bogen bis zu zeitgenössischen Autorinnen und Autoren gespannt. Alles in allem hat die Verfasserin im akt. Sendboten einen Fundus für geistige Lockerungsübungen zwecks »Burn-out«-Prävention bereitgestellt, oder immerhin noch als Palliativum.

3. Alberta Sandner, Der Begriff »Zeit« in der Jurisprudenz, 2 Bände

Die Frage, was »Zeit« ist, stellt sich Juristen gemeinhin nicht. Man meint, gut ohne diesbezügliche Forschungsprojekte oder sonstige tiefschürfende Analysen zu Recht zu kommen. Welchen Gebrauch man von der Zeit macht, das erscheint als wesentlich interessantere Frage. Was gehört zur Arbeitszeit?[11] Wie viel Zeit

---

10 *Heine*, Romanzero, 1. Buch, Vitzliputzli, Kap. 1, 13. Strophe.
11 Vgl. dazu *Buschmann/Ulber*, Arbeitszeitgesetz, 7. Aufl. 2011; zum inter- und supranationalen Recht auf menschengerechte Arbeitszeitgestaltung: *Buschmann*, FS Etzel 2011, 103 ff.

darf der AN als Freizeit, als Elternzeit uä. verwenden? Wie viel Zeit darf sich ein Käufer bis zur Zahlung des Preises lassen? etc. pp. Die Grundsatzfrage, was Zeit als solche für das Recht eigentlich bedeutet, möchte S. mit ihrer vorli. Untersuchung beantworten. Zunächst nähert sie sich der Problematik semantisch und durch interdisziplinären Vergleich. Im Bereich der Physik verstört ein wenig die *Einstein'sche* Erkenntnis des Abhandenkommens einer vom Raum unabhängigen Größe »Zeit«. Soll nun folgerichtig das Arbeitszeitrecht in »Recht des vierdimensionalen Raum-Zeit-Kontinuums in Arbeitsverhältnissen« umfirmiert werden? Diese Frage zu stellen, heißt, sie zu verneinen. Letztlich kommt S. zum überaus einleuchtenden Schluss, für die Zwecke der Jurisprudenz reiche ein unreflektierter Blick auf Uhr und Kalender nicht nur aus, vielmehr sei dies das einzig Angemessene und Richtige. Dem kann guten Gewissens – unabhängig von der Lektüre dieses umfangreichen Traktats – beigepflichtet werden.

4. Kasimir Gutenrath, Schriftsätze leicht gemacht, Das modulare Anwaltsbüro, DVD

Der Autor befriedigt ein in der Advokatenzunft virulent gewordenes Bedürfnis. Die angebotenen Textbausteine sind einfach zeitgemäß. Alle erforderlichen Schriftsätze lassen sich lässig per Mouse-Click generieren. Lästiges Grübeln *war gestern*! Hilfreich für arbeitsrechtlich tätige Zunftgenossen: Die Menü-Funktion »Arbeitgeber/Arbeitnehmer«: die ausgewählte Einstellung wird für das ganze Mandat konsequent beibehalten. Auch *gestern* waren Zweifel (gehen *gar* nicht!), insbes. an der Machbarkeit automatisierten Modular-Schreibens.[12] Besonders gelungen sind aus User-Sicht zwei Ausstattungsmerkmale zur Abrundung der edlen Qualitätsanmutung: Serienmäßig ist ein Profi-L.O.I.[13]-Tool installiert, das nicht nur für diejenigen Fachkollegen, die im Wirtschaftsrecht unterwegs sind, wertvollen Wording-Service bietet. Last but not least ein echtes Highlight: die automatische Stundensatzkalkulationsfunktion, die sich für die just in time erstellte Honorarabrechnung sofort unentbehrlich macht. Fazit: Eine lange überfällige Computerapplikation aus dem Hause *Gutenrath* für alle, die sich müßiges und zeitraubendes »Selbstdenken« schlicht nicht leisten können – Zeit ist Geld und *Gutenraths* Software Gold wert!

---

12 A.A. noch der fiktive Rezensent von »Do yourself a book« in *Stanislaw Lem*, Die vollkommene Leere, Frankfurt/M. 1981, S. 108 ff., aus diesem Werk bereits die Fiktivbesprechung von *Fersengelds* »Perycalypsis« oben vor 1., die dortigen wörtlichen Zitate sind S. 90, 93 f. entnommen.
13 Lingua Oeconomici Imperii (LOI) vgl. gleichnamige in Anlehnung an *V. Klemperers* Lingua Tertii Imperii (LTI) benannte Kolumne von *risor silvaticus* aus der AuR ab 2002, zuletzt in AuR 2009, 419; auch »Manager-Sprech« oder altertümelnd »Blendwerk und Gleisnerei« genannt.

5. Sebastian Hasek, Juristische Stilkunde, 9. Auflage

Man betrachte das von *H.* Geschaffene mit »fröhlicher Strenge«.[14] Zur Abschreckung und Belehrung der Leser und potentiellen Schreiber präsentiert er wie in den Vorauflagen Exempel stilistischer Pannen und Fehlgeleitetheiten aus den von ihm in großer Zahl gesichteten forensischen Schriftsätzen und außergerichtlichen Schreiben. Da wird munter drauflos geschraubt und kanzleistilisiert, da gibt man gewandt der »Hoffnung, keine weitere Fehlbitte geleistet zu haben,« Ausdruck, um nur eine einzige der vielen Blüten arteigener Schönheit von dieser reichen Wiese zu pflücken. *H.s* Abmahnung des ebenfalls seltsamen, aber wohl unausrottbaren Superlativs »in keinster Weise« fehlt auch in dieser Auflage nicht. Insgesamt findet sich in der Fibel ein Füllhorn voll von launigem, teils ungenießbarem »Rotwälsch, womit die Jurisprudenz das Recht überredet«.[15] Leider überzeugen mich die auf die Kritik folgenden positiven Ratschläge für treffendes Schreiben nach wie vor deutlich weniger.

Doch weigere ich mich, diese kurze Anthologie mit Mäkelei und dunklen Betrachtungen gen Ende zu schleppen – man übe die gebotene Strenge des Betrachtens stets mit Fröhlichkeit![16] Eben diese Strenge mag freilich zur Erkenntnis führen, nicht nur der Rest wäre besser Schweigen gewesen. Man muss nicht, ja man darf nicht wie *Fersengeld* die letzte Konsequenz ziehen und seine Leser auffordern, das eigene Werk, in seinem Falle die »Perycalypsis« nach Lektüre umgehend zu »zerreißen und anzuzünden«.[17] In Anbetracht des Rezensierten, der Rezensenten und des Herausgebers könnte es allenfalls angebracht sein, in Abwandlung eines geflügelten Wortes mit der Erkenntnis und Selbsterkenntnis zu schließen: »*si non scripsisses, philosophus mansisses*«.

---

14 *Bertolt Brecht*, a. a. O., 673, 674; nicht zu verwechseln mit fröhlicher Wissenschaft/La gaya scienza (*Nietzsche*) oder gar fröhlicher Rechtswissenschaft (*Hanau*).
15 *Karl Kraus*, Die Fackel, Heft 349–350 (13. 5. 1912), S. 17.
16 Dieser Forderung beipflichtend: *Rigor Hilarus*, Maximen für vergnügliches Schreiben, Witzbergen, 2013, passim; gewiss nicht a. A.: das Oeuvre von *risor silvaticus*.
17 *Lem*, aaO (Fn. 12), S. 96.

Dr. Reingard Zimmer

Grundrecht auf Ausbeutung?

I. Einleitung

Gibt es ein Grundrecht auf Ausbeutung? Diese Frage dürfte nach dem Geschmack von *Rudolf Buschmann* sein, der immer vehement für seine Positionen gestritten und jeden »Unsinn« zurückgewiesen hat – und sei er auch noch so kunstvoll vorgetragen worden, ihm ist dieser Beitrag gewidmet. So absurd die Frage nach der Existenz eines Grundrechts (des Unternehmers) auf Ausbeutung der Beschäftigten auch erscheinen mag, so kann einem diese Frage durchaus in abgeschwächter Form auf der einen oder anderen Tagung begegnen, wo sie von interessierter Seite aufgeworfen wird. So wurde kürzlich das Grundrecht des AG auf (dauerhaften) Einsatz von Leiharbeit proklamiert, von dort ist es nicht weit zum Recht des AG, den maximalen Profit aus seinen »Untergebenen« herauszuquetschen. Zugegebenermaßen stehen dem einige Arbeitnehmerschutzgesetze entgegen, aber sind diese nicht eigentlich ein »antiquierter Ausdruck von Überregulierung«, die es abzubauen gilt? Der vorliegende Beitrag geht diesen Fragen nach und erinnert an zentrale arbeits- und verfassungsrechtliche Grundsätze.

II. Grundrecht auf Ausbeutung?

Das Recht des AG, sein UN derart zu strukturieren, dass eine größtmögliche Gewinnmaximierung erzielt wird, kann als Teil der unternehmerischen Freiheit eingeordnet werden. Doch wie weitgehend ist diese? Wie weit darf der Unternehmer seine Beschäftigten ausbeuten? Und ist dieses Recht verfassungsmäßig abgesichert? Diskussionen darüber sind wahrlich nicht neu. Die Schwierigkeiten beginnen bereits bei der Begrifflichkeit, was ist »Ausbeutung«, wann beginnt diese? Bis zu welchem Punkt ist das Abschöpfen des Gewinns legitim – und ab wann muss doch ein gewisser Anteil davon den Beschäftigten und ihrem Schutz zukommen? Der Duden führt als Synonyme zu »Ausbeutung« folgende Begrifflichkeiten auf: »Förderung, Nepp, Wucher«.[1] Eine erstaunliche Mischung, werden also bei Ausbeutung in Wirklichkeit die Beschäftigten gefördert? Nun, treiben

---

1 Online: www.duden.de/rechtschreibung/Ausbeutung (27.6.13).

wir es nicht auf die Spitze, das wird wohl doch keiner behaupten. Da ist Wikipedia schon konkreter, hier steht »Ausbeutung« »für Ausnutzung oder Aufbrauchung jeglicher Art, wobei der Begriff besonders auf die Ausbeutung von Menschen durch Menschen bezogen wird«.[2] Das Onlinelexikon Wortbedeutung versteht darunter die »gewissenlose, überzogene, unangemessene Nutzung (besonders von Arbeitskräften, Ressourcen)«,[3] was der »Sittenwidrigkeit« aus § 138 BGB ziemlich nahe kommt. Nicht moralisch, sondern ökonomisch argumentiert *Marx*, für den Ausbeutung dann beginnt, wenn der/die ArbeiterIn über die für die Reproduktion des Arbeitsvermögens notwendige Arbeitszeit hinaus tätig ist und sich der UN diesen »Mehrwert« aneignet, die geleistete Arbeit somit größer ist, als die Menge Arbeit, für die der/die Beschäftigte entlohnt wird.[4]

Auf unbestimmte Rechtsbegriffe wie Sittenwidrigkeit muss nicht zurückgegriffen werden, haben wir doch verfassungsrechtliche Verbürgungen, die als Grundrechte zwingend zu berücksichtigen sind. Im Unterschied zu anderen Rechtsordnungen[5] findet sich im GG keine spezifische Verbürgung der Unternehmerfreiheit. Das GG ist wirtschaftspolitisch »neutral«, es enthält keine Festlegung auf eine bestimmte Wirtschaftsverfassung.[6] Das Recht, ein Unternehmen zu gründen und es zu führen wird allerdings von der in Art. 12 Abs. 1 GG garantierten Berufsfreiheit erfasst und stellt eine Form der weit auszulegenden Berufsausübung dar.[7] Hierunter fällt neben der Entscheidung darüber, welche Rechtsform gewählt wird, auch die grundsätzliche Frage, auf welche Art und Weise das Unternehmen geführt wird. Diese wird sich in einer Aktiengesellschaft, die vielleicht gar an der Börse gehandelt wird, deutlich von einem inhabergeführten UN unterscheiden, in dem unternehmerische Entscheidungen möglicherweise eher im Hinblick auf langfristige Entwicklungen gefällt werden. Der personale Bezug ist bei inhabergeführten UN deutlich ausgeprägter als bei Kapitalgesellschaften, bei denen die Sozialpflichtigkeit (des Eigentums) um so stärker zunimmt, je mehr sich die Entscheidungen des UN auf die Beschäftigten oder sogar auf die Allgemeinheit auswirken.[8] Der verfassungsrechtliche Schutz der arbeitgeberseitigen Leitungs- und Dispositionsbefugnis wird durch die Eigentumsgarantie des Art. 14 Abs. 1 GG ergänzt, beide Grundrechte sind funktionell aufeinander be-

---

2 http://de.wikipedia.org/wiki/Ausbeutung (27.6.13).
3 http://www.wortbedeutung.info/Ausbeutung/ (27.6.13).
4 *Marx*, Theorien über den Mehrwert I, MEW 26.1, 21.
5 So erkennt Art. 38 Abs. 1 der spanischen Verfassung die Unternehmensfreiheit explizit an, Art. 41 Abs. 1 der italienischen und Art. 61 Abs. 1 der portugiesischen Verfassung garantieren die Freiheit der privatwirtschaftlichen Initiative, siehe dtv-Textausgabe, Die Verfassungen der EU-Mitgliedstaaten, 2. Auflage, München 1990.
6 *BVerfG* 20.7.1954, BVerfGE 4, 7 (17ff.).
7 *V. Mangoldt/Klein/Starck-Manssen*, Art. 12 GG, Rn 67, 69 (6. Aufl., 2010).
8 *Dieterich*, Unternehmerfreiheit und Arbeitsrecht im Sozialstaat, AuR 2007, 65 (66).

zogen.⁹ Die Unternehmerfreiheit ist jedoch bekanntermaßen nicht grenzenlos, die Berufsausübung wird, ebenso wie die Vertragsfreiheit, durch gesetzliche Regelungen begrenzt, auch das Eigentum unterliegt den Inhalts- und Schrankenbestimmungen des Art. 14 Abs. 1 S. 2 GG. UN können die ihnen verbürgte Berufsfreiheit »nur mit Hilfe anderer, der Arbeitnehmer, wahrnehmen, die ebenfalls Träger des Grundrechts aus Art. 12 Abs. 1 GG sind«,¹⁰ sodass eine Abwägung im Sinne der praktischen Konkordanz¹¹ vorzunehmen ist.¹² Hier kommen Arbeitnehmerschutzbestimmungen ins Spiel, die letztlich darauf begründet sind, eine strukturelle Ungleichheit zwischen den Parteien des Arbeitsvertrages auszugleichen. Die Beschäftigten können zudem Art. 2 Abs. 2 GG für sich ins Felde führen, die Ausbeutung darf also nicht so weit gehen, dass Leib oder Leben gefährdet werden, was bekanntermaßen zu einer ganzen Reihe von Arbeitsschutzbestimmungen geführt hat. Anders als in Bangladesh¹³ funktioniert bei uns zumindest die Einhaltung des technischen Arbeitsschutzes mehr oder minder, im Hinblick auf die Arbeitszeit ist jedoch zunehmend »entgrenztes« Arbeiten mit einer ständigen Verfügbarkeit der Beschäftigten zu beobachten.¹⁴ Werden die Bestimmungen des ArbZG dabei nicht eingehalten, ist diese Art der Ausbeutung nicht zulässig.

Der Unternehmer hat zudem bestimmte Grundentscheidungen des Gesetzgebers bzgl. des Einsatzes bestimmter Beschäftigungsformen hinzunehmen, die nicht zuletzt darauf basieren, dass das in Art. 20 Abs. 1 GG kodifizierte Sozialstaatsprinzip zu berücksichtigen ist. Dieses verpflichtet den Staat dazu, eine gerechte Sozialordnung zu gewährleisten, wobei ihm die Wahl der Mittel frei steht.¹⁵ Zur Konkretisierung genannt werden: Chancengleichheit, Ausgleich sozialer Gegensätze, Schutz vor Ausbeutung, Hilfe gegen Not und Armut, etc.¹⁶ Mittlerweile werden entsprechende Weichenstellungen nicht selten auf EU-Ebene getroffen, wie bspw. im Falle der Begrenzung des sachgrundlosen

---

9 *BVerfG* 1.3.1979, BVerfGE 50, 290 (361).
10 Ebenda.
11 Begriff nach *Hesse*, Grundzüge des VerfR, Rn 317 ff.
12 *BVerfG* 2.3.1999, BVerfGE 99, 367 (392).
13 Der Einsturz einer Textilfabrik am 24.4.13 in einem Vorort von Dhaka (Bangladesh) hatte den Tod von über 1000 ArbeiterInnen zur Folge, mehr als 2500 wurden verletzt. Das Ereignis war kein Einzelfall, ist aber das bislang schwerste Unglück, vgl. (statt vieler): www.tagesschau.de/ausland/bangladesch-fabrikgebaeude106.html (28.6.13).
14 *Buschmann*, Die ständige Erreichbarkeit und ihre Folgen, PersR 2011, 247 ff; *Dettmers/Vahle-Hinz/Friedrich/Keller/Schulz/Bamberg*, Entgrenzung der täglichen Arbeitszeit, in: Badura et al (Hrsg.), Fehlzeiten-Report 2012, 53 ff; siehe auch *Richter*, Der gestörte Urlaub, AuR 2011, 16 ff.
15 *BVerfG* 18.7.1967, BVerfGE 22, 180.
16 *Dieterich*, a.a.O, S. 65; vgl. auch *Hohmann-Dennhardt*, Der Sozialstaat – ein Auslaufmodell, AuR 2006, 77.

Einsatzes von Befristungen[17] oder des Verbots dauerhaften Einsatzes von Leiharbeit.[18]

Die freie Wahl des Arbeitsplatzes durch die Beschäftigten umfasst auch das Recht, diesen beizubehalten oder aufzugeben. Aus Art. 12 Abs. 1 GG folgt insoweit eine staatliche Schutzpflicht, deren Tragweite noch nicht abschließend geklärt ist.[19] Art. 12 Abs. 1, S. 2 GG umfasst zwar grundsätzlich auch das Recht des AG, sich von den bei ihm Beschäftigten wieder zu trennen, wobei die Entscheidung des *BVerfG* zum Kündigungsschutz außerhalb des KSchG verdeutlicht, dass aus Art. 12 Abs. 1 GG ein »Minimum« an Bestandsschutz abzuleiten ist.[20] Auch das arbeitgeberseitige Recht, ein Arbeitsverhältnis nicht nur zu begründen, sondern auch wieder zu beenden, ist folglich nicht grenzenlos gewährt, einem »hire and fire« wie in den USA wird in Dt. zudem durch das KSchG Grenzen gesetzt, sofern der Anwendungsbereich eröffnet ist. Allerdings wird die unternehmerische Entscheidung, die zu verrichtenden Tätigkeiten von einer geringeren Anzahl an Beschäftigten ausführen zu lassen und sich im Rahmen einer betriebsbedingten Kündigung von einem Teil der Belegschaft zu trennen, von der Rspr. nur einer Missbrauchskontrolle unterzogen.[21] Die verbliebenen Beschäftigten einer größeren Ausbeutung zu unterziehen, scheint also durchaus legitim zu sein, bzw. wird nur von einem kleinen Kreise in Frage gestellt.[22] Hier böten sich vertiefte Ausführungen an, die aber in einem anderen, umfassenderen Rahmen getätigt werden müssen. Auch die Begrenzung ausbeuterischer Arbeitsstrukturen durch das Betriebsverfassungsrecht[23] oder durch TV sind an anderer Stelle zu erörtern.

---

17 RL 1999/70/EG v. 28.6.1999, umgesetzt durch TzBfG v. 21.12.00, BGBl. I S. 1966 (§ 14 Abs. 2 TzBfG).
18 RL 2008/104/EG v. 19.11.08, umgesetzt durch AÜG in der Fassung v. 20.11.11, BGBl. I, S. 2854 (§ 1 Abs. 1 S. 2 AÜG). Zur mangelnden Umsetzung siehe: *Zimmer*, »Vorübergehender« Einsatz von LeiharbeitnehmerInnen: § 1 Abs. 1 S. 2 AÜG unter Berücksichtigung der Vorgaben der Leiharbeits-RL, AuR 2012, 422.
19 *Däubler*, Die Unternehmerfreiheit im Arbeitsrecht – eine unantastbare Größe?, Saarbrücken 2012, S. 11.
20 *BVerfG* 27.1.1998, BVerfGE 97, 169 (176 ff).
21 So bereits *BAG* 24.10.1979, 2 AZR 940/77, AP Nr. 8 zu § 1 KSchG 1969 Betriebsbedingte Kündigung.
22 Für eine stärkere Überprüfung der unternehmerischen Entscheidung, siehe ausführlich: *Däubler*, a.a.O, S. 21 ff; vgl. auch D/K/Z-*Deinert*, § 1 KSchG, Rn 384 f sowie *Krause*, Standortsicherung und Arbeitsrecht, 2007, S. 229 ff.
23 Vgl. dazu: *Däubler*, Unternehmerische Entscheidungsfreiheit und Betriebsverfassung, in Blank/OBS (Hrsg), Reform der Betriebsverfassung und Unternehmerfreiheit, 2001, S. 11 ff.

III. Fazit

Gibt es in Dt. also ein Grundrecht auf Ausbeutung? Nein, so kann man das nicht sagen, immerhin führen wir eine umfassende Interessenabwägung durch. Ausbeutung muss also in einem vertretbaren Rahmen bleiben. Innerhalb der Jurisprudenz vorgetragene (Schein-) Argumente oder Forderungen, wie die vom »Grundrecht« des Unternehmers auf unbegrenzte Nutzung der Leiharbeit, die gesetzgeberische oder europäische Wertungen ignorieren und das Grundgesetz nach ihrem Belieben auslegen, zeigen jedoch, dass es – nach wie vor – notwendig bleibt, dafür zu argumentativ zu streiten, dass sich die Interessenabwägung nicht zu sehr zu einer Seite verschiebt. Es bleibt also notwendig, für eigentlich selbstverständliche (grundgesetzliche) Werte einzutreten, ganz iSv. *Rudolf Buschmann*.

Dr. Bertram Zwanziger

Vom Zwang zum Rechtsgutachten
– das Bundesverwaltungsgericht und die Überprüfung staatlicher Rechtssetzung zu Arbeitsbedingungen

I. Einführung und Problemstellung

Die Tätigkeit des Jubilars weist eine Nähe sowohl zum Kollektivrecht als auch zum Prozessrecht auf – man kennt ihn nicht nur als Autor, sondern auch als Gewerkschafter und als Prozessvertreter! Das rechtfertigt diesen Beitrag.

Die staatliche Beteiligung an der Festsetzung von Arbeitsbedingungen erfolgt seit Inkrafttreten des TVG durch die Allgemeinverbindlicherklärung von TV nach § 5 Abs. 1 TVG.[1] Später hinzugekommen ist die Allgemeinverbindlicherklärung durch Rechtsverordnung, nunmehr nach § 7 AEntG, in den nach § 4 AEntG in das Gesetz einbezogenen Branchen, die gegenüber der Vorgängerregelung[2] erweitert wurden. Nach § 3a AÜG können zudem tarifliche Mindeststundenentgelte im Bereich der Leiharbeit als Lohnuntergrenze durch Rechtsverordnung für verbindlich erklärt werden. Die tariflichen Bedingungen finden dann auch auf AN Anwendung, wenn die Voraussetzungen beiderseitiger Tarifbindung nach §§ 2 Abs. 1, 3 Abs. 1 TVG nicht vorliegen. Neben dieser Erweiterung der Tarifgeltung sehen §§ 11, 12 AEntG für die Pflegebranche die Festsetzung von Arbeitsbedingungen durch Rechtsverordnung aufgrund einer Kommissionsentscheidung und §§ 1, 4 MiArbG in einzelnen Fällen die Festsetzung Mindestarbeitsbedingungen für bestimmte Branchen nach Entscheidungen von Fachausschüssen ebenfalls durch Rechtsverordnung vor. Damit ergibt sich nunmehr ein weiter Bereich staatlicher Beteiligung an der Reglung von Arbeitsbedingungen.

Hintergrund der Vorschriften ist der Versuch, dort, wo TV nicht ausreichend sind, auf anderer Basis eine Regelung für alle betroffenen Arbeitnehmer herbeizuführen. Das kann dadurch geschehen, dass durch Gesetz unmittelbar die Wirkung anderweitig festgelegter Normen erstreckt wird. Von dieser Regelungstechnik macht der Gesetzgeber Gebrauch, wenn in §§ 4–6, 8 Abs. 1 AEntG die Anwendung allgemeinverbindlicher TV der dort genannten Branchen angeordnet wird, soweit die Arbeitsverhältnisse unter den Geltungsbereich eines solchen TV fallen

---

1 Der Vollständigkeit halber sei noch auf die Festsetzung von Entgelten und sonstigen Vertragsbedingungen durch bindende Festsetzung nach §§ 19, 22 Heimarbeitsgesetz verwiesen.
2 AEntG v. 26.2.1996, BGBl. I S. 227, zuletzt geändert durch Gesetz v. 21.12.07, BGBl. I S., 3140.

und dies nach § 8 Abs. 3 AEntG auch auf Leih-AN erstreckt wird. Liegen diese Voraussetzungen vor, so wird die Wirkung einer Allgemeinverbindlicherklärung nach § 5 TVG erweitert, nämlich auf Arbeitsverhältnisse, die ausländischem Recht unterliegen[3] und auf Leiharbeitsverhältnisse. Soweit danach der Erlass einer Rechtsverordnung vorgesehen ist, ist diese untergesetzliche Rechtsquelle Rechtsgrundlage der Bindung der AG, soweit sie nicht bereits nach dem TVG an den TV gebunden sind.[4] Die durch Rechtsverordnung festgelegten Arbeitsbedingungen gelten unabhängig davon, ob der AG aus dem Ausland stammt oder nicht.[5]

Bei der »reinen« Allgemeinverbindlicherklärung sind zudem nach den Grundsätzen der Auflösung von Tarifkonkurrenzen abweichende tarifliche Regelungen möglich, nicht jedoch die Verdrängung im Wege der Tarifpluralität allein durch die Geltung eines weiteren TV im Betrieb.[6] Soweit dagegen aufgrund des AEntG, des MiArbG oder des AÜG Arbeitsbedingungen gelten, sind abweichende tarifliche Regelungen nicht zulässig.[7]

Sowohl die Allgemeinverbindlichkeitserklärung als auch die Rechtsverordnungen haben deshalb erhebliche Bedeutung für Dritte, nämlich zum einen für die ihnen unterworfenen AG und AN und zum anderen für – weitere – Tarifvertragsparteien, die in ihren Gestaltungsmöglichkeiten eingeschränkt werden, sei es rechtlich, sei es bei einer reinen Allgemeinverbindlichkeitserklärung nach § 5 TVG jedenfalls faktisch.[8] Damit stellt sich die Frage nach dem Rechtsschutz gegen den staatlichen Rechtssetzungsakt.[9]

II. Antwort des BVerwG

In zwei Entscheidungen v. 28. 1. 10[10] hat das *BVerwG* darauf eine Antwort gegeben: Es hat angenommen, sowohl die normunterworfenen AG als auch – kon-

---

3 Zur Unanwendbarkeit von nach § 5 TVG für allgemeinverbindlich erklärten TV in diesen Fällen *BAG* 9.7.03, 10 AZR 593/02, AP TVG § 1 Tarifverträge: Bau Nr. 261.
4 Zur regelungstechnischen Zulässigkeit: *BVerfG – 2. Kammer des 1. Senats* – 18.7.00, 1 BvR 948/00, AuR 2000, 353.
5 Dazu §§ 8, 13 AEntG und § 8 Abs. 1 MiArbG; zur Lohnuntergrenze nach AÜG vgl. BT-Drs. 17/5238 S. 15.
6 Dazu mit Nachweisen *Däubler/Zwanziger* § 4 TVG Rn. 916ff. insbes. Rn. 924 – zur Tarifkonkurrenz – und Rn. 940ff zur Tarifpluralität dazu auch grundlegend *BAG* 7.7.10, 4 AZR 549/08, AuR 2010, 395.
7 § 8 Abs. 2, 13 AEntG, grundsätzlich ebenso § 8 Abs. 2 MiArbG; zur Lohnuntergrenze nach dem AÜG ist dies nicht ausdrücklich angeordnet, die Untergrenze soll aber für »alle« erfassten Arbeitsverhältnisse gelten und auch bei Vorliegen konkurrierender TV: § 3a Abs. 2 und 4 AÜG.
8 Zum letzten Punkt *BVerwG* 28.1.10, 8 C 38/09, BVerwGE 136, 75ff.
9 Dazu ausführlich und mit Nachweisen *Treber* FS Bepler S. 557ff.
10 *BVerwG* 28.1.10, 8 C 38/09, BVerwGE 136, 75ff. – zur Allgemeinverbindlicherklärung nach § 5 TVG und 28.1.10, 8 C 19/09, AuR 2010, 90, zu einer Rechtsverordnung nach AEntG.

kurrierende – Koalitionen könnten gegen den maßgeblichen Rechtssetzungsakt, Allgemeinverbindlichkeitserklärung oder Rechtsverordnung, nach § 43 VwGO Klage auf Feststellung erheben, dass sie der Erlass in ihren Rechten beeinträchtige, nicht jedoch auf Feststellung der Unwirksamkeit. Diese gesetzliche Regelung setzt voraus, dass das Bestehen oder Nicht-Bestehen eines Rechtsverhältnisses festgestellt werden soll, der Kl. ein berechtigtes Interesse an der baldigen Feststellung hat und nicht im Wege der Gestaltungs- oder Leistungsklage vorgehen kann. Das *BVerwG* hat alle diese Voraussetzungen bejaht:

Die normunterworfenen AG stünden in einem Rechtsverhältnis zum an der Rechtssetzung beteiligten Staat,[11] weil es nach dem Erlass eines Rechtssetzungsaktes keiner Umsetzung der Regelung durch die Verwaltung mehr bedürfe. Hinsichtlich der konkurrierenden Koalition folge dies aus der durch Art. 9 Abs. 3 GG geschützten Koalitionsfreiheit, in die – im Falle von § 5 TVG faktisch, sonst auch rechtlich – eingegriffen werde. An der baldigen Feststellung bestehe ein berechtigtes Interesse. Andere Rechtsschutzmöglichkeiten, insbesondere auch durch die Durchführung arbeitsgerichtlicher Verfahren in Anwendung der maßgeblichen Rechtsnormen, gingen nicht vor.

Das berechtigte Interesse hat das *BVerwG* hinsichtlich der AG damit begründet, dieses ergebe sich schon daraus, dass sie möglichst frühzeitig wissen wollten, ob sie verpflichtet seien, die entsprechenden Arbeitsbedingungen zu gewähren und daraus, dass eine Rechtsverletzung möglich sei. Hinsichtlich – konkurrierender – Arbeitgeberverbände folge es aus der jedenfalls mittelbaren Einschränkung der Aushandlung von Arbeitsbedingungen und einer möglichen Verletzung der Koalitionsfreiheit.

III. Berechtigtes Interesse an Rechtsgutachten

Danach haben AG und Arbeitgeberverbände also wegen ihrer Betroffenheit einen Anspruch auf eine verwaltungsgerichtliche[12] Entscheidung, die ggf. eine Verletzung ihrer Rechte feststellt. Eine solche Entscheidung ist allerdings ohne Rechtsfolgen, da sie keinerlei konstitutive Wirkung hat. Diese ist für Feststellungsklagen nach § 43 VwGO – anders als im Falle eines Normenkontrollverfahrens nach § 47 VwGO – nicht vorgesehen. Auch die Rechtskraft der Entscheidung betrifft nur die am Verfahren Beteiligten und möglichen Beteiligten (§ 121

---

11 Das kann sowohl der Bund als auch ein Land sein.
12 Die Frage, ob allerdings überhaupt der Verwaltungsrechtsweg gegeben ist, wird zu Recht problematisiert: OVG *Münster* 16. 11. 12, 4 A 46/11; wegen § 17a Abs. 5 GVG war sie in den angeführten Entscheidungen des *BVerwG* nicht mehr aufzugreifen.

Nr. 1 und 2 VwGO). Insbes. ist im arbeitsgerichtlichen Verfahren, in denen AN gegen ihre AG Rechte aus den entsprechenden Regelungen geltend machen, eine eigenständige Inzidentkontrolle von deren Wirksamkeit vorzunehmen.[13]

Die Wirkung einer verwaltungsgerichtlichen Feststellung ähnelt also der eines bloßen Rechtsgutachtens. Dieses bezieht sich zudem nicht einmal auf die wirklich entscheidende Frage der Unwirksamkeit der Allgemeinverbindlicherklärung oder der Rechtsverordnung. Geht es zB. um Verfahrensfehler ist – auch dann, wenn die Gerichte für Arbeitssachen der Ansicht der Verwaltungsgerichte folgen, es liege eine Rechtsverletzung vor – zu prüfen, ob diese Rechtsverletzung tatsächlich zur Unwirksamkeit des maßgeblichen Rechtssetzungsaktes führt.[14]

Die Rspr. des *BVerwG* scheint folgerichtig Ausgangspunkt einer Kultur des Rechtsgutachtens in der verwaltungsgerichtlichen Rspr. zu werden. So hat das OVG *Münster*[15] in einer Entscheidung, die die Allgemeinverbindlichkeitserklärung der in NRW geltenden Gaststättentarife betraf, die Klage zwar für unzulässig gehalten. Sie betraf einen schon außer Kraft getretenen TV und der AG hatte weder den Tariflohn gezahlt noch war zu erwarten, dass er mit dahingehenden Ansprüchen überzogen würde. Das OVG hat sich dann trotzdem über mehrere Seiten mit der Frage der materiellen Wirksamkeit der Allgemeinverbindlicherklärung befasst und diese mit lesenswerten Ausführungen bejaht.

Das weist auf die faktischen Auswirkungen derartiger verwaltungsgerichtlicher Entscheidungen hin: Ihnen kommt das Gewicht zu, das sich aus den in ihnen enthaltenen Argumenten ergibt. So hat das Urteil des *BVerwG* zu den Verfahrensfehlern bei der zum Postmindestlohn ergangenen Rechtsverordnung[16] die *Senate* des *BAG*, die mit derselben Rechtsfrage befasst waren, überzeugt.[17] Anders ist es allerdings dem OVG *Berlin-Brandenburg*[18] als Vorinstanz mit seinen zu dieser Verordnung gemachten materiellrechtlichen Ausführungen ergangen.[19] Hat sich das *BVerwG* geäußert und sollte dies einmal nicht überzeugen, so wäre das *BAG* allerdings verpflichtet, ggf. dem *Gemeinsamen Senat* der obersten Gerichtshöfe des Bundes entsprechende Vorlagefragen vorzulegen (§§ 2 Abs. 1, 11 Abs. 1 RsprEinhG).

---

13 So bereits *BAG* 26.10.09 – 3 AZB 24/09, AP ZPO § 148 Nr. 9; dem folgend *BAG* 18.4.12, 5 AZR 630/10, AuR 2012, 370 und 26.9.12, 4 AZR 5/11.
14 Vgl. *BAG* 18.4.12, 5 AZR 630/10, AuR 2012, 370 und 26.9.12, 4 AZR 5/11.
15 OVG *Münster* 16.11.12, 4 A 46/11.
16 *BVerwG* 28.1.10, 8 C 19/09, AuR 2010, 90.
17 *BAG* 18.4.12, 5 AZR 630/10, AuR 2012, 370 und 26.9.12, 4 AZR 5/11.
18 OVG *Berlin-Brandenburg* 18.12.08, OVG 1 B 13.08, AuR 2009, 46.
19 *BAG* 17.8.11, 5 AZR 490/10, AuR 2012, 80 betreffend Wirksamkeit der fünften Verordnung über zwingende Arbeitsbedingungen im Baugewerbe.

IV. Gebotene Weiterentwicklung des Gesetzes

Aus dem Gesagten ergibt sich, dass das Bemühen des *BVerwG*, effektiven Rechtsschutz zu gewähren, zu einem Zwang, unverbindliche Rechtsgutachten zu erteilen, führt. Das Rechtsschutzziel wird mit der Feststellungsklage nach § 43 VwGO, nach der bisherigen Rechtslage also letztlich nicht erreicht. Das legt es nahe, über entsprechende Gesetzesänderungen nachzudenken. Dabei ist davon auszugehen, dass es sowohl im Interesse der betroffenen AG und ihrer Verbände als auch der auf die Rechtsdurchsetzung angewiesenen AN liegt, wenn Zweifel an der Wirksamkeit einer Allgemeinverbindlicherklärung oder einer zu Arbeitsbedingungen ergangenen Rechtsverordnung schnell und verbindlich geklärt werden. Dabei spricht alles dafür, diesen Rechtsschutz der Arbeitsgerichtsbarkeit zu überantworten. Sie ist mit den sich ergebenden Problemen vertraut, für Klagen der AN aus den fraglichen Bestimmungen ohnehin zuständig und hat auch die größere Sachnähe, was die Verkoppelung der Problematik mit dem sonstigen Arbeitsrecht, zB. dem Tarifrecht, angeht. Selbst wenn man davon ausgeht, dass es sich um ein dem öffentlichen Recht angehöriges Verfahren handelt, sollte dies nicht abschrecken. Die Arbeitsgerichte sind auch zuständig für die Überprüfung von Anerkennungsbescheiden über die Geeignetheit von Schulungen für Betriebsratsmitglieder nach § 37 Abs. 7 BetrVG.[20]

In der Sache verdient der von geeigneter Stelle[21] vorgebrachte Vorschlag Unterstützung, ein Verfahren entsprechend der Prüfung der Tariffähigkeit oder Tarifzuständigkeit (§§ 2a Abs. 1 Nr. 4, 97 ArbGG) einzuführen, das sowohl über eine Aussetzung von Individualverfahren als auch über einen direkten Antrag einer Koalition die Überprüfung der Rechtmäßigkeit der maßgeblichen Rechtssetzungsakte ermöglicht.[22] Dadurch würde die eher ungewöhnliche Rechtsgutachtentätigkeit, die sich die Verwaltungsgerichtsbarkeit auferlegt hat, überflüssig und Rechtssicherheit für alle Beteiligten geschaffen.

---

20 *BAG* 18.12.1973, 1 ABR 35/73, AuR 1974, 54; *BVerwG* 3.12.1976, VII C 47/75, DÖV 1977, 571.
21 *Düwell* NZA 2011 Beilage S. 80, 83 für Allgemeinverbindlicherklärung nach § 5 TVG und Rechtsverordnung nach § 7 AEntG; *Treber* FS Bepler 557, 565 ff. auch für Rechtsverordnung nach MiArbG; ebenso wohl auch *Bayreuther* in Thüsing AEntG § 7 Rn. 36a; Kloppenburg jurisPR-ArbR 11/2011 Anm 5.
22 Zu gleichgelagerten Forderungen von Bündnis 90/Die Grünen; SPD und Die Linke vgl. BT-Drucks. 17/4437, BT-Plenarprotokoll 17/117 v. 30.6.11 S. 13497D ff.; allerdings sollte keine Möglichkeit geschaffen werden, dass eine Arbeitsbehörde eine solchen Antrag stellt, wie dies § 97 Abs. 1 ArbGG bei der Feststellung der Tarifzuständigkeit oder Tariffähigkeit von Vereinigungen ermöglicht – es gibt keinen Grund, dass Bund und Länder sich in diesen Fragen gegenseitig kontrollieren.

risor silvaticus

Die Blankounterschrift – ein zukunftsorientiertes Rechtsinstitut*/**

1. Bekanntlich unterliegen vertikal strukturierte Institutionen, Verwaltungen oder Unternehmen[1] einer offenbar *gesetzmäßigen Diskrepanz zwischen Erklärungsformulierung und verantwortlicher Zurechnung*. Wer Erklärungen nach außen formuliert, hat vielfach nicht die besondere Befähigung zur Unterschrift und umgekehrt. Der Gesetzgeber des BGB lebte noch in der Vorstellung, die hier kurz angerissene interaktive Beziehung durch das Recht der Stellvertretung (§§ 164 ff. BGB), das i. d. R. durch Vollmacht legitimierte Handeln in fremdem Namen, dem die Rspr. alsbald das Geschäft, wen es angeht, hinzufügte, sowie das Recht des Boten ausreichend geregelt zu haben.

Nicht geregelt ist der – immer bedeutsamer werdende – Fall, in dem der Handelnde nach außen entweder gar nicht oder nur durch sein Diktatzeichen in Erscheinung tritt. Die Praxis bedeutender Persönlichkeiten, deren moderne Kommunikations- und Karrieretechniken leider nur selten die Zeit zum Lesen einer Erklärung vor der Unterzeichnung derselben lassen, behilft sich bekanntlich mit Blankounterschriften (BlU). Unter Zugrundelegung der »Wesentlichkeitstheorie« des *Bundesverfassungsgerichtes*[2] ist es in erster Linie Aufgabe des Gesetzgebers, durch unverzügliche Novellierung eines Blanko-Unterschrifts-Hemmnis-Beseitigungs-Gesetzes (BlUHBG) Rechtssicherheit zu schaffen. Entgegen der noch geltenden Vorschrift des § 416 ZPO hat es den freien Willen des Unterzeichners zu sichern, jederzeit die Beweiskraft unterschriebener Privaturkunden, wenn nicht die Unterschrift selbst durch Erklärung aufzuheben, wodurch die Gefahr eines enttäuschten Vertrauens in die Person des Ausstellers gar nicht erst entstünde. In Ermangelung eines solchen stehen Rspr. und Lehre vor der Aufgabe, vorhandene, jedoch offensichtlich auf andere Fälle als die moderne BlU konzipierte Rechtsinstitute anzuwenden bzw. neue zu kreieren.

---

* Diese Darstellung kann nur ein Segment der in der Praxis auftretenden Rechtsfragen erfassen. Erforderlich ist die wissenschaftliche Durchdringung auch des Rechts der Unterschrift unter ungelesene, unterlegte, unterjubelte, unabgesprochene und unge(be)dachte Texte.
** AuR 1993, 47 ff.
1 Zur Gerichtsbarkeit vgl. Fn. 13.
2 Vgl. BVerfGE 53, 30 ff.; *Umbach,* »Das Wesentliche an der Wesentlichkeitstheorie«, in Festschrift für H. J. Faller, München 1984 S. 111 ff.; *Merkt,* »Das Recht im Lichte«, DRiZ 1918 S. 56.

Die Blankounterschrift – ein zukunftsorientiertes Rechtsinstitut

2. Mangels tragfähiger Definition empfiehlt es sich, verschiedene Fallgruppen zu unterscheiden:
  a) Der Beamte/Angestellte kaut an seinem Bleistift. Sein Chef hat ihm in wenigen Worten den Inhalt einer abzugebenden Erklärung klargemacht. Es gelingt dem Mitarbeiter nicht, sie zu Papier zu bringen, da er sie (in der verständlichen Aufregung des Rapports) vergessen hat[3]. Vielleicht waren auch die vorgesetzten Formulierungen allzusehr dem gesprochenen Wort verhaftet und eigneten sich nicht für die unmittelbare druckreife Übertragung. Unterschreibt nun der wegen eines Pressegesprächs in Zeitnot befindliche Prinzipal auf der linken unteren Hälfte des Blattes, füllt der Mitarbeiter den Raum indes mit einer ganz anders gearteten Erklärung, öffnen sich Konfliktfelder strafrechtlicher, bürgerlichrechtlicher und arbeitsrechtlicher Natur. Die Rspr. des *BGH* wertet die sog. *Blankettfälschung als* »Herstellung einer unechten Urkunde«[4] i. S. d. § 267 StGB als Täuschung über den Aussteller einer Erklärung[5]. Andererseits ist der Unterschriftsleistende an diese Erklärung durchaus gebunden. Wer nämlich ein Blankett mit seiner Unterschrift freiwillig aus der Hand gibt, muß den abredewidrig ausgefüllten Inhalt des Blanketts gegenüber einem gutgläubigen Dritten als seine Willenserklärung gegen sich gelten lassen. Zur Anfechtung gem. § 119 BGB ist er nicht berechtigt. Im übrigen wendet der *BGH* § 172 BGB auf Blanketturkunden entsprechend an[6].

Der Schutz der Rechtsordnung manifestiert sich somit vorzugsweise in Sanktionen gegen den abredewidrigen Textdichter. Neben der schon erwähnten strafrechtlichen Ahndung droht ihm die *fristlose Kündigung* seines Arbeitsverhältnisses. Bei Vertragsverletzungen, deren Rechtswidrigkeit ohne weiteres zu erkennen ist, wird auch eine vorherige Abmahnung nicht erforderlich sein[7].

Nicht zu vernachlässigen ist schließlich die Gefährdung der *Freiheitlich Demokratischen Grundordnung* (FDGO). Sollten etwa maßgebliche Vertreter bekannter Studentenverbände des Jahres 1968 auf ihrem langen Marsch durch die Institutionen[8] inzwischen in Positionen aufgerückt sein, in denen sie den Versuch unternehmen könnten, durch gezielte Nutzung von BlUes (anstelle des seinerzeit von mehreren Fachschaftsgruppen Jura favorisierten Weges über § 950 BGB)

---

3 In der Praxis parlamentarischer Untersuchungsausschüsse ist auch der Terminus »black-out« gebräuchlich.
4 BGHSt. 5, 295.
5 Unter Urkunde verstehen wir verkörperte Erklärungen, die ihrem gedanklichen Inhalt nach geeignet und bestimmt sind, für ein Rechtsverhältnis Beweis zu erbringen, und die ihren Aussteller erkennen lassen; so auch die Rspr., vgl. nur BGHSt. 3, 84; 4, 285; 13, 235; 16, 96.
6 BGHZ 40, 64 ff., 304 f.
7 *KR-Hillebrecht* § 626 BGB Rdnr. 98.
8 Vgl. *Wesel*, »Der eine hat die Mühe, der andere die Brühe oder: Welche Wirkung hat des ›linken‹ Juristen langer Marsch durch die Institutionen?« in Aufklärungen über Recht, Frankfurt 1981

Systemveränderungen im Erlaßwege durchzuführen, schlüge anders als nach den Terrorakten haar- und hirnloser Straftäter endlich wieder die Stunde der »wehrhaften Demokratie«[9]. Zu erwägen wäre ein »Radikalenerlaß«, bzw. die Anwendung des Rechts der Postboten und Lokführer auf die Ebene ministerieller bzw. vorstandsnaher Sachbearbeiter, persönlicher Referenten und Redenschreiber. Wir wollen die Diskussion über diese Fallkonstellation nicht weiter vertiefen, zumal die jüngst öffentlich diskutierten BlUes offenbar anders gelagert waren.

b) Praktischere Bedeutung hat die vorsorglich für alle Fälle geleistete BlU des – als omnimodo facturus – verantwortlichen Unterschriftsberechtigten. Eine für gegenwärtige und künftige Führungsaufgaben prädestinierte Persönlichkeit leistet gleich nach ihrer Ernennung die auf die Amtszeit voraussichtlich anfallende Anzahl von Unterschriften und überläßt es den Mitarbeitern, den zugehörigen Text später zu ergänzen. Deren Handlungsspielraum wäre durch die Rechtsfiguren der *mutmaßlichen Einwilligung*, der *Putativermächtigung* bzw. der *Verdachtszustimmung* abgegrenzt. Nach bisherigem Verständnis kann allerdings die Stützunterschrift des § 14 BetrVG nicht durch BlU geleistet werden[10]. Ein Nachteil der hier beschriebenen Konstruktion mag in der weitgehenden Verlagerung faktisch-administrativer Kompetenz vom politisch Verantwortlichen zur oligarchischen[11] oder selbstreferentiellen[12] Organisationsstruktur liegen – eine in der modernen Soziologie bekannte Erscheinung[13].

c) Zu erwägen wäre schließlich, die Unterschrift verantwortlicher Führungspersönlichkeiten generell mit einem *nachträglichen Genehmigungs- oder Widerrufsvorbehalt* zu versehen, am besten mit ex tunc Wirkung. Freilich scheint dieser einfache Weg nur de lege ferenda begehbar zu sein. Solange der Gesetzgeber jedoch seine Regelungskompetenz weiterhin so weit zurücknimmt, wird die Rechtspraxis auf Behelfskonstruktionen zurückgreifen müssen, wie etwa die nachträgliche Entdeckung des Unterschriftsleistenden *Schreibautomaten*[14], den

---

9 BVerfGE 39, 334 ff.
10 *Däubler/Kittner/Kehrmann/Schneider* (Hrsg.), Betriebsverfassungsgesetz, im folgenden DKKS, § 14 Rdnr. 46 ff. Als mindestens leitende Angestellte scheiden die hier angesprochenen Führungspersönlichkeiten ohnehin aus dem Kreis möglicher »Sympathisanten« aus.
11 *Robert Michels,* Zur Soziologie des Parteiwesens in der modernen Demokratie, Untersuchungen über die oligarchischen Tendenzen des Gruppenlebens, Leipzig 1911, *ders.*, »L'analisi del Reichstag Germanico«, La Riforma Sociale, 2. Serie, Jg. 11, Bd. 14, H. 3, 1904.
12 Vgl. *Luhmann*, Politische Theorie im Wohlfahrtsstaat, München/Wien 1981; *Jürgen Molinero*, El maestro de escuela y la autopoiesis, Santo Domingo, Dezember 1992.
13 Die rechtsprechende Gewalt ist von diesem Phänomen ausdrücklich auszunehmen. Statt vieler vgl. nur *J. Kohl*, »Die wissenschaftlichen Mitarbeiter und der Grundsatz des gesetzlichen Richters« in Das wahre Verfassungsrecht, Gedächtnisschrift für F. G. Nagelmann, Baden-Baden 1984 S. 387 ff.
14 Diese technische Einrichtung empfiehlt sich im Zusammenhang mit Parteispenden

homunculus[15] oder den *Irrtum über den mutmaßlichen Willen des Unterschreibenden.* Zu erwägen wäre eine analoge Anwendung der §§ 398 ff. BGB *(zedierte Unterschrift).* Für die Formulierung »gefahrengeneigter Erklärungen« könnten besondere Diktatzeichengeber eingestellt werden, deren wesentliche arbeitsvertragliche Funktion darin besteht, bei öffentlichen Skandalen die Rolle des mißbräuchlichen BlU-Verwenders zu übernehmen und auf diese Weise den Verantwortlich-Unterschriftsberechtigten zu entlasten. Um Einstellungshemmnisse zu beseitigen und zugleich Arbeitsplätze zu schaffen, empfiehlt es sich, für diesen Personenkreis die Vorschriften des Kündigungsschutzgesetzes sowie des § 102 BetrVG außer Kraft zu setzen – eine multifunktionale Deregulierung, welche geeignet ist, den Markteintritt durch Senkung der Marktaustrittsbedingungen als antizipierter Markteintrittsbedingungen zu fördern und zugleich Blankounterschriften im Rechtsverkehr endlich den ihnen angemessenen Spielraum zu verschaffen.

---

15 Eine Herstellungsanleitung findet sich bei Faust, Zweiter Theil, Zweiter Akt, Zweite Szene, in Goethes sämmtliche Werke, vollständige Ausgabe 1885, Bd. 3, S. 397 (teilw. abw. d. Voraufl.).

risor silvaticus

Der Jackpot und seine arbeitsrechtliche Würdigung*

Ein nicht nur im Arbeitsrecht bekanntes Phänomen ist die reziproke Proportionalität zwischen wirtschaftlicher und gesellschaftlicher Relevanz einerseits und juristischer Regelungsdichte andererseits. Nirgendwo zeigt sich dieses Mißverhältnis deutlicher als im Jackpot-Recht. Ein höchstrichterliches Handbuch, das die Vergütung einschließlich ihrer Sonderformen auf ca. 200 S. (knapp) zusammenfaßt, erwähnt den Jackpot nicht einmal im Stichwortverzeichnis. Die Rechtsprechung kennt zwar »Black-Jack«[1] und sogar eine »Topftheorie«[2], nicht jedoch deren Zusammenhang[3]. Diametral entgegengesetzt zu dieser richterlichen Zurückhaltung verhalt sich das öffentliche Interesse an der Entstehung und Beseitigung des Jackpots. Sein tendenziell im Vordringen befindlicher wirtschaftlicher Wert[4] hat sogar im Vordringen befindliche[5] Politiker auf den Plan gerufen, deren Vorschläge – de lege ferenda – die Problematik indes nicht annähernd ausschöpfen. Die nach ministerieller Reaktion naheliegende Subsumtion der Jackpot-Fernsehsatire unter den Tatbestand der Gotteslästerung scheitert – de lege lata – daran, daß dieser (§ 166 StGB a. F.) seit längerem aufgehoben ist. Mit diesem Beitrag eröffnet Arbeit und Recht ein neues Diskussionsfeld und fordert zu weiterer Aussprache und Kritik auf. Es versteht sich von selbst, daß die aufgeworfenen Fragen weiterer Vertiefung bedürfen.

    1. Die verfassungsrechtliche Fundierung eines »Rechts auf Jackpot« ist nach dem Urteil des *BVerfG* zum Umgang mit Cannabisprodukten[6] und angesichts der mangelnden Konsensfähigkeit in der Verfassungskommission eher zweifel-

---

* AuR 1994, 368 ff.
1 AuR 1994, 368 ff.
   BAG v. 17.12.85 – 1 ABR 78/83, EzA BetrVG 1972 § 111 Nr. 17 = ArbuR 1986 S. 185.
2 Vgl. *Fitting/Auffarth/Kaiser/Heither*, Betriebsverfassungsgesetz (1992), § 87 Rn. 127a m.w.N.
3 Eine eher tangentiale Problemdurchdringung findet sich in dem Urteil des *BAG* v. 13.1.83 – 5 AZR 156/82, EzA BGB § 611 Arbeitnehmerbegriff Nr. 27, bei der Beurteilung der Arbeitnehmereigenschaft eines Klägers mit »starker künstlerischer *Potenz*«. Dieses Element ist im Arbeitsrecht bisher nur rudimentär aufgetreten.
4 Das (vorkonstitutionelle) »Gesetz des tendenziellen Falls der Profitrate« (vgl. MEW Bd. 25, Dritter Abschnitt, S. 221 ff.) trifft offenbar eine ab (aus) schließende Regelung, so daß eine Analogie nicht in Betracht kommt (vgl. *Larenz*, Methodenlehre der Rechtswissenschaft, 5. Aufl., 1983, S. 339 f. mit Nachw.).
5 Str.; eine verbindliche Festlegung von h. M. und MM. ergibt sich erst aus dem Bundestagswahlergebnis (Jackpolls).
6 *BVerfG* v. 9.3.94 – 2 BvL 43, 51, 63, 64, 70, 80/92, 2 BvR 2031/92, JZ 1994 S. 852 ff.

haft. Mit der apodiktischen Negierung eines »Rechts auf Rausch«[7] befindet das *BVerfG* immerhin auch über den sich an den Erwerb des Jackpots i. d. R. anschließenden Folgezustand, den zu erreichen i. S. eines unmittelbaren »Fernziels«[8] bzw. einer überschießenden Innentendenz[9] der potentielle Jackpot-Knacker anstrebt. Die Übertragung der vom *BVerfG* erwogenen anderen Bewertung des Eigenverzehrs kleiner Mengen dürfte bei den im Jackpot-Recht üblichen Größenordnungen ausscheiden und höchstens im Falle einer weit verzweigten Tippgemeinschaft in Frage kommen. Zu erwägen wäre allenfalls das in der Literatur auch als »Marktaustrittsrecht«[10] diskutierte »Recht auf Faulheit«[11] als Ausfluß der auf Art. 12 GG gestützten Rechtsfigur der »negativen Berufsfreiheit«[12].

2. In Anlehnung an die sog. 3-Stufen-Theorie des *BVerfG* erscheint es sinnvoll, die Phasen vor, während und nach Erwerb (Knacken) des Jackpots einer differenzierten Würdigung zu unterziehen.

a) Abgesehen von den hier nicht einschlägigen Vorschriften der §§ 284 ff. StGB sind Arbeitnehmer nicht gehindert, sich auf legalen Wegen[13] am Kampf um den Jackpot[14] zu beteiligen. Arbeitsrechtliche Nebentätigkeits- oder Wettbewerbsverbote stehen entsprechenden Aktivitäten nicht entgegen. Eine differenzierende Betrachtung könnte hinsichtlich Finanzministern und Geschäftsführern von Lottogesellschaften sowie ihrer Familienmitglieder 1. und 2. Grades angebracht sein. Schon um Mediensatiren vorzubeugen, müßten sie einer begrenzten Tipp-Rechtsfähigkeit unterliegen (sog. Jackpotincompatibilität). Im Arbeitsrecht gilt dagegen der Grundsatz der freien Tipp-Betätigung auch in den Fällen, in denen der Arbeitnehmer die infolge der arbeitszeitverkürzenden/arbeitsplatzsichernden Tarifverträge[15] gewonnene zusätzliche Freizeit auf den Erwerb des Jackpots

---

7 *BVerfG* (Fn. 6) unter CI 1; zugleich Entscheidung über die zweite Silbe unseres Untersuchungsgegenstandes.

8 Dazu *BGH* v. 5.5.88, NJW 1988 S. 1739 sowie *BVerfG* v. 11.11.86, NJW 1987 S. 43.

9 Selbst die in diesem Zusammenhang gern zitierte Zueignungsabsicht des § 242 StGB ist nur eine Zwischenstufe zum Fernziel des Lustgewinnes, vgl. auch *E. Fromm*, Haben oder Sein, Stuttgart 1976.

10 Vgl. nur risor silvaticus, »Die Blankounterschrift – ein zukunftsweisendes Rechtsinstitut«, ArbuR 1993 S. 47.

11 Grundlegend *Paul Lafargue*, Le droit à la paresse, Paris 1883.

12 Einen mutigen Schritt zur Durchsetzung der Lehre von den negativen Grundrechten vollzieht das *BVerfG* (BVerfGE 54, 354; 55, 21; a. A. AK-*Kittner* Art. 9 GG Rn. 41) mit der Anerkennung der negativen Koalitionsfreiheit. Die Anerkennung der Rechte auf Befreiung von Ehe, Werbung und Konsum steht noch aus. Zur Konkretisierung der Grundrechtsausübung auf das »Unumgänglich Notwendige« vgl. *Schwäble*, in Festschrift für Nagelmann (1984) S. 453 ff.

13 Zu anderen »Wegen zu Wissen und Wohlstand« vgl. *Mende* (Hrsg.), »Lieber krank feiern als gesund schuften«, Hamburg 1980.

14 Zum insoweit ähnlich strukturierten »Kampf um das Recht« vgl. v. *Ihering*, Wien 1872.

15 Dokumentiert in ArbuR 1994 S. 230 ff.

konzentriert[16]. Bei unverkürzter Arbeitszeit empfiehlt sich die betriebliche Regelung der Freistellung zum Besuch der Lottoannahmestelle[17], jedenfalls bei der Ausgabe von Lottoscheinen als besonderem Vergütungsbestandteil[18]. Unbeeinträchtigt bleibt auch der Bestand des Arbeitsverhältnisses. Während die Literatur zuweilen den Kündigungsvorgang[19] oder die Kündigungsschutzklage[20] als »Lotteriespiel« beschreibt, erscheint die Umkehrung dieser Gleichung nicht statthaft.

b) Die Beziehung der weit überwiegenden Mehrheit der ArbN zum Jackpot ist nach wie vor durch die Tatsache gekennzeichnet, daß sie an ihm keinen Anteil haben und sich 100% des zur Ausschüttung gelangten Jackpots bei weniger als 1% der Mitspieler konzentrieren. Für erstere ist mit der Ausspielung die erwartungsrechtliche Beziehung abgeschlossen. Bei Nichtausschüttung schließt sich in aller Regel eine erneute Warteschleife[21] an, die sich nach den unter a) behandelten Grundsätzen bemißt. Für den Gewinner ergeben sich ggf. Abgabepflichten innerhalb einer Tippgemeinschaft nach Maßgabe des § 763 BGB, nicht aber eine Haftung auf die Höhe des Jackpots bei versehentlicher Nichtabgabe des Lottoscheins[22]. Die Frage, ob die Weiterleitung des Lottoscheins zwecks Erlangung des Jackpots eine gefahrengeneigte Tätigkeit darstellt[23], kann also dahinstehen. Für die Berücksichtigung des Zuflusses des Jackpots bei der Bemessung des Gewerkschaftsbeitrages empfiehlt sich allerdings eine ausdrückliche Klarstellung in der Gewerkschaftsatzung, die z. Zt. regelmäßig noch auf das Bruttomonatseinkommen[24] abstellt.

c) Entgegen der von einem bekannten Motoren-Werk vertretenen Rechtsauffassung schließen sich die Eigenschaften als Millionär und Arbeitnehmer nicht gegenseitig aus[25]. Auch der Jackpot-Gewinner kann also in einem sozialen Abhängigkeitsverhältnis stehen. Auch wenn sich das Recht auf Rausch in der Recht-

---

16 *Kempen/Kreuder*, »Nebentätigkeit und arbeitsrechtliches Wettbewerbsverbot bei verkürzter Arbeitszeit«, ArbuR 1994 S. 214
17 Zum Besuch anderer Banken vgl. *BAG* v. 20.12.88, DB 1989 S. 1340; *Klebe* in *Däubler/Kittner/Klebe/Schneider* (Hrsg.) Betriebsverfassungsgesetz mit Wahlordnung (1994) § 87 Rn. 109 m.w.N. auch zu a.A.; diese Wertungsparallele empfiehlt sich vor allem infolge der weitgehenden Angleichung der Kosten für eine Barabhebung und für einen Lotto schein.
18 Dieser Aspekt bleibt in dem vor Fn. 1 erwähnten Arbeitsrechts-Handbuch – offenbar mit Rücksicht auf § 115 Abs. 1 GewO – weitgehend ausgeblendet.
19 *Schwerdtner*, DB 1990 S. 375.
20 *Preis*, Prinzipien des Kündigungsrechts bei Arbeitsverhältnissen (1987) S. 339 ff.
21 Vgl. auch *BAG* v. 10.12.92 – 8 AZR 134/92, ArbuR 1993 S. 253; *BAG* v. 28.1.93 – 8 AZR 169/92, ArbuR 1993 S. 253; *BVerfG* v. 24.4.91 – 1 BvR 1341/90, NJW 1991 S. 1667.
22 *BGH* v. 16.12.74, NJW 1974 S. 1705.
23 Vgl. auch *GmS-OGB* 1/93, ArbuR 1994 S. 72 mit Anm. *Gamillscheg* S. 100.
24 So § 14 Abs. 2 der HBV-Satzung.
25 Vgl. Gekaufte Vernunft – ein Lehrstück über Demokratie und Meinungsfreiheit bei BMW, Berlin 1985.

sprechung nicht durchgesetzt hat[26], wird möglicherweise zumindest in den ersten Tagen nach der Ziehung der Tatbestand des § 3 des Entgeltfortzahlungsgesetzes eingreifen[27], wobei es nicht mehr darauf ankommt, ob der Jackpot durch einen Arbeiter oder Angestellten erlangt wird. Da der Gesetzgeber seine Regelungskompetenz im Jackpot-Arbeitsrecht weit zurückgenommen hat[28], bleiben die Tarifvertragsparteien aufgerufen, die notwendigen Bestimmungen zu setzen, die zur Befriedung im Rechtsleben beitragen. Sinnvollerweise mit zu regeln wären die bekannten Streitfragen um den Putativ-Jackpot oder den todsicheren Tip im Recht der Arbeitnehmererfindung. Für die Wissenschaft bleibt ein weites Feld, insbes. nach Erlaß der bereits angekündigten Jackpot-Richtlinie der EU. Sollte die empirische Bestandsaufnahme eine disparitäre geschlechtsspezifische Jackpot-Verteilung aufweisen (auch in der Form, daß Teilzeitbeschäftigte mehr Zeit zum Besuch der Lottoannahmestelle und dadurch – jedenfalls langfristig – größere Gewinnaussichten haben), wird die sich heute bereits andeutende Prozeßlawine nicht mehr aufzuhalten sein.

---

26 Vgl. o., Fn. 5.
27 BGBl. I 1994 S. 1065, dazu *Schliemann,* »Neues und Bekanntes im Entgeltfortzahlungsrecht«, ArbuR 1994 S. 317.
28 Insoweit weisen der Kampf um den Jackpot und der Arbeitskampf Parallelen auf, vgl. nur *BAG* v. 10.6.1980 – 1 AZR 168/87, dazu *Buschmann,* »Konsequenzen für den Arbeitskampf«, Nachlese der Aussperrungsentscheidungen« v. 10.6.1980 und v. 2.2.12.1980, BLStSozVersArbR 1981 S. 97ff.

risor silvaticus

Füxe, Burschen, Alte Herren*

Von Ludwig Elm, Dietrich Heither, Gerhard Schäfer (Hrsg.). 370 Seiten. Papy Rossa Verlag. Köln 1992. Preis: 24,80 DM

Wenn glatzköpfige Schläger sich zeitweise die Herrschaft über Straßenzüge, Neubausiedlungen und Domplätze erobern, erinnert 1994 an 1934. Wesentlich anders scheint die Lage an den Universitäten. Damals beteiligten sich Studenten und Professoren eifrig an der Beseitigung demokratischer Umgangsformen. Nach 1968 erscheint die Uni gegen derartige Umtriebe resistent.

Ziemlich unbeeinflußt von dem mit diesem Jahr verbundenen gesellschaftlichen Wandel zeigen sich dagegen Füxe, Burschen und Alte Herren, deren Geschichte und Hintergründe in dem von *Ludwig Elm, Dietrich Heither* und *Gerhard Schäfer* herausgegebenen Band durchleuchtet werden. Interne Regularien oder Rituale, auch Trinksitten genannt, werden nur am Rande gestreift und enthüllen ausreichend Komik durch gängige Formeln in der höflichen (gestatte mir Hochachtungsschluck) oder eher autoritären Form (Rest weg!!!). Indes haben *Heinrich Mann* (Der Untertan) und *Kurt Tucholsky* (Briefe an den Fuchsmajor) schon das wesentliche gesagt, so daß sich die Autoren dem politischen Standort und der gesellschaftlichen Bedeutung zuwenden.

Dabei werden manche spätere Schönfärbungen zurechtgerückt. So dauert die vielbeschworene progressive republikanische Phase (S. 23 ff.) gerade 30 Jahre, von dem Gründungsakt der Burschenschaften, dem sog. Wartburg-Fest 1817, bis zur sog. 48er Revolution. Der weitere Weg im Kaiserreich und der Weimarer Republik enthält bereits alle Elemente, die später für die größte Katastrophe dieses Jahrhunderts stehen: Aggressiven Nationalismus, Waffen- und Kriegsverherrlichung, Antisemitismus, Reduktion menschlicher Interaktion auf männerbündische Autorität, Befehl und Gehorsam (S. 66 ff.). Demzufolge begrüßen die Deutschen Burschenschaften den Nationalsozialismus ebenso wie die corpsstudentischen Verbände und der akademische Turnbund ATB, bekannte sich der katholische CV zur »nationalsozialistischen Revolution als dem großen geistigen Umbruch unserer Zeit« (S. 137). Der besondere Anteil ehemaliger Corps- und

---

* AuR 1995, 59 f.

Verbindungsstudenten an den »Furchtbaren Juristen« ist bereits von *Bernt Engelmann* und *Ingo Müller* u. a. beschrieben worden.

Den heutigen Leser frappiert die Geschwindigkeit des gesellschaftlichen Wandels nach 1945, von dem Verbot von »Korporationen oder Corps alten Stils« durch die Militärregierung und den eindeutigen Aussagen *Rudolf Smends* (»Die Belastung der Verbindungen ist so groß, daß eine Wiederbelebung nicht möglich ist«), *Ludwig Raisers* und der westdeutschen Rektorenkonferenz (S. 182) über die legalisierenden Entscheidungen des *BVerwG* v. 20. 6. 58, 24. 10. 58 und 11. 11. 66 zu Beitritt und Betätigung in einer farbentragenden oder schlagenden Verbindung (NJW 1953 S. 1407, 1959 S. 498, 1967 S. 1924) und des *BGHSt* v. 29. 1. 53 (NJW 1953 S. 473) zur Straflosigkeit der Bestimmungsmensur bis hin zu einem Höhepunkt Anfang der 60er Jahre mit ca. 50 000 studentischen Mitgliedern und ca. 140 000 Alten Herren nebst Positionen in zahlreichen Asten (u. a. FU Berlin). Dem folgte das Debakel von 1968 mit einem historischen Tiefstand, der bis heute andauert.

All diese Fakten sind umfangreich belegt. Die Autoren halten mit ihrer Wertung nicht zurück. Indessen sprechen die zitierten Selbstdarstellungen und Verlautbarungen, insbes. aus Verbandsblättern für sich.

Steht nun seit 25jähriger Bedeutungslosigkeit das studentische Korporationswesen vor einem neuen Aufschwung? Veranstaltungen wie der jüngste »Freiheitskommers« nationaler Burschenschaften mit territorialen Forderungen in bezug auf Südtirol legen diesen Gedanken nahe. Hier stellen auch die Autoren mehr Fragen als sie beantworten können. Erfolge bei der Wahl von Studentenparlamenten und Besetzung allgemeiner Studentenausschüsse bleiben nach wie vor aus. Die vor Jahren meistgescholtene gesellschaftliche Gruppe, die Studenten, neigt weder zu borniertem nationalistischem Elitedenken, noch zu Ausländerfeindlichkeit oder Rassedünkel. Besorgnis erregen dagegen die zahlreichen personellen Verbindungslinien zwischen einzelnen Korporationen, dem RfS (Ring freiheitlicher Studenten), RHV (Republikanischer Hochschulverband), Republikanern und anderen rechtsradikalen Organisationen. Auffallend ist auch der Versuch, in den neuen Bundesländern Fuß zu fassen, frei nach dem Motto: Marx out – Mensur in! Am bedeutsamsten ist jedoch nach wie vor der Einfluß der sog. »Alten Herren« in Wirtschaft und Gesellschaft. Schon das vereinzelte Namedropping führt zu Aha-Erlebnissen. Eine offene demokratische Gesellschaft stellt den Anspruch auf Offenlegung politischer Seilschaften und von Vitamin-B nicht nur an die Begünstigten der SED-Diktatur, sondern vor allem an sich selbst. Die Offenlegung von Mitgliedschaften in Verbindungen oder Korporationen im Zusammenhang mit der Kandidatur für bedeutsame öffentliche Ämter sollte dazugehören.

risor silvaticus

Rückwirkung des Einigungsvertrages[*]

Es geschah in Bonn, im Sommer 1992. Im Verlaufe des parlamentarischen Verfahrens um die Verlängerung der erleichterten Kündigungsmöglichkeiten in der öffentlichen Verwaltung1 nach dem Einigungsvertrag2 unterlief einer Sekretärin der Bundestagsverwaltung ein folgenschwerer Fehler. Statt 1992 tippte sie 1942. Auch als in den Beratungen die Rede war von der Beseitigung der Folgen einer langjährigen Diktatur und notwendigem Personalabbau im öffentlichen Dienst3, entstand kein Verdacht. Und es kam, was kommen mußte. Niemand las die Bundestagsdrucksache vollständig, am allerwenigsten die Abgeordneten des Bundestages; das Gesetz wurde verkündet4 und später durch das BVerfG sogar bestätigt5. In treuer Pflichterfüllung machten sich sofort beamtete Personaldezernenten an die Arbeit, alle Vorschriften der Anl. I, Kap. XIX, Sachgeb. A, Abschn. III, Nrn. 1 und 2 des Einigungsvertrages, von deren Rückwirkung auf das Jahr 1945 sie nun ausgingen, mit Leben zu erfüllen, was auch gelang. Die nachfolgende Darstellung kann nur einen Bruchteil der historisch bewirkten Veränderungen erfassen.

Abwicklung oder Überführung

Unmittelbar nach Gründung der (nach 1945 so bezeichneten) neuen Bundesländer[6] hatten diese über die Überführung oder Abwicklung von Einrichtungen nach Art. 13 und 14 des Einigungsvertrages zu entscheiden. Abgewickelt wurden 1945 u. a. die juristischen Fakultäten der Universitäten Köln und München sowie die gesamte (Grenzland) Universität Kiel[7]. Rechtliche Auseinandersetzungen entstanden, als einige der (vor allem juristisch geschulten) Betroffenen vortrugen, in der vorübergehenden Fortführung liege eine Überführung i. S. d. Abs. 2 des Einigungsvertrages. Später entschieden die angerufenen Arbeitsgerichte unter Bezug auf die Rspr. des *BAGS*, daß die vorübergehende Fortführung mit dem Ziel, die Einrichtung zu einem sinnvollen Zeitpunkt aufzulösen, der Abwicklung nicht entgegensteht, so daß die Beschäftigungsverhältnisse des gesamten Lehrkörpers automatisch endeten. Dem steht auch der zwischenzeitliche Abschluß befristeter Verträge nicht entgegen[9].

---

[*] AuR 1995, 90 ff.

Abgewickelt wurden weiterhin der *Volksgerichtshof,* das *Reichsgericht* einschließlich des *Reichsarbeitsgerichts* und alle *Sondergerichte,* so daß deren Mitglieder aus der Richterschaft ausschieden. Sie hatten fortan die Möglichkeit, sich um eine erneute Einstellung bei den örtlichen Arbeitsgerichten als Eingangsgericht zu bewerben. Dies gestaltete sich jedoch schwierig, als sich herausstellte, daß die Personalakten in den Wochen nach dem 8. 5. 1945 weitgehend gesäubert und insbes. Beurteilungen, nach denen der Beurteilte die Gewähr dafür bot, sich jederzeit rückhaltlos für die nationalsozialistische Grundordnung einzusetzen, nicht mehr aufzufinden waren. Eine gewisse Beurteilungsgrundlage im Wissenschaftsbereich boten Veröffentlichungen, z. B. in der Zeitschrift »Deutsches Arbeitsrecht«, die jedoch unter Zugrundelegung der im Einigungsvertrag niedergelegten Maßstäbe und Kriterien einer Einstellung ebenfalls nicht förderlich waren.

Kündigungen nach Abs. 4 und 5

Unmittelbar nach dem rückwirkenden Inkrafttreten des Gesetzes über den Einigungsvertrag legte eine Bund-Länder-Konferenz gemeinsame Kriterien für die Anwendung des Abs. 5 fest. Insbes. die Mitgliedschaft in (Waffen) SS, SA, SD, Gestapo oder RSHA wurde wie eine Tätigkeit für die Staatssicherheit behandelt und mit der außerordentlichen Kündigung beantwortet. Für diesen Personenkreis wurden durch das Anspruchs- und Anwartschaftsüberleitungsgesetz 1945 die Versichertenrenten staatsnaher Berufsgruppen durch Einführung einer Kappungsgrenze um mindestens 20 % gekürzt. Darüber hinaus einigte sich die Konferenz auf gemeinsame Merkmale zur Ausfüllung des Begriffs der »persönlichen Eignung« in Abs. 4 Nr. 1 des Einigungsvertrages. Unter Bezug auf die Rspr. des *BAG10* wurde festgestellt, daß sich Lehrer an Schulen und Hochschulen durch ihr ganzes persönliches Verhalten zur freiheitlich demokratischen Grundordnung i. S. d. Grundgesetzes bekennen müssen. Sie müssen nämlich glaubwürdig die Grundwerte der Verfassung der Bundesrepublik Deutschland vermitteln. Wer über einen längeren Zeitraum jedenfalls hauptamtlich ein Amt im nationalsozialistischen Staat innehatte, das mit Leitungs-, Kontroll- oder Aufsichtsfunktionen verbunden war, erweckt deshalb Zweifel, ob er die Grundwerte der Verfassung glaubwürdig vermitteln kann. Die früher ausgeübte Funktion übt insofern eine Indizwirkung auf die mangelnde persönliche Eignung i. S. d. Einigungsvertrages aus. Dies ist etwa der Fall bei einer Tätigkeit im Arbeitsrechtsausschuß der Akademie für Deutsches Recht oder im NS-Rechtswahrerbund. Zweifel sind auch angebracht, wenn die bis 1945 vermittelten Lernziele und Veröffentlichungen der freiheitlich demokratischen Grundordnung grundlegend widersprechen, es sei denn, daß sich aus dem Verhalten des Betroffenen vor oder nach dem 8.5.1945 ergibt, daß er zu den Werten des Grundgesetzes steht. Zahlreiche auf Abs. 4 EV gestützte Kündigungen waren die Folge. Die besondere Verstrickung in das System vor dem 8.5.1945 wurde nicht nur *Carl Schmitt, Reinhard Höhn* und *Otto Koellreutter* zum Verhängnis.

Auswechslung von Funktionseliten

Die gesellschaftliche Auswechslung der Funktionseliten nach dem Ende des nationalsozialistischen Staates wurde durch die Tatsache erleichtert, daß die nach 1933 vertriebenen demokratischen Wissenschaftler und Richter in großer Zahl in das Bundesgebiet zurückkehrten, nachdem die Bundesregierung eine dahingehende öffentliche Einladung ausgesprochen und der Bundestag festgestellt hatte, daß sämtliche Beschäftigungsverhältnisse im öffentlichen Dienst, die aus rassistischen oder systembedingten Gründen nach 1933 unterbrochen waren, nie geendet hatten, so daß die Betroffenen nach 1945 ihre Tätigkeit ohne förmliches Einstellungsverfahren wiederaufnehmen konnten. Um nicht nur auf ideelle Anreize zu setzen, wurde weiterhin ein Belastungsausgleich – vergleichbar den an Diplomaten gewährten Zulagen – gezahlt, den böse Zungen als »Buschzulage« bezeichneten, dergl. Trennungsentschädigung, Familienheimfahrten usw. Infolge der konsequenten Anwendung des Einigungsvertrages entwickelte sich die Bundesrepublik zu einem Land, dessen Gerichte und Universitäten durch die Erfahrung von Widerstand, Flucht und Emigration, aber auch durch die Traditionen der Gastländer und deren Universitäten geprägt waren. Erster Präsident des *BAG* wurde *Otto Kahn-Freund,* dessen Wirken in einer Feierstunde anläßlich des 40jährigen Jubiläums des *Bundesarbeitsgerichts* noch einmal nachhaltig hervorgehoben wurde. Weltweite Anerkennung fand auch die Rspr. des *BAG*, vor allem aufgrund ihrer liberalen Handhabung des Streikrechts, das es über seine verfassungsrechtlich geschützte Konfliktlösungsfunktion hinaus als Menschenrecht anerkannte, schließlich zur Meinungsfreiheit und zum Minderheitenschutz im Betrieb. Dies hatte freilich zur Folge, daß zahlreiche rechtswissenschaftliche Beiträge nie bzw. anders geschrieben wurden, etwa die Aufsätze eines scharfzüngigen und früh zum Lehrstuhlinhaber arrivierten Wissenschaftlers zur Arbeitskampf rspr. des *BAG*[11] oder Darstellungen über »Das soziale Ideal des Bundesarbeitsgerichts«[12] oder über personelle Kontinuitäten im »Arbeitsrechtskartell«[13]/Kontroversen über Parallelen zwischen wissenschaftlichen Veröffentlichungen aus der Zeit von 1945 und der Rspr. des *BAG* zum Schleswig-Holsteinischen Metallarbeiterstreik um die Lohnfortzahlung[14] in der Zeitschrift »Arbeit und Recht« haben nie stattgefunden. Für diesen Verlust wurde indes die Wissenschaft umso reichhaltiger entschädigt durch das grundlegende Werk über »Grenzenlose Tarifautonomie«[15], weiterhin die Abhandlung über »Kollektivwillen und Eigenbrötlichkeit bei der Gestaltung von Arbeitsverhältnissen«[16], schließlich die vielbeachtete Schrift »Der Klassenkampf als unsere wirtschaftliche Zukunft«[17], was indes heftige Kritik durch *Otto Kahn-Freund* hervorrief. Schließlich hatte die konsequente Anwendung des Einigungsvertrages in der Bundesrepublik nach 1945 zur Folge, daß sich nach seiner Übernahme in den »ganz neuen Bundesländern« nach 1990 niemand zu der abwegigen Behauptung verstieg, hier sei nach dem endgültigen Untergang zweier Diktaturen mit zweierlei Maß gemessen worden.

risor silvaticus

Einfach, geheim und kontrolliert*

Zu Risiken und Nebenwirkungen lesen Sie Arbeit und Recht oder fragen Sie Ihren LAG-Präsidenten.
Eine hochrangige, mit Ministerialbeamten und LAG-Präsidenten besetzte Arbeitsgruppe hat zielsicher Schwachstellen des gegenwärtigen Verfahrensrechts aufgezeigt Es bedarf der Vereinfachung! Was nicht einfach genug ist, ist zu kompliziert und dauert zu lange. Komplizierte und langwierige Verfahren müssen reformiert werden. Aber wo ist dies der Fall? Die Arbeitsgruppe ist den Ursachen auf den Grund gegangen. Sie liegen nun offen zu Tage.
 –die richterliche Begründung nichtberufungsfähiger Urteile
 –die Befassung der unteren Instanzen mit Anträgen auf Bestellung (des/der Vorsitzenden) der Einigungsstelle
 –die Befassung der unteren Instanzen mit Fragen des Arbeitskampfes und der gewerkschaftlichen Betätigung.
Nur leere Formalisten werden sich mit der Verfahrensfrage aufhalten, daß eine Arbeitsgruppe zur Feststellung des Personalbedarf in der Arbeitsgerichtsbarkeit, also des Pensenschlüssels, derartige Vorschläge entwickelt – und dies erst zur 5. und abschließenden Sitzung.

Über den enormen Vereinfachungs- und Zeitersparniseffekt infolge der nun vorgeschlagenen Beseitigung der o g Verzögerungsfaktoren lassen sich nur Mutmaßungen anstellen. Interessanter scheint der hier zum Ausdruck kommende funktionale Bezug von Verfahrensgängen. Dazu ein Beispiel: Die Begründung der erstinstanzlichen Entscheidung dient offenbar einzig und allein der Vorbereitung der zweitinstanzlichen Überprüfung. Sie kann folglich mit dem Berufungsverfahren entfallen. Für den Prozeßverlierer reicht die Erkenntnis, verloren zu haben. Die Gründe sind gleichgültig. Sie würden ihn ohnehin nicht überzeugen, sonst hätte er nicht geklagt. Sein Bild von der Justiz wird allerdings durch die Erfahrung geprägt werden, ein Urteil zu erhalten, dessen tatsächliche Annahmen und logische Ableitung er nicht kennt und als Prozeßunterworfener auch nicht kennen muß. Schließlich weiß das Gericht selbst, ob und wie es sich mit dem Parteivorbringen auseinandergesetzt hat.

---

* AuR 1995, 257f.

Die Erfahrungen des geheimen »Erkenntnisverfahrens« hat ein jüngerer Prager Arbeitsrechtler bereits zu Anfang des Jahrhunderts literarisch verarbeitet. Vielleicht fordert die geheime »Erkenntnis« zwar nicht das Verständnis der Justiz, wohl aber der Literatur.

In die Zukunft weisen auch die weiteren Vorschläge der Arbeitsgruppe. Das LAG als Eingangsinstanz entlastet die Arbeitsgerichte, kein Zweifel. Warum aber diese Begrenzung? Warum hier und nicht dort? Historische Vorbilder werfen Fragen auf. Liegen den Vereinfachungsvorschlagen ähnliche Gedanken zugrunde wie der »Reform« des § 48 VwGO, der Begründung einer erstinstanzlichen Zuständigkeit der Oberverwaltungsgerichte in Fragen des Atomgesetzes, die Erwartung, daß Berufungsrichterinnen und -richter im allgemeinen konservativer sind oder werden, daß sie eher auf Linie liegen und nicht große Investitionsvorhaben durcheinanderbringen? Schließlich geht es auch im Arbeitsrecht um das »Eingemachte«, in Fragen des Arbeitskampfes und der gewerkschaftlichen Betätigung um das Kräfteverhältnis zwischen Gewerkschaften und Arbgeb. in Einigungsstellen um das Einfamilienhaus, seine Erweiterung, Anbauten und möglicherweise auch das Nachbargrundstück des Einigungsstellenvorsitzenden. Hier endlich erschließt sich die besondere Bedeutung des individuellen Vordringens in die zweite Instanz. Erwartungsgemäß wird sich mit der Zuständigkeit im Bestellungsverfahren auch die Vorsitzendentätigkeit in der Einigungsstelle auf Richterinnen und Richter der zweiten Instanz verlagern – ein weiterer Entlastungseffekt für die Arbeitsgerichte und zugleich ein Beitrag zur Akzentuierung der finanziellen Abstufung im Gerichtswesen.

PS 1:
Zutreffend ist die Vermutung, daß die Entscheidung im Bestellungsverfahren nach § 98 ArbGG durch das LAG und nicht notwendigerweise durch dessen Präsidenten erfolgt. Völlig grundlos ist die Vermutung, daß diese Rechtsfolge durch Geschäftsverteilung herbeigeführt wird.

PS 2:
Manche Vorschläge sind so gut, daß ihr genaues Gegenteil mindestens genauso plausibel ist. Wie wäre es mit der Aufhebung der Begründungspflicht für alle nichtrechtskräftigen Urteile und einer Eingangszuständigkeit der LAG in Fragen, die besonderen Zeitaufwand erfordern, etwa der Berichtigung von Zeugnissen oder der Überprüfung von Abmahnungen? Hier könnte das LAG seine besonderen Erfahrungen geradezu optimal verwerten.

risor silvaticus, Kassel/Schleimünde/Rom

Deregulierung des Eherechts*

1. Globalisierung des Heiratsmarkts

Im September 1997 legte Eurostat, das Statistische Amt der Europäischen Gemeinschaften, ein Memorandum (9/97) über Eheschließungen und Scheidungen in der Europäischen Union vor. Danach ist insbes. die Zahl der Eheschließungen von 1970 bis 1995 stark zurückgegangen (europaweit von 7,6 auf 5,1 Eheschließungen pro 1000 Einwohner). Zukunfts- und Gesellschaftsforscher[1] erkannten dieses Phänomen als Ausfluß eines tiefgreifenden Wertewandels mit erheblichen Auswirkungen für die Kohärenz der Gesellschaft. Kirchen sorgten sich um die Familie, sog. Neo-Schmittianer[2] um den »Staat ohne Keimzelle«. Der Bundespräsident geißelte in einer viel beachteten Grundsatzrede[3] das Realisierungsdefizit und rief dazu auf, »es gemeinsam anzupacken«, ohne den griffigen Gegenstand weiter zu konkretisieren. Offensichtlich war eine eingehende wissenschaftliche Analyse dringend erforderlich.

Erste Erkenntnisse ergaben sich aus der Eurostat-Studie selbst. Wie sich zeigte, liegen Dänemark und Großbritannien[4] mit 6,6 bzw. 5,5 Eheschließungen pro 1000 Einwohner (E) vorne, während Deutschland mit 5,3 nur einen Mittelplatz einnimmt. Die gleichen Länder liegen ebenso an der Spitze bei den Scheidungen (S) mit 2,5 bzw. 2,9 (Deutschland 2,1), jeweils auf 1000 Einwohner. Halt man dagegen Italien (4,0 E – 0,5 S) und Irland (4,4 E – 0,0 S), so bilden beide sowohl bei Eheschließungen als auch bei den Scheidungen das Schlußlicht. Die Konsequenz liegt auf der Hand. Die Anzahl der Eheschließungen verhält sich proportional zur Scheidungshäufigkeit. Eine Scheidungsunterdeckung verringert die Eheschließungsquote. Diese läßt sich nur durch ausreichendes Scheidungswachstum steigern.

---

* AuR 1998, 17 ff. = NJW 1998, Heft 28, XXIV–XXVI.
1 *Beck,* Die Risikoehe, München 1998; *Miegel,* Eigenverantwortung und Standesamtsinsuffizienz, Bonn 1999.
2 Vgl. *Carl Schmitt,* Politische Theologie, 1. Aufl., München/Leipzig 1922.
3 Rede zur Verleihung des »Bambi« an *Margarethe von Trotta* für den Film »Die Heiligkeit der leiblichen Mutter«.
4 Nach angelsächsischen Studien hat insbes. das Königshaus intensive Anstrengungen unternommen, um den break-marriage-point zu erreichen.

Die Defizite des »Ehestandorts Deutschland«[5] sind unbestreitbar. Das »Südelbische Modell« des Eherechts wird der Globalisierung des Heiratsmarkts nicht mehr gerecht. Zunehmend entstehen eheähnliche Verhältnisse mit ausländischen Partnerinnen, die bereit sind, Eheleistungen i S d § 1353 Abs. 1 Satz 2 BGB auch ohne den im 4. Buch des BGB kodifizierten Status zu erbringen[6]. Potente Heiratswillige machen einen großen Bogen um Deutschland und heiraten im Ausland[7]. In Deutschland dagegen kommen 30 % der Kinder unehelich zur Welt, was unmeßbare Erbauseinandersetzungen zur Folge haben könnte.

2. Mehr Markt im Eherecht

Einen wichtigen Anstoß für eine zukunftsorientierte Diskussion gab der sog. »Kranzgelder Kreis«[8] in dem Memorandum »Mehr Markt im Eherecht«, dessen Anregungen den Grundstein für das im Jahre 2002 verabschiedete Ehehemmnisbeseitigungsgesetz bilden. Er versteht die Ehe grundsätzlich als Dauerschuldverhältnis mit Servicecharakter, wie es u. a. in § 1353 Abs. 1 Satz 2 BGB und im römischen Recht[9] zum Ausdruck kommt. Bei einer nüchternen marktwirtschaftlichen, d. h. nicht ideologisch überlasteten Betrachtung werden die Eheaustrittsbedingungen jedoch grundsätzlich als antizipierte Eheeintrittsbedingungen verstanden. Ein überzogener Bestandsschutz führe in der Marktwirtschaft unter Berücksichtigung des Girlholder Value zwangsläufig zu Vermeidungseffekten. Er verkehre sich in sein Gegenteil. Wohltat werde zur Plage. Neue individuelle Lebensmuster würden flexible Lösungen erfordern, die zunehmend in Widerspruch zu dem starren Korsett eines gesetzlichen Zwangstypus geraten wurden. Der mündige Bürger brauche diese Bevormundung nicht. Das Eherecht solle sich deshalb auf wenige Eckpunkte beschränken und Freiräume schaffen für eine

---

5 Die deutsch-amerikanische Heiratskammer sprach von »Ehesklerose«.
6 Zur Interdependenz von Ehe und Prostitution vgl. schon *Bebel*, Die Frau und der Sozialismus, 25. Aufl., Stuttgart 1895 S. 176: »Die Ehe ist der Avers, die Prostitution der Revers der Medaille«, der u. a. auf den seinerzeit noch erzielten Exportüberschuß hinweist, a. a. O. S. 191.
7 Zu den historischen Vorbildern Las Vegas (Faithful congregation of the five Dollar chapel of the wedding bell) und Gretna Green haben sich neuerdings Tondern, Apenrade, Sonderburg und Bornholm gesellt. Der Bundesverband der Duty-Free-Ships (sog. Butterschiffe) empfiehlt Schiffstrauungen ohne Landgang, um auf der Rückfahrt gleich die Familienration an Alkohol und Tabak mitzunehmen.
8 *Engel/Guthoffski u. a.*, Mehr Markt im Eherecht, von 1300 bis 2000, St. Gallen 1998.
9 Nach der Lex Julia (Digesten 48,5) wurde Ehebruch schwer bestraft, wahrend Scheidung (divortium), Verstoßung (repudium) und Aufkündigung (renuntiatio) liberal gehandhabt wurden. Dagegen definierte *I. Kant* (Metaphysik der Sitten, Rechtslehre, § 24–27) die Ehe (matrimonium) bekanntlich als Vertrag zum wechselseitigen Gebrauch der Geschlechtsorgane (usus membrorum et facultatum sexualium altenus), d. h. als commercium sexuale.

risor silvaticus

partnernahe Ausgestaltung[10]. Die Unabdingbarkeit des 4. Buches des BGB sollte deshalb weitgehend aufgegeben und durch das Prinzip der Vertragsfreiheit ersetzt werden.

Im September 1998 befaßte sich der Deutsche Juristentag mit der Frage: »Empfiehlt es sich, im Interesse der Chancengleichheit zwischen Eheplatzinhabern und Ehesuchenden Begründung und Beendigung der Ehe neu zu regeln?«. Das positive Votum der Abteilung Familienrecht des DJT wurde nur unwesentlich dadurch in seiner Bedeutung gemindert, daß Berichten zufolge Scheidungsanwälte in großer Zahl dem DJT beitraten, während der Verhandlungen sich dem sog. »Beiprogramm« widmeten, sich zur Abstimmung aber vollständig wieder einfanden und dort den besonders ausgewiesenen Stimmführern folgten[11].

Das juristische Schrifttum nahm diese Impulse zunächst nur zögerlich auf. Dies veränderte sich erst, als der Präsident des Deutschen Familiengerichtstages nachwies[12], daß Art. 6 GG dem Staat eine doppelte Schutzpflicht auferlegt, nämlich einerseits den Bestand der Ehe zu schützen, andererseits die Eheschließungsbereitschaft zu fördern, vor allem das Institut Ehe zu garantieren. Kollisionen seien nach dem Grundsatz der »praktischen Konkordanz« zu lösen, wobei dem Gesetzgeber ein weiter Ermessensspielraum eingeräumt sei. Es sei ggf. geboten, die individuelle Ehe zu trennen, um das Institut der Ehe zu erhalten[13]. Hierfür bedürfe es nicht einmal des Rückgriffs auf das Grundrecht der negativen Ehefreiheit. Schließlich vollzog auch der Deutsche Hausfrauenbund einen spektakulären Schwenk weg von der früheren Position »Gemeinschaft von Tisch und Bett« hin zur »Mitgestaltung der Küchen und Schlafzimmer« – eine programmatische Neuorientierung, zu der nicht unwesentlich die Hereinnahme hervorragender Vertreterinnen dieser Organisation in die vom BT berufene Ehehemmnisbeseitigungskommission beitrug.

Diese Kommission legte nach intensiven Beratungen im Mai 2000 ihr Thesenpapier »Ringe nach Maß« vor. Sie identifizierte die Hauptursachen der unbezweifelbaren Eheinsuffizienz in Deutschland: zum einen die übersteigerten Eheauflösungshürden, zum anderen nicht marktgerechte Unterhaltsleistungen.

---

10 Vgl *Adomix*, Die Lebensabschnittspartnerin als wirtschaftliche Zukunft, München 1999, im Auftrag der Zsa Zsa Gabor-Stiftung, der die nachdenkliche Frage stellt, ob die gesellschaftsrechtlichen Angebote der GbR, OHG, KG, GmbH nicht völlig ausreichen.
11 Ein Fuldaer Bischof kritisierte anschließend den »Materialismus von schneidigen Advokaten«. Nach Auffassung eines Frankfurter/Starnberger Wissenschaftlers kam in dem Abstimmungsergebnis lediglich ein »Erkenntnisleitendes Interesse« zum Ausdruck. Jedoch auch nach dieser Auffassung verwirklicht sich der kritische Diskurs auf Juristentagen nur suboptimal.
12 RdE (Recht der Ehe) 1999, 230ff.
13 Hier ergeben sich Berührungspunkte zum ägyptischen Recht, vgl. Zwangsscheidung des Literaturprofessors *Abu Seid* wegen unmuslimischer Veröffentlichungen, Kairo 1995.

Konsequent setzte die Therapie an diesen Schwachstellen des aus heutiger Sicht überwundenen Status quo ante an.

3. Vorschläge der Ehehemmnisbeseitigungskommission

Die einzelnen Vorschläge der »Kommission zur Beseitigung heiratshemmender Vorschriften und zur Flexibilisierung der Ehegemeinschaft« (Ehehemmnisbeseitigungskommission) sind hinlänglich bekannt, so daß sie an dieser Stelle nur angeführt, nicht aber erläutert zu werden brauchen: Von der Ehe auf Probe bzw. auf Zeit über die Teilzeit-Ehe mit den Sonderformen des »geringfügigen Ehestands«, der kapazitätsorientierten variablen Ehe (KAPOVEH), dem Ehesharing, Gruppenehen, Poollösungen, Ehepartnerüberlassung bis hin zum sog. »Eingliederungsverhältnis«[14].

Im Unterhaltsrecht hielt es die Kommission für geboten, dem Mißbrauch des Zugewinn-/Versorgungsausgleichs konsequent entgegenzutreten, die Eigenverantwortung zu stärken und vor allem Langzeitsingles die Möglichkeit zu schaffen, sich durch grundsätzlichen Verzicht auf Unterhaltsleistungen/Versorgungsausgleich den Zugang zum Heiratsmarkt zu verschaffen. Weitere Vorschläge betrafen die Anpassung der sog. »Düsseldorfer Tabelle« an Weltmarktkonditionen sowie den Ausbau der Eigenbeteiligung nicht erwerbstätiger Geschiedener an ihrem Unterhalt. Gerade Langzeitunterhaltsempfänger würden nämlich durch diese Subsistenzform entmündigt und an ihrem Wiedereintritt in den Arbeits- und Heiratsmarkt nachhaltig gehindert. Schließlich wurde angeregt, im sog. »Niedrigunterhaltssegment« staatliche Unterstützungsleistungen in Form eines sog. Kombi-Unterhalts einzuführen, um damit die Leistungsträger zu entlasten und zu weiteren Eheschließungen zu stimulieren.

4. Entfaltung von Heiratsdynamik

Der Gesetzgeber hat diese Anstöße bekanntlich nur unvollkommen aufgenommen. Immerhin wurden im Jahre 2002 das Ehehemmnisbeseitigungsgesetz und das Unterhaltskostendämpfungsgesetz verabschiedet[15]. Hierdurch soll Heiratsdynamik entfaltet und die Zahl der nichtehelichen Lebensgemeinschaften bis

---

14 Schon im römischen Recht unter intra manere dum posse bekannt.
15 BGBl. I, 611. Ein früherer Entwurf v. 6. 1996 – BT-Drucks. 13/4849 – war noch an den Str. Quotenfragen, darüber hinaus im Finanzausschuß des BT gescheitert (Entlastung des Bundeshaushalts durch den tendenziellen Fall des Ehegatten-Splittings).

risor silvaticus

zum Jahre 2006 halbiert werden. Der Bundesfamilienminister, dessen Haus die Anregungen zunächst nur sehr zögerlich aufgenommen hatte, brachte es auf eine griffige Formel: »Lieber befristet verheiratet als unbefristet ehelos!«. Für eine abschließende Bewertung, ob die mit der Reform angestrebten Folgen tatsächlich erreicht wurden, ist es noch zu früh. Während Reformgegner schon frühzeitig ein Scheitern voraussagten, wies das Institut der Deutschen Ehewirtschaft darauf hin, daß eine unzureichende Eheschließungsdynamik allenfalls auf die nicht konsequente Durchführung seiner Vorschläge zurückzuführen sei, so daß ggf. ein weiteres, diesmal aber konsequent marktwirtschaftliches Eheschließungsförderungsgesetz 2004 erforderlich werde, mit dem die Scheidungsfolgen an die Vorschriften der Insolvenzordnung anzupassen wären. Immerhin ist bereits heute abzusehen, daß einige der gesetzlich eingeräumten Optionen von der Praxis durchaus angenommen werden. Dies gilt namentlich für die Ehe auf Zeit, die nicht mehr im einzelnen zu begründende Kündigung während der Probezeit sowie die in § 1566 Abs. 3 aufgenommene gesetzliche Zerrüttungsvermutung bei kinderlosen Ehen.

Darüber hinaus ist unbestritten eine Entlastung durch das Unterhaltskostendämpfungsgesetz eingetreten, vor allem infolge der Ersetzung der Zumutbarkeitsregelung des § 1574 BGB (angemessene Erwerbstätigkeit des geschiedenen Ehegatten) durch einen Verweis auf die für Arbeitslose geltenden Vorschriften der §§ 121, 122 SGB III, schließlich auch das Notopfer Frauenhaus, mit dem eine Eigenfinanzierung durch potentielle Nutznießerinnen und zugleich eine Entlastung der öffentlichen Hand bewirkt wurde.

Trotz anfänglicher Blockade seitens der Opposition hat sich wieder einmal gezeigt, daß die Gesellschaft in der Lage ist, von den Rezepten der Vergangenheit Abschied zu nehmen und durch eine zukunftsorientierte marktwirtschaftliche Politik einen Beitrag zur Aufrechterhaltung des Ehestandorts Deutschlands zu leisten und zugleich dem mündigen Bürger ein Stück seiner Freiheit zurückzugeben, das ihm der vormundschaftliche Staat des 20. Jahrhunderts vorenthalten hatte.

risor silvaticus

Goethe-Zitate für Juristen*

Ausgewählt und lexikalisch aufbereitet von Alfons und Jutta Bausch. 3. Aufl. 140 S. Verlag Dr. Otto Schmidt KG, Köln 1996. Preis: 36 DM

Der Herr Geheimrat hat bekanntlich nicht nur als Dichter und Literat, sondern auch als Jurist – bisweilen ging das eine in das andere über – eine Vielzahl zitierfähiger Formulierungen hinterlassen. Letztere zusammengefasst zu haben ist der Vorzug dieses Büchleins. Die Ordnung erfolgt nach Stichworten, von Abgaben bis Zoll, jeweils unter Angabe der Fundstelle. Eine unterhaltsame Lektüre und Gedächtnisstütze, auch geeignet zur Unterstützung bei der Vorbereitung von Vorträgen und Aufsätzen. Manches erscheint merkwürdig aktuell: »Wenn Ihr neue Gesetze macht, müssen wir uns wieder neue Mühe geben, um auszusinnen, wie wir auch diese übertreten können; bei den alten haben wir es schon weg.«

---

* AuR 1999, 484

risor silvaticus

Beschleunigte Gerichte*

Am 20.1.2000 hat der Bundestag das »Arbeitsgerichtsbeschleunigungsgesetz« (ArbGBeschleuG) beschlossen (ausführliche Erläuterung im nächsten Heft von AuR). Gegenüber den zahlreichen Kontroversen im Arbeits- und Sozialrecht besticht die Übereinstimmung aller Fraktionen. Sie bezieht sich insbes. auf die Titulierung der Novelle. Offensichtlich sollen nicht (nur) die Verfahren – nein, die Gerichte selbst sollen beschleunigt werden. Beschleunigung steigert Geschwindigkeit von Bewegung. Gerichte haben nun einen Sitz, der freilich, wie jüngst im Falle des *BAG,* verlegt werden kann. Sind weitere Verlegungen geplant? Risor meint, jedes Gericht besteht aus Richterinnen und Richtern. Deren Beweglichkeit gilt es zu beschleunigen. Der Umzug nach Erfurt hat dazu einen wichtigen Beitrag geleistet, steigert die Auslastung der Deutschen Bahn und damit auch das Bruttosozialprodukt. Die Beschleunigung des ICE weist in die richtige Richtung. Warum richtet die Deutsche Bahn in ihren Konferenzabteilungen keine Sitzungssäle ein? Wenn die Unternehmen ihre Lagerhaltung auf die Straße verlagern, warum nicht die Gerichte ihre Verhandlungen auf die Schiene?

---

* AuR 2000, 135

risor silvaticus

Leitbild Bundesarbeitsgericht*

Leitbilder werden auch für die Justiz zunehmend bedeutsam. Im Prozess der Modernisierung staatlicher Einrichtungen sind sie ein wichtiges Führungsinstrument. Der Weg, auf dem ein Leitbild entsteht, ist entscheidend für dessen Erfolg. An dem nachfolgenden Leitbild des *BAG* haben alle Angehörigen des *BAG* mitgewirkt. Nun gilt es, die Vorgaben des Leitbildes im Alltag mit Leben zu erfüllen.

»LEITBILD BUNDESARBEITSGERICHT

Das BAG entscheidet als oberster Gerichtshof des Bundes Rechtsstreitigkeiten auf dem Gebiet des Arbeitsrechts. Seine Aufgabe ist es, Rechtseinheit zu wahren, Rechtssicherheit herzustellen sowie das Recht fortzubilden. Dabei wirken ehrenamtliche Richter aus den Kreisen der Arbgeb. und der ArbN. mit. Dieser gesetzliche Auftrag ist die Grundlage des Leitbildes.

Dienstleistungen

Im Rahmen dieses Auftrags wird:
eine umfassende Fachbibliothek bereitgestellt,
die Rspr. und das Schrifttum im Arbeitsrecht dokumentiert,
die Rechtsprechung zeitgemäß verbreitet, der regelmäßige Austausch über arbeitsrechtliche Fragestellungen mit Wissenschaft und Praxis gepflegt.

Organisation und Arbeitsabläufe

Die Organisation des *BAG* ist auf die Erfüllung seines Auftrags ausgerichtet. Die Vorgaben sind klar und eindeutig, die Handhabung einheitlich. Die Arbeitsabläufe sind zweckmäßig und nachvollziehbar. Sie werden unter Beteiligung der Mitarbeiterinnen und Mitarbeiter kontinuierlich verbessert. Es werden zeitgemäße Arbeitstechniken eingesetzt.

---

* AuR 2001, 267 f.

risor silvaticus

Qualität

Das Erscheinungsbild des *BAG* ist einheitlich. Für unsere Dienstleistungen gelten verbindliche Standards.
Zügige Erledigung, die Berücksichtigung individueller Belange und eine angemessene Begründung getroffener Entscheidungen kennzeichnen unser Handeln. Wir arbeiten effektiv und wirtschaftlich. Die erreichte Qualität wird ständig überprüft und weiterentwickelt.

Führung und Zusammenarbeit

Die Mitarbeiterinnen und Mitarbeiter werden in ihrer Eigenverantwortung und ihrer beruflichen Entwicklung gefördert. Klar formulierte Ziele sowie Delegation von Aufgaben und Verantwortung sind für uns Voraussetzungen einer gleichwertigen und konstruktiven Zusammenarbeit. Eine für Kritik offene Haltung sowie Gesprächsbereitschaft über Hierarchieebenen und Arbeitsbereiche hinweg sind Grundlagen unserer Arbeit und des Umgangs miteinander. Mit Informationen gehen wir verantwortungsbewusst um.«

Anmerkung:

Klare, eindeutige, einheitliche, zweckmäßige, nachvollziehbare, kontinuierlich verbesserte, zeitgemäße, zügige, verantwortliche und verantwortungsbewusste gesetzliche Aufgabenerfüllung
Worauf die Fachwelt so lange wartete: Das Leitbild des *BAG* liegt nun vor. Wer in der Vergangenheit – etwa als haupt- oder ehrenamtlicher Richter/Richterin am *BAG* – noch zwischen Klarheit und Unklarheit, Verbesserung und Stillstand, Verantwortung und Schlendrian geschwankt hatte, hat nun klare Vorgaben. Wer in der Vergangenheit noch grübelte, wie manche höchstrichterlichen Urteile und Beschlüsse zustande kamen hat nun Gelegenheit, vom Baum der Erkenntnis zu knabbern. Damit beweist sich ein weiteres Mal die Richtigkeit und Notwendigkeit von Leitbildern in der öffentlichen Verwaltung und in den Gerichten.

Freilich konnte das *BAG* hier auf leuchtende Vorbilder zurückgreifen, hinter denen es – wie kritisch anzumerken ist – doch deutlich zurückbleibt. In überzeugender Weise hatte etwa der Leitbildentwurf der Bayerischen Staatsregierung (AuR 1997, 278) die vertrauensvolle Zusammenarbeit zwischen dem öffentlichen Dienst und seiner politischen Führung hervorgehoben, was so zu verstehen war, dass die Mitarbeiterinnen und Mitarbeiter (1. Pers. Plural) »das geltende Recht und die Ziele der Staatsregierung loyal umsetzen«. Auch Selbstverpflichtungen wie die flexible Informations-Innovations-Prozessoptimierung (Deutsche Telekom AG, vgl. AuR 2000, 18) hätten dem Gericht gut angestanden. Der genius loci legte ohnehin eine Normerfüllung von Weltniveau nahe. Schließlich war das *BAG* mit großen Erwartungen nach Erfurt gestartet. Die Architektin des Gerichtsgebäudes (Allseitigkeit des Körpers) hatte es auf eine kurze überzeugende Formel gebracht: »In der Kathedrale des Rechts von der Ungewissheit zur Gewissheit und in der Verhandlung zur Ruhe zu finden« (AuR 1997, 201). Die kontinuierlichen Verbesserungspotenziale der Leitbildung sind noch längst nicht ausgeschöpft.

risor silvaticus

Klassische Musik bedroht innere Sicherheit*

»Die teuerste Lösung wäre, die Opernhäuser in die Luft zu sprengen. Aber glauben Sie nicht auch, dass dies die eleganteste wäre?«, so äußerte sich der damals noch junge, heute weltbekannte Komponist und Dirigent *Pierre Boulez* in seinem jugendlichen Leichtsinn 1967 im »Spiegel«-Interview. Daraus wurde die bekannte Forderung: »Sprengt die Opernhäuser in die Luft!« Aber die Organe der inneren Sicherheit schliefen nicht und nahmen eine Eintragung im nationalen schweizerischen Fahndungsregister »Ripol« vor. Sollte ein dort erfasstes Subjekt in der Schweiz nächtigen, greift die Obrigkeit ein, was Anfang November in Basel auch geschah. Die Polizei holte den dort nächtigenden Dirigenten frühmorgens aus dem Hotelzimmer und nahm ihm den Pass ab. Datenschutz ist Täterschutz, aber sicher ist sicher.

---

* AuR 2002, 23

risor silvaticus

Das Rechtswegeoptimierungsgesetz*
Retro-Innovation vor den Gerichten

1. *Kleine Ursachen haben bisweilen große Wirkung. Man erinnere sich: Vor 5 Jahren, im Dezember 2003, des Nachts im Vermittlungsausschuss, wurde die Zuständigkeit in Sozialhilfeangelegenheiten von der Verwaltungs- auf die Sozialgerichtsbarkeit übertragen*[1] *– ein kleiner Anstoß, der Systemveränderungen nach sich zog. Noch vor dem Vermittlungsausschuss kündigte die Bundesregierung einen Gesetzentwurf an, nach dem die durch die veränderte Zuständigkeit entstehende Suboptimalauslastung der Verwaltungsgerichte und die Supraeffektivauslastung der Sozialgerichte dadurch ausgeglichen würde, dass auch Erstere Sozialgerichtsbarkeit ausüben*[2]. *Von da aus war es nur noch ein kleiner Schritt zu der von den Ländern Baden-Württemberg und Niedersachsen betriebenen Integration der Sozialgerichte in die Verwaltungsgerichtsbarkeit mit der Möglichkeit, durch Präsidiumsbeschluss dem Asyl- und Abschiebespezialisten künftig auch die Überprüfung von Sperrzeitbescheiden zuzuweisen*[3]. *Das Präsidium der Bundesvereinigung der Deutschen Arbeitgeber entschied sich, ohne das Votum ihrer Mitglieder einzuholen, für die große Lösung*[4] *und forderte wegen der unbestreitbaren Synergieeffekte gleich die Abschaffung der Arbeits- und der Sozialgerichtsbarkeit*[5]. *Die Vorschläge der vom Bundeskanzler eingesetzten Hartz VIII*[6] *Kommission (einheitliche öffentlich-*

---

* AuR 2004, 175 ff.
1 Unbekanntes aus dem Vermittlungsausschuss, AuR 2004, 54.
2 Protokollerklärung v. 19.12.2003, vgl. Fn. 1.
3 Auch an eine Zusammenlegung der bisher verstreuten erstinstanzlichen Gerichte zu einem für das ganze Land zuständigen Eingangsgericht am Sitz des Berufungsgerichts wird gedacht, da sie einen bedarfsgerechten landesweiten Personaleinsatz ermöglicht. Anders als in Berlin/Brandenburg wurde die im Rahmen der »Initiative Mitteldeutschland« erwogene Zusammenlegung der Berufungsgerichte verschiedener Bundesländer wegen der besonderen Dissynergieeffekte nicht weiter verfolgt, vgl. AuR 2003, 379.
4 Dokumentiert in AuR 2004, 100.
5 Nachdenkliche Arbeitgebervertreter wiesen zwar daraufhin, dass mit der Verabschiedung von der Arbeitsgerichtsbarkeit auch das Instrumentarium von personenrechtlichem Gemeinschaftsverhältnis, Betriebsgemeinschaft, Treuepflichten, Betriebsstörung, Friedenspflicht, Sphärentheorie, vertrauensvolle Zusammenarbeit, Besonderheiten des Arbeitsverhältnisses, ungeschriebene Nebenpflichten und die sich in der Rspr. abzeichnende restriktive Anwendung der verbraucherschützenden Vorschriften des BGB über Bord gehen könnte, haben sich aber nicht durchgesetzt.
6 Weitere Kommissionsmitglieder waren die Präsidenten des *BGH* und des OVG *Münster*, Vertreter der Bundesländer Baden-Württemberg, Niedersachsen und Mecklenburg-Vorpommern, der rechtspolitische Sprecher der SPD-Bundestagsfraktion *Stünker*, die Professoren *Rürup*, *Raffelhüs-*

rechtliche Gerichtsbarkeit) wurden im »1. *Gesetz zu Reformen am Justizmarkt*« *umgesetzt, das am 28. 12. 2004 endgültig verabschiedet wurde und am 1. 1. 2005 in Kraft trat.*

2. Es erwies sich als Investitionsprogramm für die Bauwirtschaft. Die Auflösung der Sozialgerichte veranlasste dort intensive Rückbaumaßnahmen sowie den Ausbau der Verwaltungsgerichte zu modernen proaktiven Justizservicezentren. Die ehemaligen Senate des *BSG* zogen nach Leipzig, so dass ihr Kasseler Gebäude – nach entsprechender baulicher Umgestaltung – wieder zu seiner ursprünglichen Bestimmung als Generalkommando der Wehrmacht zurückkehren konnte – eine Nutzung, die auch durch den von keiner Partei mehr in Frage gestellten *erweiterten Sicherheitsbegriff* notwendig wurde. Zum Festakt des in Leipzig vereinigten *Sozialen Bundesverwaltungsgerichtes* pries der neu gewählte Bundespräsident den großen Vorzug seiner regionalen Bürgernähe – sind doch die Kunden des Sozialrechts weitgehend in den ehemaligen neuen Bundesländern beheimatet. Im großen Sitzungssaal des ehemaligen Reichsgerichtsgebäudes waren zuvor umfangreiche Reauthentisierungsumbauten zur delinquenzadaequaten Durchführung von Strafverhandlungen durchgeführt vorgenommen worden. Der Gesetzgeber hatte nämlich im Zuge der Hartz-VIII-Reform auch das Sozialstrafrecht zu einem eigenständigen SGB XIII zusammengefasst und den vereinigten *Sozialen Verwaltungsgerichten* zugeschlagen. Diese verfügen seitdem über eigene Strafkammern, das *Soziale BVerwG* über 2 Strafsenate, die bereits über Überbelastung klagen seitdem der Gesetzgeber auf Betreiben des seit der Auflösung von Arbeits-, Gesundheits- und Justizministerium für die Justiz zuständigen Innenministers die bis dahin bestehende Strafbarkeitslücke endlich geschlossen hatte[7]. Der Sachverständigenbeirat des Innenministers hatte vorgeschlagen, neben dem Ausbau der Gerichtsgebühren[8], inbes. der Mutwillenskosten, im sozialgerichtlichen Verfahren auch das längst überfällige strafrechtliche Adhäsionsverfahren

---

chen und *Lauterbach* sowie Vertreter der Sozialversicherungsträger; vgl. auch den noch nicht eingebrachten Gesetzentwurf zur Synchronisation der Hartz-Kommissionen und der Sozialgesetzbücher.

7 Der Tatbestand des »Erschleichens von Sozialleistungen« war schon in § 9 des im Frühjahr 2004 vorgelegten Entwurfs eines »Gesetzes zur Intensivierung der Bekämpfung der Schwarzarbeit und damit zusammenhängenden Steuerhinterziehung«, vgl. BT-Drucks. 15/2573 v. 2.3.2004, enthalten. Damit sollte den »praktischen Schwierigkeiten« bei der Anwendung des § 263 StGB (Betrug) begegnet werden, da dieser Tatbestand z.B. Bereicherungsabsicht voraussetzt, die nach § 9 Schwarzarbeitsgesetz nicht erforderlich ist. Das Gesetz zur *Vertiefung und Intensivierung des Wehrhaften Sozialstaats* v. 11.11.2005, BGBl. I, S. 3912, beinhaltete neben der Einführung neuer Straftatbestände vor allem deren bessere Verfolgung durch Anwendung der §§ 103, 105 StPO.

8 Der Gesetzentwurf des BRat – vgl. BT-Drucks. 15/2722 – war bereits als Art. 19 des sog. Eigenverantwortungsförderungsgesetzes v. September 2004 Gesetz geworden.

einzuführen, so dass Verwaltungsgerichte im Falle eines abweisenden Urteils sogleich über die nach dem Legalitätsprinzip gebotenen Strafmaßnahmen gegen den Antragssteller[9], bei Ausländern auch über ihre Abschiebung[10], befinden können. Langfristig ist freilich mit einer Reduzierung der Senate des Gerichts zu rechnen. Nachdem schon die Ifo-Studie überzeugend nachgewiesen hatte, dass, fiskalisch gesehen, die Kosten der Sozialhilfe und des Arbeitslosengeldes II trotz der im SGB XIII niedergelegten strafrechtlich sanktionierten Arbeitsanreize insgesamt doch eine Negativ-Rendite zeitigten, führen die Erkenntnisse insbes. der ökonomischen Analyse des Sozialrechts zu der konsequenten Anwendung des Subsidiaritätsprinzips, die dem intrafamiliären Sozialtransfer grundsätzlich den Vorzug einräumt und auf diese Weise die Familie in ihrem historischen Verständnis[11] stärkt. Im Übrigen wird darüber nachgedacht, diese staatlichen Fürsorgeleistungen der Höhe nach dem Weltmarktstandard[12] anzupassen. Neben dem Einsparungseffekt wird die zu erwartende Entlastung der Gerichtsbarkeit als sichere Konsequenz angesehen[13].

3. Der arbeitsgerichtliche Innovationsprozess erwies sich als schwieriger. Zaghafte Initiativen des »Bundes der Quereinsteiger in die Arbeitsgerichtsbarkeit« in Richtung auf die Einrichtung eines geregelten ständigen Optimierungs- und Autodelegitimisierungsprozesses brachten zwar bescheidene Ergebnisse, vor allem mehr Rechtssicherheit[14], verlängerten indes andererseits Urteile und Beschlüsse um immer dieselben Verweise auf immer dieselben Fundstellen und boten Ansätze für – natürlich ebenso standardisierte – Rechtsmittel. Der von Internet-

---

9 Die individuelle Strafzumessung wird erleichtert durch die gerichtliche Nutzung der auf der Grundlage des § 16 Schwarzarbeitsgesetz eingefügten zentralen Datenbank, die seit dem Gesetz zu Reformen am Justizmarkt auch Angaben über Personen enthält, die durch häufiges Anrufen der Sozialgerichtsbarkeit in Erscheinung getreten sind.
10 Die Begründung der Ausweisung und Abschiebung ergibt sich schon daraus, dass der Antragsteller nach dem abweisenden Urteil im Leistungsverfahren i.d.R. nicht mehr in der Lage ist, sich selbst und seinen Angehörigen Unterhalt zu gewähren, und damit den Ausweisungstatbestand des § 46 Abs. 6 Ausländergesetz erfüllt.
11 »Der Herr ist langmütig und reich an Gnade; er vergibt Unrecht und Übertretung, lässt aber auch die Schuldigen keineswegs ungestraft, sondern sucht die Schuld der Väter an den Kindern heim bis ins dritte oder vierte Glied«, Mose 4, 14, 18, so wörtlich übernommen in § 3 des *Leitbildes* für die Sozial- und Eigenverantwortungsservice-Center, ehemals Sozialämter, Hessen.
12 Rechnerischer Mittelwert zwischen Westliches Westfalen (WW), Wiesbaden und Wisconsin.
13 *Knanpanti*, Die Rekonstruktion strafrechtlicher Interferenzen als ökonomisch determinierte Lenkungsmaßnahmen, Diss., Konstanz 2004.
14 Als nützlich erwies sich die Einführung des elektronischen Rechtsfindungsprogramms »judex novit curiam« in einigen Bundesländern: Die Abweichung von elektronisch gespeicherten höchstrichterlichen Musterurteilen erforderte die Nutzung der sog. Escape-Taste nebst weiteren auf das einzelne Verfahren bezogene Angaben, wozu nicht jeder Arbeitsrichter bereit und/oder in der Lage war.

Usern angeregte Versuch, durch eine bestimmte Diktion gekennzeichnete elektronisch eingereichte Schriftsätze (»Streikbrecher« anstelle der korrekten Bezeichnung »arbeitswillige Arbeitnehmer«) als sog. »Spam« bereits im Outlook-Express der Posteingangsstelle der Gerichte zurückzuweisen, ist verfassungsrechtlich nicht eindeutig zu beurteilen[15]. Die interfraktionellen Gespräche für eine zeitgemäße Anpassung des Art. 103 GG ziehen sich dahin. Länderinitiativen zur Evaluierung der einzelnen Spruchkörper versandeten. Die vom Magazin Hocus-Pocus und vom RODS aufgestellte Ranking-Liste der Arbeitsgerichte in Bezug auf deren Investitionsstimulationsfunktion belegte zwar ein eindeutiges Südost-Nordwest-Gefälle, wurde aber zurückgezogen, als sich herausstellte, dass das nach der Umfrage an der Spitze liegende Arbeitsgericht *Breslau* offenbar fremdes Recht anwendet. Die auf höchstem fachspezifischem Niveau geführte Debatte über die Abschaffung des *BAG* in Kassel[16] fand ein Ende, als sich herausstellte, dass jedenfalls dieses Gericht zum Zeitpunkt der wechselseitig aufeinander Bezug nehmenden Stellungnahmen gar nicht mehr in Kassel residierte – allenfalls dessen Richter, die seitdem am besten in der Eisenbahn nach Erfurt anzutreffen sind.

4. Zu einem wirklichen Entkrustungsschub kam es erst, als die für die Auslegung objektiver wirtschaftlicher Gesetzmäßigkeiten zuständigen Rating-Agenturen Standard & Poors, Moody's und Finch im Zuge des »Basel III«-Prozesses feststellten, dass die potentielle Belastung deutscher AG mit arbeitsgerichtlich durchsetzbaren Ansprüchen von AN eine generelle Herabsetzung des Ratings rechtfertigte und damit die Kreditkosten verteuerte. Wirtschaftlich gesehen sind schließlich Kündigungs- und Arbeitszeitschutz, Urlaub Entgeltfortzahlung, Betriebsverfassung und Gewerkschaftsrechte, sofern sie zusätzlich auch noch mit einer gewissen gerichtlichen Durchsetzbarkeit verbunden sind, allesamt extern induzierte Transaktionskosten, die den Abschluss neuer Arbeitsverhältnisse erschweren und die Wettbewerbsfähigkeit belasten[17]. Eine maßvolle Anpassung des Verfahrensrechts kann damit einen Beitrag zur verbesserten Sektorallokation leisten.

---

15 Vgl. aber *Schwäble*, FS Nagelmann, 1984, 453 ff, mit der Anregung, »Art. 5 GG von vornherein auf solche Meinungsäußerungen zu begrenzen, die unumgänglich notwendig sind«, ein Gedanke der sich auf Art. 20 GG übertragen läßt.
16 Vgl. AuR 2002, 219.
17 Vgl. *Coase*, The Problem of Social Costs 1960.

5. Den Rest besorgte die Wissenschaft. Das Kieler Institut für Welt-Wirtschaft wies anhand von Feldstudien aus Myanmar und Guantanamo überzeugend nach, dass sich durch eine Negativförderung der Klageerhebung, idealtypisch optimal durch Ausschluss jeglicher Gerichtsbarkeit, ein hohes Maß an Rechtssicherheit für potential Beklagte erzielen lässt. Anlässlich eines Intensivseminars »Önologie und Recht«[18] wollte ein Diskutant in seinem spätabendlichen wissenschaftlichen Beitrag den bekannten Rechtssatz »Wo kein Kläger ist ...« zitieren. Herauskam: »Wo kein Richter ist, ist kein Kläger« – eine so schlichte wie ergreifende Wahrheit, die Podium und Publikum, unter denen sich auch Mitglieder des Sachverständigenrats des Bürgerkonvents, der Initiative Neue Soziale Marktwirtschaft sowie mehrerer Kompetenzteams – teilweise in Personalunion – befanden, gleichermaßen elektrisierte. Ein inzwischen vorzeitig aus dem Amt geschiedener Bundesbahn Managing Official – jetzt Berater der privatisierten ehemaligen türkischen Staatsbahn[19] – konnte aus seinem reichen Sprachschatz das passende Stichwort beitragen Der Gedanke eines *Rechtswegeoptimierungsgesetzes* war geboren.

6. Die schon vergessene Kommission »Schlanker Staat« konsolidierte sich neu unter der zukunftsweisenden Zielvorstellung »schlanke Gerichte – schlanke Bürger« und legte als Beitrag zur ökonomischen Durchdringung des Justizmarktes ein Sofortprogramm mit folgenden 5 Essentials vor:

1. Aufhebung der Arbeitsgerichtsbarkeit und Übertragung ihrer Zuständigkeit auf die ordentlichen Gerichte;

2. Durchforstung sämtlicher materiell-rechtlicher Anspruchsgrundlagen für AN und Abschaffung von Überregulierungen[20];

---

18 Diese Seminarreihe gehört seit dem Juristentag 1978 in Wiesbaden zum ständigen Rahmenprogramm des Dt. Juristentages – zumeist am Vortag der Abstimmungen.
19 Vgl. *Mehdorn*, AuR 2004, 146.
20 Die Vorschläge des Mitglieds des Sachverständigenrats *Wolfgang Franz* zur Einführung des Freiwilligkeitsprinzips in der Betriebsverfassung (BR nur mit Zustimmung des AG) bei gleichzeitiger finanzieller Umlage der BR-Kosten auf die AN (FAZ v. 30. 3. 2004) ließen sich angesichts des in der Wirtschaft artikulierten Bedürfnisses nach betriebsindividuellen Lösungen unterhalb des Tarifniveaus durch Betriebsvereinbarung nicht realisieren. Der Konflikt zwischen den so vordringlichen Zielen wie der Begrenzung betriebsverfassungsrechtlicher Bürokratien einerseits, Nutzbarmachung der Betriebsverfassung zur Durchbrechung des Tarifkartells andererseits, blieb ungelöst. Eine neue zielführende Sicht des betrieblichen Synallagmas, etwa BR-Bildung nur bei gleichzeitiger (aber wie und wann?) Unterzeichnung eines Bündnisses für Arbeit oder Kündigung des Bündnisses für Arbeit als auflösende Bedingung für die Existenz des BR, ist noch nicht ausgereift und harrt ihrer rechtstechnischen Umsetzung, vgl. auch *Schliemann*, NZA 2003, 122 ff. sowie *Deinert*, AuR 2003, 173 ff.

risor silvaticus

3. Durchgängige Einführung des Umlagesystems sämtlicher richterlicher und nichtrichterlicher wie auch sächlicher gerichtlicher Gemeinkosten auf die Prozessparteien;

4. Nutzung externen Sachverstandes zur Entwicklung von Kommunikationskonzepten hinsichtlich der Bedeutung der Transparenz des Prozesskostenvorschusses als Beitrag zur Entscheidungsbildung für die Teilnahme von Arbeitnehmern am Prozessmarkt[21];

5. Öffnung der privatwirtschaftlichen Konfliktregulation durch Vereinbarkeit einer privaten Schiedsgerichtsbarkeit in Arbeitssachen unter Ausschluss der staatlichen Gerichtsbarkeit nach US-amerikanischem Vorbild[22].
7. Während die Umsetzung letzterer konsequent marktwirtschaftlicher Forderung angesichts ihrer Auswirkungen auf den Juristenmarkt noch mit unterschiedlichen Standpunkten diskutiert wird[23] sind die ersten 4 Essentials bereits Gesetz geworden. In den im BT vertretenen Parteien und Fraktionen war zuvor die Novellierung korrelierend zur begrenzten Resonanz in der Boulevardpresse nur auf geringes Interesse gestoßen. Der Gesetzgeber vollzog vielmehr einen weiteren Schritt zur Emanzipation der Legislative von der Fachwissenschaft[24]. Die Überwindung des – ohnehin geringen – politischen Widerstandes innerhalb der Koalitionsfraktionen war durch die Neuregelung des § 76 Abs. 2 BetrVG ermöglicht worden. Die erst im Ausschuss eingebrachte und den Abgeordneten im Wesentlichen nach Beschlussfassung bekannt gewordene neue Fassung überträgt den Schutz des Minderheitengeschlechts nach § 15 Abs. 2 BetrVG auch auf Einigungsstellen – eine Innovation die nicht nur von Teilen der Grünen, sondern auch von

---

21 Ohne Schuss kein Jus!
22 Vgl. *Finkin*, Regulation of the Individual Employment Contract in the USA, in: The Employment Contract in Transforming Labour Relations, Den Haag 1995, S. 167 ff., 181 ff.; vgl. auch *Haley*, See you later mediator! Einen ökonomischen Anreiz gibt bereits die Einigungsgebühr nach § 34 i. V. m. Nrn. 3100 ff. RVG. Statistiker des seit Streichung des A nur noch als Wirtschaftsministerium (BMWi) fungierenden Ministeriums (die früheren arbeitsrechtlichen Abteilungen waren im Zuge der Verwaltungsmodernisierung teilweise aufgelöst, teilweise auf ein Bonner Institut outgesourct worden) errechneten aus der Privatisierung einen Wachstumsschub, da private Schiedsgerichte und Mediationen in das Bruttosozialprodukt (Gesamtheit der Güter und Dienstleistungen) eingehen, während diese Berechnung bei gerichtlichen Verfahren stets umstritten war; vgl. auch *Montini*, Der Zölibat erhöht das Bruttosozialprodukt, Rom 1965, zu katholischen Pfarrhäusern.
23 Vgl. schon *Wolfgang Bochum*, Praktische Weiterbildung in der Bratwurstbude statt 2. jur. Staatsexamen, San Clemente, 1976, Nachdruck Hamburger Morgenpost 1986; andererseits *J.H. Bauer*, Der Geschäftsführer von Arbeitgeberverbänden als Vertreter der freien Anwaltschaft, Stuttgart 1995.
24 Für eine spätere Gesamteinschätzung aus historischer Sicht sollen die dort vertretenen Positionen gleichwohl nicht verschwiegen werden vgl. nur *Aust-Dodenhoff*, NZA 2004, 24; *Nielebock*; NZA 2004, 28; Dt. Arbeitsgerichtsverband, AuR 2004, 99; BDA, AuR 2004, 99; DAV, AuR 2004 143 f.

Teilen der SPD, Teilen der Gewerkschaften und Teilen der Anwaltschaft begrüßt wurde, während sich Skeptiker nicht öffentlich zu Wort melden mochten und heimlich auf das vom LAG *Köln*[25] angerufene *BVerfG* hofften. Vorausschauende Mahner wiesen daraufhin, dass der Schutz des Minderheitsgeschlechts im Justizmarkt an seine Grenzen stoßen konnte, wenn angesichts der gegenwärtigen Einstellungspraxis und der personellen Besetzung der früheren Arbeitsgerichte und insbes. der Familiengerichte das »andere Geschlecht« davon profitieren könnte.

8. Die Auflösung der Arbeitsgerichte hat neben den unbestreitbaren Synergieeffekten[26] die Chancengleichheit beim Zugang zu den R III-Stellen (früher LAG) zwischen Arbeitsrichtern und ordentlichen Richtern wiederhergestellt. Entsprechend allgemeinen Beförderungsgrundsätzen ist R II Richtern (Vorsitzenden von Straf- und Zivilkammern der LG) der Vorzug zu geben, da sie sich in langjähriger Praxis – man denke nur an die vielfältigen straf- und zivilrechtlichen Aspekte des Verkehrskollisionsrechts – bewährt haben und ihre Beförderung weitere Beförderungen und damit einen höheren Satisfaktionsgrad unter der Richterschaft erzielt, während etwa der Sprung eines Arbeitsrichters von R I auf R III nur aussichtsreiche Konkurrentenklagen[27] provozieren würde. Das *BAG* schließlich beendete seinen kurzen Aufenthalt in einem neuen Bundesland, seine Senate zogen nach Karlsruhe unter Eingliederung in verwandte Senate des *BGH*, die bisher schon für das gesamte Werk- und Dienstvertragsrecht zuständig waren, wodurch auch ein Beitrag zur Einheit der Rechtsordnung geleistet wurde.

9. Am Ende des endlich vollzogenen gerichtlichen Innovationsstaubeseitigungsprozesses steht das Bild einer dreigliedrigen Gerichtsbarkeit[28], im Grundsatz strukturiert nach Operationsfeldern (öffentlich-rechtlich/ordentlich). Die Selbständigkeit der Finanzgerichte wurde angesichts der besonderen Mandantschaft, die sich schon aus grundsätzlichen Erwägungen für andere Verfahrensarten nicht eignet[29], auch nicht mit Asylbewerbern und Sozialleistungsempfängern die Bank drücken sollte, sowie wegen der gebotenen besonderen rechtsstaatlichen Rücksichtnahme, deren Übertragung auf andere Verfahrensarten nicht angezeigt erscheint[30], beibehalten.

---

25 LAG *Köln* v. 13.10.2003 – 2 TaBV 1/03, AuR 2004, 111 m. Anm. *Hänlein*.
26 Hinsichtlich der Rück-, Um- und Neubauten gilt das Gleiche wie schon bei den sozialen Verwaltungsgerichten.
27 Vgl. schon *Ray Charles*, It should bave been me – driving that Cadillac, 1951.
28 Iustitia est omnis divisa in partes tres.
29 Vgl. nur *Ackermann*, AuR 2004, 104.
30 Vgl. nur die Anerkennung der Verfassungswidrigkeit der Spekulationssteuer wegen selektiver Zahlung.

risor silvaticus

10. Noch offen ist die Nutzung des neu errichteten BAG-Gebäudes m Erfurt, das zwar von der Architektin als »Kathedrale des Rechts«[31], von anderen aber als rechtwinklige Zwingburg bezeichnet wurde. Eine Nutzung für Zwecke des Bundesgrenzschutzes[32] ist kurzfristig nicht realisierbar, da sich zunächst der Bund-Länder-Planungsstab nebst Lenkungsausschuss zur Bewältigung der vielfältigen Aufgaben im Zusammenhang mit der Rekonstruktion der Gerichtsbarkeiten einquartiert hat, deren Anwesenheit noch auf Jahre hinaus eine sinnvolle Nutzung des Gebäudes garantiert.

---

31 AuR 1997, 201.
32 Einschlägig ausgebildetes Personal ist in der Region vorhanden.

risor silvaticus

Die Zelle als Keimzelle innovativer Tarifpolitik und das Prinzip der Tarifeinheit*

Ob das Prinzip der Tarifeinheit dem Tarifrecht eigen ist, konnte der 4. Senat des BAG am 21. 3. 2007 nicht entscheiden, da die Arbeitgeberseite in den Verfahren 4 ABR 28/05 u. a. sämtliche Zustimmungsersetzungsanträge kurzfristig vor der mündlichen Verhandlung zurückgenommen hatte. So darf weiter darüber spekuliert werden, ob Haustarifverträge eines kraft Mitgliedschaft im zuständigen Arbeitgeberverband an einen Branchentarifvertrag gebundenen UN mit einer gesuchten Gewerkschaft die Rechtswirkung haben, die Mitglieder der den Branchentarifvertrag schließenden anderen Gewerkschaft tariflos zu stellen. Aktuelle Entwicklungen in einem großen deutschen Elektronikkonzern werfen die Frage auf, ob derartige Haustarifverträge auch im Gefängnis abgeschlossen werden können. Eine solche Situation ist denkbar, wenn Repräsentanten sowohl des UN als auch der gesuchten Gewerkschaft »einsitzen« und sich die Haftzeit nicht mit Tellerwaschen und Essensausgabe oder sonstigen nützlichen Tätigkeiten vertreiben, sondern mit Abschluss von Haustarifverträgen, deren Wirkungen freilich nicht zu Gunsten oder Ungunsten der Strafgefangenen, sondern für die nichteinsitzenden AN des UN eintreten sollen. Der Beitrag geht der Frage nach, ob die von vielen geforderte Ersetzung der besitzstandswahrenden unflexiblen Tarifkartelle durch innovative Tarifpolitik auch unter den Bedingungen des Strafvollzugs bzw. der U-Haft möglich ist oder ob diese einer vertrauensvollen Zusammenarbeit der Strafgefangenen entgegenstehen.

I. Tariffähige Parteien

Zum Abschluss eines TV bedarf es tariffähiger Parteien. Diese Voraussetzung wird bei dem hier in Frage stehenden Weltkonzern nicht fraglich sein. Zwar bedarf es nach der Rspr. des *BAG*[1] auf Seiten des AG nicht des Merkmals der sozialen Mächtigkeit. Dies ist aber zweifellos gegeben, was sich etwa aus der Zahl von weltweit 474 900 Beschäftigten, einem Jahresgewinn von 3 Milliarden E,

---

* AuR 2007, 149.
1 BAG 20.11.90, AP Nr. 40 zu § 2 TVG = AuR 1991,185, zum Arbeitgeberverband.

einem nach Medienangaben auf 34 Mio. E geschätzten Investitionsvolumen in betriebsverfassungsrechtliche Landschaftspflege sowie der Eigenschaft des Aufsichtsratsvorsitzenden als Berater der Bundesregierung ergibt. Etwas komplizierter gestaltet sich die Rechtslage hinsichtlich des für die Unterzeichnung auf Arbeitnehmerseite vorgesehenen Berufsverbandes, bezeichnet sich dieser doch ausdrücklich nicht als Gewerkschaft, sondern als gewerkschaftsunabhängige Betriebsräteorganisation, gewissermaßen als gewerkschaftsnegatorisches sui generis, dessen Gewerkschaftsqualifikation an einem Merkmal der »*Gewerkschaftswilligkeit*« scheitern könnte. Indes fällt schon auf, dass dieses subjektive Merkmal bisher weder in der Rspr. noch in der Lit. gefordert, der Gewerkschaftsbegriff vielmehr eher objektiv definiert wurde, zumal in der Praxis die Gewerkschaftseigenschaft entgegen dem Hokuspokus fokussierter Ansehens-Ranking-Listen offenbar so viel Ansehen genießt, dass zahlreiche Organisationen vor Gericht diese Eigenschaft für sich in Anspruch nahmen, andere sie ihnen absprachen, während die Konstellation, dass sich eine Organisation vor Gericht gegen den Vorwurf zur Wehr setzte, eine Gewerkschaft zu sein, bisher jedenfalls prozessual noch nicht aufgetreten ist. Die geläufige Formel des freiwilligen Zusammenschlusses mit der satzungsgemäßen Aufgabe der Wahrnehmung der Interessen der Mitglieder zur Wahrung und Förderung der Arbeits- und Wirtschaftsbedingungen stünde jedenfalls der Anerkennung der Antigewerkschaft als (nivellierte Mittelstands-) Gewerkschaft nicht unmittelbar entgegen.

Sehr fraglich könnte allerdings das Merkmal der *sozialen Mächtigkeit* sein, versteht man darunter die Fähigkeit, gegenüber dem sozialen Gegenspieler Druck auszuüben. Doch welcher ist dieser: Der Elektronikkonzern oder vielleicht eher die IG Metall? Und auch in der Rspr. zeigen sich Tendenzen, den bisher zu Grunde gelegten Antagonismus zwischen Kapital und Arbeit aufzuweichen, wenn etwa das LAG *Baden-Württemberg*[2] erkennt, dass die Fähigkeit, unabhängig von der Mitgliederzahl tarifpolitische Vorstellungen zu entwickeln und diese der Arbeitgeberseite zu vermitteln, ein Indiz für Gewerkschaftseigenschaft darstelle. Aus der Tatsache, dass der Abschluss von TV auch im Interesse der Arbeitgeberseite liege, ergäben sich Möglichkeiten zur Durchsetzung gegenüber dem sozialen Gegenspieler, die nicht allein von der Mitgliederzahl abhängig seien. Zwar hat das *BAG* diese etwas exzentrisch anmutende Argumentation der Wertschätzung der Arbeitgeberseite als Indiz für Gewerkschaftseigenschaft im CGM-Beschluss[3] nicht bestätigt, wohl aber die Tariffähigkeit der hier umstrittenen Arbeitnehmervereinigung CGM. Führt man sich des Weiteren vor Augen, wie dieser Beschluss in weiten Teilen der materiell interessierten Öffentlichkeit umgesetzt wird, nämlich

---

2 LAG *Baden-Württemberg* 1.10.2004 – 4 TaBV 1/04, AuR 2005, 335 ff., mit krit. Anm. *Kocher*.
3 *BAG* 28.3.2006 – 1 VBR 58/04, AuR 2006, 165, 374.

als pauschale Anerkennung aller unter dem Etikett »christlich« auftretenden Organisationen als Gewerkschaften, ferner, welche Organisationen und Tarifgemeinschaften etwa im Bereich der Leiharbeit TV abschließen[4], so könnte das gewerkschaftsnegatorische sui generis jedenfalls mit nicht weniger Berechtigung Gewerkschaftseigenschaft für sich in Anspruch nehmen als jene Organisationen, deren Leiharbeits-TV mangels Mitgliedschaft fast ausschließlich durch entsprechende Verweisung in vorformulierten Arbeitsverträgen zur Anwendung kommen.

Es bleibt schließlich die *Gegnerfreiheit* – angesichts nahezu identischer Finanzierungsquellen der Partner ein gewiss ernst zu nehmender Einwand. Aber auch hier soll nur auf die schon erwähnten tarifschließenden »christlichen« Gewerkschaften verwiesen werden, die neben ihrer erfolgreichen Betätigung im gesamten Spektrum des tarifdispositiven Arbeitsrechts durch Abgeordnete im Bundestag vertreten sind, dort auch in parlamentarischen Hearings auftreten, in denen sie vorzugsweise von Abgeordneten der Parteien befragt werden, denen ihre Vertreter angehören, und die sogar bei der Wahl von Arbeitsrichtern angehört werden.

II. Schriftform

Nach § 1 Abs. 2 TVG bedürfen TV der Schriftform. Insofern gilt § 126 BGB. Die elektronische Form (§ 126 a BGB) wird unter den Bedingungen des Strafvollzugs kaum in Frage kommen. Allerdings sollte es möglich sein, den TV auf Gefängnispapier zu verfassen und daselbst zu unterzeichnen. Wie weit dem Gefangenen Papier zur Verfügung zu stellen ist, ergibt sich aus der Hausordnung. Im Übrigen könnte das tarifschließende UN hilfreich tätig werden, etwa indem es den unterschriftsreifen TV dem Strafgefangenen auf Firmenpapier fertig zusendet.

III. Verhandlung und Abschluss des TV

Grundlegend ist darauf hinzuweisen, dass nach § 196 Strafvollzugsgesetz durch dieses Gesetz zwar die Grundrechte aus Art. 2 und 10 GG, nicht jedoch aus Art. 9 Abs. 3 GG eingeschränkt werden[5]. Haben die einsitzenden Repräsentanten der

---
[4] Vgl. nur ArbG *Osnabrück* 15. 1. 2007 – 3 Ca 535/06; ArbG *Berlin* 16. 1. 2007 – 81 Ca 27913/05, AuR 2007, 182, in diesem Heft.
[5] Die folgenden Erörterungen beziehen sich auf den Strafvollzug, nicht auf Untersuchungshaft, für die nach § 119 StPO eigene Regelungen gelten. So können etwa nach § 119 Abs. 2 StPO die U-Häftlinge auf ausdrücklichen schriftlichen Antrag mit anderen U-Häftlingen in demselben Raum untergebracht werden, nach Abs. 1 der Vorschrift aber nicht mit anderen Strafgefangenen.

Tarifparteien den TV in ihrer jeweiligen Zelle unterschrieben, werden die Belange des Strafvollzugs einer weiteren Veröffentlichung und insbes. einer Mitteilung an das Bundesministerium für Arbeit- und Sozialordnung nach § 7 TVG nicht mehr im Wege stehen. Insbes. ist der TV kein sog.»Kassiber«, den anzuhalten der Anstaltsleiter nach § 31 StVollzG anzuhalten berechtigt ist. Diese Maßnahme kommt in Frage, wenn das Ziel des Vollzugs oder die Sicherheit oder Ordnung der Anstalt gefährdet würde, wenn die Weitergabe in Kenntnis ihres Inhalts einen Straf- oder Bußgeldtatbestand verwirklichen würde, wenn sie grob unrichtige oder erheblich entstellende Darstellungen von Anstaltsverhältnissen enthalten, wenn sie grobe Beleidigungen enthalten, wenn sie die Eingliederung eines anderen Gefangenen gefährden können oder wenn sie in Geheimschrift, unlesbar, unverständlich oder ohne zwingenden Grund in einer fremden Sprache abgefasst sind[6]. In Frage kommt Nr. 2 (Verwirklichung eines Straf- oder Bußgeldtatbestandes). In einem weiteren Schritt wäre zu prüfen, inwieweit die Weitergabe in Kenntnis des Inhalts etwa ein Beihilfedelikt i. S. d. § 27 StGB oder einen eigenen Tatbestand erfüllen würde.

IV. Untreue

Hier wird sich die Diskussion wie schon bei der Inhaftierung der vertrauensvoll zusammen arbeitenden Vorstandsmitglieder beider Organisationen auf Untreue i. S. d. § 266 StGB konzentrieren. Dies könnte der Fall sein, wenn der Abschluss des TV etwa mit hohen finanziellen oder sonstigen Leistungen des UN an die tarifschließende Arbeitnehmerorganisation erkauft wäre. Allerdings ist wie in dem zugrunde liegenden Ermittlungs- und Strafverfahren zu erwarten, dass die Beschuldigten in ihrer Verteidigungsstrategie darauf verweisen werden, mit dieser Zahlung nicht zum Nachteil, sondern geradezu zum Vorteil ihres UN gehandelt zu haben, nämlich mit dem Ziel, die von einer DGB-Gewerkschaft für die Branche ausgehandelten TV über die Konstruktion der Tarifeinheit i. V. m. dem Spezialitätsprinzip[7] durch einen Haus-TV mit einer außerhalb des DGB stehenden Organisation zu verdrängen und damit ihrem UN die Kosten des regulären Bran-

---

Tarifverhandlungen sind dann vorzugsweise zu führen, wenn die Repräsentanten des UN und der gesuchten Arbeitnehmerorganisation entweder beide in U-Haft oder im normalen Strafvollzug einsitzen.

6 Die Lektüre dieser Vorschrift gibt wertvolle Hinweise auch für die Auseinandersetzung mit Wirtschaftsberichten der UN gegenüber ihren Aktionären und der Öffentlichkeit.

7 Uneingeschränkt dafür noch *BAG* 20. 3. 91 – 4 AZR 455/90, AuR 1991,250, dagegen die weit überwiegende Rspr. und Lit., stellvertretend für viele Kempen/Zachert-*Wendeling-Schröder*, TVG, 4. Aufl. 2006, § 4 Rn. 150 ff.

chen-TV zu ersparen. Dass dieses Prinzip auch in der neueren Rspr. des *BAG* einen schweren Stand hat[8], ist zwar zutreffend, wohl aber nicht jeder Gefängnisverwaltung bekannt, so dass es nicht ganz sicher erscheint, welche Maßnahmen diese ergreifen wird. Aus Sicht der einsitzenden Repräsentanten der tarifschließenden Parteien erscheint es jedenfalls ratsam, den angestrebten TV und die Zuwendung an die gesuchte Arbeitnehmerorganisation in getrennten Papieren zu vereinbaren, um ein Anhalten des TV i. S. d. § 31 StVollzG zu vermeiden. Im Übrigen ist darauf hinzuweisen, dass Begünstigungs- und Bestechungshandlungen im Unterschied zu TV keinem Schriftformgebot unterliegen.

V. Lohnwucher

Ein weiterer Straftatbestand könnte darin liegen, dass der mit der gesuchten Arbeitnehmerorganisation abzuschließende TV selbst den Tatbestand des Lohnwuchers i. S. d. § 291 StGB[9] erfüllt. Ob dies möglich ist, ist aber ebenfalls noch völlig ungeklärt. Die dem *BGH* und dem *BAG*[10] zugrunde liegenden Fälle betrafen regelmäßig die Unterschreitung des Tarifniveaus um mindestens 30 % durch Arbeitsvertrag bzw. durch den Vollzug des Arbeitsverhältnisses, nicht aber durch einen abweichenden TV selbst. Wenn schon das *BVerfG* und *BAG* in st. Rspr. eine Tarifzensur ablehnen[11], wird sich wohl auch eine Gefängnisverwaltung zurückhalten – wiederum vorausgesetzt, sie; kennt diese Rspr. Gleichwohl wäre den Vertretern der innovativen Tarifpolitik zur Vorsicht zu raten. Indes ist auch aus ihrer Sicht eine derart krasse Unterscheidung des Niveaus der Branchen-TV gar nicht erforderlich. Für das angestrebte Ziel der Verdrängung des Branchen-TV ist es nämlich völlig ausreichend, einen Haus-TV zu schließen, mag dieser nach § 4 Abs. 1 TVG auch nur für ganz wenige oder gar keine Mitglieder Anwendung finden, verdrängt er nur – das Prinzip der Tarifeinheit einmal vorausgesetzt – den von der anderen Organisation abgeschlossenen Branchen-TV. Insofern sind die

---

8 Das LAG *Köln* argumentierte etwa im Beschluss v. 12.12.2005 – 3 Ta 457/05, AuR 2006, 30, dass das *BAG* dieses Prinzip bereits im Beschluss v. 14.12.2004 – 1 ABR 51/03, AuR 2005, 28, 238, aufgegeben habe. Rechtshistoriker wissen noch, dass die vom vormaligen HWP Studenten, zwischenzeitlichen IBM-Manager und nachmaligem BDI-Präsidenten *Olaf Henkel* angeleitete Firma IBM in den 90er Jahren des letzten Jahrhunderts mehrfach kurzfristig vor der Entscheidung des *BAG* Rechtsbeschwerden bzw. Revisionen zurücknahm, was zur Folge hatte, dass eine Entscheidung des höchsten dt. Arbeitsgerichts zur Frage der Tarifeinheit nicht zu Stande kam, vgl. nur AuR 1996, 266, 455.
9 Vgl. BGHST 22.4.1997, AuR 1997, 453 mit Anm. *Reinecke*.
10 Nachw. bei *Wendeling-Schröder* a. a. O. Rn. 401.
11 Vgl. *BVerfG* 26.6.1991 – 1 BvR 779/85, AuR 1992, 29, mit Anm. *Däubler; Dieterich*, RdA 2002, 13 f.; *Löwisch/Rieble*, Grundlagen, Rn. 49; Kempen/Zachert-*Kempen*, Grundlagen Rn. 96.

Vertreter der innovativen tarifschließenden Organisationen gut beraten, die Strafbarkeitsgrenzen nicht völlig auszutesten, sondern nur überhaupt einen TV, etwa auf Hartz IV-Niveau, zu schließen. Mehr Mut wäre allenfalls gefordert, wollten die vertrauensvoll zusammenarbeitenden Parteien darüber hinaus die Grenzen des tarifdispositiven Arbeitsrechts ausloten, etwa zur Verlängerung der Arbeitszeiten über den gesetzlich zulässigen Rahmen hinaus (§ 7 Abs. 2a ArbZG) oder zur Ausschaltung des equal-pay-Prinzips in der Leiharbeit nach § 9 Nr. 2 AÜG.

VI. Ausblick

Im Verlaufe dieser Überlegungen ist deutlich geworden, dass die Strafvollzugsbehörden gänzlich überfordert sind, sollten sie, wie es gegenwärtig geschieht, direkt mit den Feinheiten des Tarifrecht; und insbes. den Möglichkeiten des verdrängenden Haus-TV konfrontiert werden. Eine entsprechende Weiterbildung der Strafvollzugsbehörden im Arbeits-, insbes. Tarifrecht erscheint dringend erforderlich. Umgekehrt werden sich Tarifrechtler zunehmend mit den Fragen des Arbeitsstrafrechts und des Strafvollzugs der sich vertrauensvoll suchenden und gefundenen alternativen Tarifvertragsparteien zu beschäftigen haben.